共青团支部工作理论与实践教程

主　编　刘富珍

副主编　袁国丽　田戈燕

中国海洋大学出版社

·青岛·

图书在版编目（CIP）数据

共青团支部工作理论与实践教程／刘富珍主编．—
青岛：中国海洋大学出版社，2017.9（2021.2重印）
ISBN 978-7-5670-1638-5

Ⅰ．①共…　Ⅱ．①刘…　Ⅲ．①中国共产主义青年团－
团支部－共青团工作－教材　Ⅳ．① D297

中国版本图书馆 CIP 数据核字（2017）第 284552 号

出版发行	中国海洋大学出版社		
社　　址	青岛市香港东路 23 号	邮政编码	266071
出 版 人	杨立敏		
网　　址	http://www.ouc-press.com		
电子信箱	44066014@qq.com		
订购电话	0532－82032573（传真）		
责任编辑	潘克菊　刘宗寅	电　　话	0532－85902533
印　　制	青岛国彩印刷股份有限公司		
版　　次	2018 年 3 月第 1 版		
印　　次	2021 年 2 月第 3 次印刷		
成品尺寸	170 mm ×240 mm		
印　　张	19.5		
字　　数	512 千		
印　　数	1 701～3 700		
定　　价	48.00 元		

发现印装质量问题，请致电 0532-58700168，由印刷厂负责调换。

编 委 会

主　任:王永健

副主任:韩昌丽　张　宇

编　委:付　蕾　刘禄福　左仁平　刘　旻

　　　　刘富珍　袁国丽　田戈燕

主　编:刘富珍

副主编:袁国丽　田戈燕

Contents | **目 录**

第一章

中国共产党组织

第一节　中国共产党的性质

党的性质是一个政党所具有的质的规定性。《中国共产党章程》（以下简称《章程》）把党的性质概括为："中国共产党是中国工人阶级的先锋队，同时是中国人民和中华民族的先锋队，是中国特色社会主义事业的领导核心，代表中国先进生产力的发展要求，代表中国先进文化的前进方向，代表中国最广大人民的根本利益。"

一、中国共产党是中国工人阶级的先锋队，同时是中国人民和中华民族的先锋队

中国共产党是中国工人阶级的先锋队，同时是中国人民和中华民族的先锋队，深刻揭示了中国共产党的阶级性和先进性。

（一）中国共产党的阶级性

马克思主义历来认为，政党是某一个阶级、阶层或集团，为实现其根本利益，以取得政权和巩固政权为主要目标而建立起来的政治组织。任何政党都有其阶级基础，代表着一定阶级的意志和利益，是这个阶级的组织者和领导者。共产党是以工人阶级为基础的，是为工人阶级的根本利益服务的。中国共产党的阶级性体现在它以中国工人阶级为基础，体现中国工人阶级的特性，代表工人阶级和广大人民群众的根本利益。

（二）中国共产党的先进性

中国共产党是中国工人阶级的政党,但它不是工人阶级的一般政治组织,而是工人阶级的先锋队,这是马克思主义建党学说的一个重要原则的体现。中国共产党的先进性具体体现在党由工人阶级的先进分子所组成、以科学理论武装、按照民主集中制原则建立起来等方面。

二、中国共产党是中国特色社会主义事业的领导核心

习近平总书记多次强调:"中国共产党的领导是中国特色社会主义最本质的特征。"中国共产党是中国特色社会主义事业的领导核心,深刻揭示了中国共产党领导的重要性。

（一）党的领导地位是在长期革命和建设中形成的

1840年鸦片战争以后,中国人民为了摆脱被剥削、被压迫、被奴役的地位,先后进行的种种尝试都失败了。孙中山领导的辛亥革命,推翻了清王朝,建立了中华民国,然而没有改变中国社会的半殖民地半封建性质。只有中国共产党,才指引中国人民找到了国家和民族振兴的正确道路,并且形成强大的凝聚力,团结和领导全国人民经过28年艰苦卓绝的斗争,建立了中华人民共和国,取得了新民主主义革命的胜利。中华人民共和国成立以后,我们党成为执政党。在不长的时间里,党就领导全国各族人民顺利地实现了从新民主主义到社会主义的转变,迅速恢复了遭到破坏的国民经济,巩固了人民政权,基本上完成了对生产资料私有制的社会主义改造,建立了社会主义制度。随后,党又领导全国人民转入全面的大规模的社会主义建设。50多年来,尽管我们走过弯路、有过失误,但是党和全国人民一道,经受了挫折的考验,克服了重重困难,还是取得了前所未有的进步。党的十一届三中全会以来,我们在建国以来取得巨大成就的基础上,开辟了我国历史发展的新阶段,迎来了改革开放和社会主义现代化建设的新时期。党的十六大,吹响了全面建设小康社会的伟大号角,这是中华民族发展史上一个新的里程碑。党的十八大,把"实现社会主义现代化和中华民族伟大复兴"这一梦想确定为建设中国特色社会主义的总任务。90多年的历史证明,只有中国共产党的领导,才能够肩负起民族的希望,才能领导中国人民

把历史推向前进。没有共产党,就没有新中国;没有共产党,就不能发展中国。这就是历史的结论,这就是人民的选择。

(二)党的领导是中国特色社会主义事业取得胜利的根本保证

夺取政权要靠党的领导,建设中国特色社会主义事业同样要靠党的领导。只有坚持、加强和改善党的领导,才能始终保证社会主义现代化建设的方向,才能更有效地组织广大群众投身到改革和建设事业中来,才能保证改革的顺利进行,才能维护和保持安定团结的社会政治局面。虽然我们党在前进的道路上还存在这样或那样的问题,但不能因此否定党的领导地位。衡量一个政党是否成熟、伟大,不在于这个党犯没犯过错误,而在于这个党如何对待自己的缺点错误。翻开党的历史就可以看到,最坚决、最勇敢、最主动、最彻底揭露和纠正党的错误的正是中国共产党自己。中国共产党是具有强大自净能力的政党。

(三)党的领导更加适应建设中国特色社会主义事业的要求

经过90多年的发展,我们的党员队伍,党所处的地位和环境,党所肩负的任务,都发生了重大变化。在建设中国特色社会主义事业中,一定要坚持从新的实际出发,以改革的精神推进党的建设,不断为党的肌体注入新活力;一定要高举中国特色社会主义伟大旗帜,坚持以马克思列宁主义、毛泽东思想、邓小平理论、"三个代表"重要思想、科学发展观、习近平新时代中国特色社会主义思想作为自己的行动指南,一定要坚持"党要管党、从严治党"的方针,进一步解决"提高党的领导水平和执政水平"及"提高拒腐防变和抵御风险能力"这两大历史性课题;一定要准确把握当代中国社会前进的脉搏,改革和完善党的领导方式和执政方式、领导体制和工作制度,使党的工作充满活力;一定要把思想建设、组织建设和作风建设有机结合起来,把制度建设贯穿其中,既立足于做好经常性工作,又抓紧解决存在的突出问题。

三、中国共产党是中国各族人民利益的忠实代表

《中国共产党章程》总纲中规定,"党的根本宗旨是全心全意为人民服务","党除了工人阶级和最广大人民群众的利益,没有自己特殊的利益。党在任何时候都把群众利益放在第一位,同群众同甘共苦,保持最密切的联系,坚持权

为民所用、情为民所系、利为民所谋,不允许任何党员脱离群众,凌驾于群众之上。"习近平总书记强调,我们党之所以得到人民拥护和支持,从根本上说,就是因为能始终代表中国最广大人民根本利益。

要准确理解中国共产党是中国各族人民利益的忠实代表,主要把握以下几点:

(一)中国共产党在代表工人阶级利益的同时也能成为其他劳动人民利益的忠实代表,是由工人阶级同最广大劳动人民群众利益的一致性决定的

工人阶级的最高利益和最高理想,就是消灭一切剥削制度和阶级差别,解放全人类,实现共产主义社会制度。这一历史进程,既是工人阶级自己解放的过程,也是一切劳动群众解放的过程。马克思、恩格斯在讲到工人阶级解放的条件时指出,工人阶级如果不同时使整个社会永远摆脱剥削和压迫、解放全人类,就不能最后解放自己。所以,工人阶级所代表的社会利益,也就是绝大多数人民的利益。这种根本利益的一致性,决定了工人阶级的运动必然是"为绝大多数人谋利益的独立的运动"。作为领导这个运动的工人阶级先锋队的共产党,也就是为谋求工人阶级和广大人民群众的利益存在和活动的。同时,共产党作为工人阶级的先锋队,只是工人阶级的一小部分,在全国人口中所占的比例更小。党的事业要取得成功,仅仅靠党和工人阶级是不行的,必须组织起浩浩荡荡的革命和建设大军,团结全国各族人民为共同的利益而奋斗。

(二)在我国,只有中国共产党才能够忠实地代表工人阶级和广大劳动人民的根本利益

我国农民占人口的大多数,虽然他们在旧社会也是被剥削被压迫的阶级,是中国民主革命的主力军,但由于他们的生产经营方式是分散的、落后的,他们是随着大工业生产的发展日益分化出来的,因而没有自己独立的政党,提不出代表广大人民根本利益的主张。同样,中国的城市小资产阶级也提不出代表广大人民根本利益的主张。资产阶级虽然在一定程度上有反对帝国主义、封建主义和官僚资本主义要求的一面,但他们又有剥削工人阶级和劳动人民的一面,也不可能代表广大人民群众的根本利益。唯有最富于革命彻底性和组织纪律性的工人阶级及其先锋队中国共产党,才能代表各族人民长远的根本的利益。因为它所代表的工人阶级利益与广大人民群众的根本利益的一致性,决定了它除了工人阶级和广大劳动人民的利益之外没有也不追求自己的特殊利益,因而,一切从人民利益出发、全心全意为人民服务就成为中国共产党人的唯一宗旨。进入社会主义革命和建设时期后,工人阶级已成为我国的领导阶级,广大农民仍然是工人阶级的同盟军,知识分子已经成为工人阶级的一部分。在剥削阶级作为一个阶级被消灭以后,原阶级的成员绝大多数已经改造成为自食其力的劳动者。这种状况表明,能够忠实代表工人阶级和各族人民利益的,仍然是中国共产党。

（三）中国共产党自成立以来,始终把代表各族人民的利益作为自己重要的历史责任

一方面,在党的纲领、路线和方针政策上,集中反映和体现了全国各族人民群众的根本利益。人民群众的根本利益和要求,在不同的时期有不同的表现,我们党在各个时期的路线、方针、政策也有不同的变化,但万变不离其宗,为人民服务始终像一条红线贯穿在党的各个时期的路线、方针、政策中。另一方面,在工作作风和工作方法上,中国共产党坚持走群众路线,并将群众路线作为党的根本工作路线。习近平总书记指出:"我们党来自人民、植根人民、服务人民,党的根基在人民、血脉在人民、力量在人民。失去了人民拥护和支持,党的事业和工作就无从谈起。在任何时候任何情况下,与人民同呼吸共命运的立场不能变,全心全意为人民服务的宗旨不能忘,群众是真正英雄的历史唯物主义观点不能丢,始终坚持立党为公、执政为民。"在新的历史条件下,我们党继续把一切为了群众与一切依靠群众有机地结合起来,坚持群众路线,坚持和发展同人民群众的血肉联系。同时,党又运用群众路线的工作方法,把党的正确主张贯彻到群众中去,通过党的组织工作、宣传工作,通过共产党员的先锋模范作用,使广大人民群众充分认识到自己的利益,并且组织起来自觉地为实现这些利益而奋斗。

第二节 中国共产党的奋斗目标、根本任务、基本路线、战略目标

一、党的奋斗目标

《中国共产党章程》规定:"党的最高理想和最终目标是实现共产主义。"我们党之所以称为共产党,就是因为我们党以实现共产主义的社会制度为自己奋斗的最终目标和最高理想。

实现共产主义是一个漫长的历史过程,为此,中国共产党制定了不同历史阶段的具体奋斗目标。

新民主主义革命时期,党的奋斗目标是推翻帝国主义、封建主义和官僚资本主义"三座大山",建立新民主主义共和国。

全国解放后,党的奋斗目标是用 15 年左右的时间实现"一化三改"。

十一届三中全会以来,党的奋斗目标是建设中国特色社会主义,把我国建设成富强、民主、文明、和谐的社会主义现代化国家。

进入新世纪,党的奋斗目标是全面建设小康社会,加快推进社会主义现代化。

十八大以后,党的奋斗目标是全面建成小康社会,实现中华民族的伟大复兴。

2017 年 10 月,党的十九大将新世纪新时代党在经济和社会发展的战略目标确定为:到建党一百年时,全面建成小康社会;到新中国成立一百年时,全面建成社会主义现代化强国。

二、社会主义建设的根本任务

我国正处于并将长期处于社会主义初级阶段。这是在原本经济文化落后的中国建设社会主义现代化不可逾越的历史阶段,需要上百年的时间。我国的社会主义建设,必须从我国的国情出发,走中国特色社会主义道路。

在现阶段,我国社会的主要矛盾是人民日益增长的美好生活需要和不平衡

不充分的发展之间的矛盾。由于国内的因素和国际的影响,阶级斗争还在一定范围内长期存在,在某种条件下还有可能激化,但已经不是主要矛盾。

我国社会主义建设的根本任务,是进一步解放生产力,发展生产力,逐步实现社会主义现代化,并且为此而改革生产关系和上层建筑中不适应生产力发展的方面和环节。必须坚持和完善公有制为主体、多种所有制经济共同发展的基本经济制度,坚持和完善按劳分配为主体、多种分配方式并存的分配制度,鼓励一部分地区和一部分人先富起来,逐步消灭贫穷,达到共同富裕,在生产发展和社会财富增长的基础上不断满足人民日益增长的美好生活需要,促进人的全面发展。发展是我们党执政兴国的第一要务。必须坚持以人民为中心的发展思想,坚持创新、协调、绿色、开放、共享的发展理念。各项工作都要把有利于发展社会主义社会的生产力,有利于增强社会主义国家的综合国力,有利于提高人民的生活水平,作为总的出发点和检验标准,尊重劳动、尊重知识、尊重人才、尊重创造,做到发展为了人民、发展依靠人民、发展成果由人民共享。跨入新世纪,我国进入全面建设小康社会、加快推进社会主义现代化的新的发展阶段。必须按照中国特色社会主义事业"五位一体"总体布局和"四个全面"战略布局,统筹推进经济建设、政治建设、文化建设、社会建设、生态文明建设,协调推进全面建成小康社会、全面深化改革、全面依法治国、全面从严治党。

三、党的基本路线

党的基本路线是党和国家的生命线,是实现科学发展的政治保证。2017年10月通过的《中国共产党章程》规定,中国共产党在社会主义初级阶段的基本路线是:领导和团结全国各族人民,以经济建设为中心,坚持四项基本原则,坚持改革开放,自力更生,艰苦创业,为把我国建设成为富强民主文明和谐美丽的社会主义现代化强国而奋斗。概括起来,就是"一个中心、两个基本点"。

中国共产党在领导社会主义事业中,必须坚持以经济建设为中心,其他各项工作都服从和服务于这个中心。要实施科教兴国战略、人才强国战略、创新驱动发展战略、乡村振兴战略、区域协调发展战略、可持续发展战略、军民融合发展战略,充分发挥科学技术作为第一生产力的作用,充分发挥创新作为引领发展第一动力的作用,依靠科技进步,提高劳动者素质,促进国民经济更高质量、更有效率、更加公平、更可持续发展。

坚持社会主义道路、坚持人民民主专政、坚持中国共产党的领导、坚持马克思列宁主义毛泽东思想这四项基本原则,是我们的立国之本。在社会主义现代化建设的整个过程中,必须坚持四项基本原则,反对资产阶级自由化。

坚持改革开放,是我们的强国之路。只有改革开放,才能发展中国、发展社会主义、发展马克思主义。要全面深化改革,完善和发展中国特色社会主义制度,推进国家治理体系和治理能力现代化。要从根本上改革束缚生产力发展的经济体制,坚持和完善社会主义市场经济体制;与此相适应,要进行政治体制改革和其他领域的改革。要坚持对外开放的基本国策,吸收和借鉴人类社会创造的一切文明成果。改革开放应当大胆探索,勇于开拓,提高改革决策的科学性,更加注重改革的系统性、整体性、协同性,在实践中开创新路。

中国共产党领导人民发展社会主义市场经济。毫不动摇地巩固和发展公有制经济,毫不动摇地鼓励、支持、引导非公有制经济发展。发挥市场在资源配置中的决定性作用,更好发挥政府作用,建立完善的宏观调控体系。统筹城乡发展、区域发展、经济社会发展、人与自然和谐发展、国内发展和对外开放,调整经济结构,转变经济发展方式,推进供给侧结构性改革。促进新型工业化、信息化、城镇化、农业现代化同步发展,建设社会主义新农村,走中国特色新型工业化道路,建设创新型国家和世界科技强国。

中国共产党领导人民发展社会主义民主政治。坚持党的领导、人民当家作主、依法治国有机统一,走中国特色社会主义政治发展道路,扩大社会主义民主,建设中国特色社会主义法治体系,建设社会主义法治国家,巩固人民民主专政,建设社会主义政治文明。坚持和完善人民代表大会制度、中国共产党领导的多党合作和政治协商制度、民族区域自治制度以及基层群众自治制度。发展更加广泛、更加充分、更加健全的人民民主,推进协商民主广泛、多层、制度化发展,切实保障人民管理国家事务和社会事务、管理经济和文化事业的权利。尊重和保障人权。广开言路,建立健全民主选举、民主决策、民主管理、民主监督的制度和程序。完善中国特色社会主义法律体系,加强法律实施工作,实现国家各项工作法治化。

中国共产党领导人民发展社会主义先进文化。建设社会主义精神文明,实行依法治国和以德治国相结合,提高全民族的思想道德素质和科学文化素质,为改革开放和社会主义现代化建设提供强大的思想保证、精神动力和智力支持,建设社会主义文化强国。加强社会主义核心价值体系建设,坚持马克思主义指导思想,树立中国特色社会主义共同理想,弘扬以爱国主义为核心的民族精神和以改革创新为核心的时代精神,培育和践行社会主义核心价值观,倡导社会主义荣辱观,增强民族自尊、自信和自强精神,抵御资本主义和封建主义腐朽思想的侵蚀,扫除各种社会丑恶现象,努力使我国人民成为有理想、有道德、有文化、有纪律的人民。对党员要进行共产主义远大理想教育。大力发展教育、科学、文化事业,推动中华优秀传统文化创造性转化、创新性发展,继承革命文化,发展社会主义先进文化,提高国家文化软实力。牢牢掌握意识形态工作领导权,不断巩固马克思主义在意识形态领域的指导地位,巩固全党全国人民团结奋斗的共同思想基础。

中国共产党领导人民构建社会主义和谐社会。按照民主法治、公平正义、诚信友爱、充满活力、安定有序、人与自然和谐相处的总要求和共同建设、共同享有的原则,以保障和改善民生为重点,解决好人民最关心、最直接、最现实的利益问题,使发展成果更多更公平惠及全体人民,不断增强人民群众获得感,努力形成全体人民各尽其能、各得其所而又和谐相处的局面。加强和创新社会治理。严格区分和正确处理敌我矛盾和人民内部矛盾这两类不同性质的矛盾。加强社会治安综合治理,依法坚决打击各种危害国家安全和利益、危害社会稳定和经济发展的犯罪活动和犯罪分子,保持社会长期稳定。坚持总体国家安全观,坚决维护国家主权、安全、发展利益。

中国共产党领导人民建设社会主义生态文明。树立尊重自然、顺应自然、保护自然的生态文明理念,增强绿水青山就是金山银山的意识,坚持节约资源和保护环境的基本国策,坚持节约优先、保护优先、自然恢复为主的方针,坚持生产发展、生活富裕、生态良好的文明发展道路。着力建设资源节约型、环境友好型社会,实行最严格的生态环境保护制度,形成节约资源和保护环境的空间格局、产业结构、生产方式、生活方式,为人民创造良好生产生活环境,实现中华民族永续发展。

中国共产党坚持对人民解放军和其他人民武装力量的绝对领导,贯彻习近平强军思想,加强人民解放军的建设,坚持政治建军、改革强军、科技兴军、依法治军,建设一支听党指挥、能打胜仗、作风优良的人民军队,切实保证人民解放军有效履行新时代军队使命任务,充分发挥人民解放军在巩固国防、保卫祖国和参加社会主义现代化建设中的作用。

中国共产党维护和发展平等团结互助和谐的社会主义民族关系,积极培养、选拔少数民族干部,帮助少数民族和民族地区发展经济、文化和社会事业,铸牢中华民族共同体意识,实现各民族共同团结奋斗、共同繁荣发展。全面贯彻党的宗教工作基本方针,团结信教群众为经济社会发展作贡献。

中国共产党同全国各民族工人、农民、知识分子团结在一起,同各民主党派、无党派人士、各民族的爱国力量团结在一起,进一步发展和壮大由全体社会主义劳动者、社会主义事业的建设者、拥护社会主义的爱国者、拥护祖国统一和致力于中华民族伟大复兴的爱国者组成的最广泛的爱国统一战线。不断加强全国人民包括香港特别行政区同胞、澳门特别行政区同胞、台湾同胞和海外侨胞的团结。按照"一个国家、两种制度"的方针,促进香港、澳门长期繁荣稳定,完成祖国统一大业。

中国共产党坚持独立自主的和平外交政策,坚持和平发展道路,坚持互利共赢的开放战略,统筹国内国际两个大局,积极发展对外关系,努力为我国的改革开放和现代化建设争取有利的国际环境。在国际事务中,坚持正确义利观,维护我国的独立和主权,反对霸权主义和强权政治,维护世界和平,促进人类进步,推动构建人类命运共同体,推动建设持久和平、共同繁荣的和谐世界。在互相尊重主权和领土完整、互不侵犯、互不干涉内政、平等互利、和平共处五项原则的基础上,发展我国同世界各国的关系。不断发展我国同周边国家的睦邻友好关系,加强同发展中国家的团结与合作。遵循共商共建共享原则,推进"一带一路"建设。按照独立自主、完全平等、互相尊重、互不干涉内部事务的原则,发展我党同各国共产党和其他政党的关系。

四、党的战略目标

党的战略目标是我们党在总结国内外现代化发展历史经验的基础上,深刻把握我国社会主义初级阶段国情和时代特征,实现中国的现代化规划的宏伟蓝图。党的十三大在认真分析国际国内各种条件的基础上，从基本国情出发，提出了我国现代化建设大体分三步走的战略部署：第一步实现国民生产总值比1980年翻一番，解决人民的温饱问题；第二步到20世纪末，使国民生产总值再增长一倍，人民生活达到小康水平；第三步到21世纪中叶，人均国民生产总值达到中等发达国家水平，人民生活比较富裕，基本实现现代化。党的十四大提出了近期奋斗目标，即在20世纪90年代初步建立起社会主义市场经济新体制；20世纪末国民生产总值比1980年翻两番，实现第二步发展目标；同时，也对实现第三步战略目标提出了初步的设想。在世纪之交召开的党的十五大，又将第三步奋斗目标进一步具体化。这就是：到21世纪的第一个十年，实现国民生产总值比2000年翻一番，使人民的小康生活更加富裕，形成比较完善的社会主义市场经济体制；再经过十年的努力，到建党100周年时，使国民经济更加发展，各项制度更加完善；到21世纪中叶新中国成立100周年时，基本上实现现代化，建成富强、民主、文明、和谐的社会主义国家。2012年11月，中国共产党召开第十八次全国代表大会，大会在十六大、十七大提出的"全面建设小康社会"目标要求基础上，制定了"确保到2020年实现全面建成小康社会"的宏伟目标。2017年10月，中国共产党召开第十九次全国代表大会，将新世纪新时代党在经济和社会发展的战略目标确定为：到建党一百年时，全面建成小康社会；到新中国成立一百年时，全面建成社会主义现代化强国。

第三节　中国共产党的历程

一、新民主主义革命时期

1917年俄国十月革命的胜利给中国人民送来了马克思主义。1919年"五四"运动后，具有初步共产主义思想的知识分子逐步认识到，要开创中国革命的新局面，必须以俄国布尔什维克党为榜样，建立无产阶级政党。1921年7月23日，中国共产党第一次全国代表大会在上海召开，宣告伟大的中国共产党诞生了。大会确定了党的名称、党的纲领、党的奋斗目标以及党成立后的中心任务，选举产生了党的中央领导机关。1922年7月16日至23日，中国共产党在上海召开第二次全国代表大会。大会通过对中国经济政治状况的分析，揭示了中国社会的半殖民地半封建性质,第一次明确地提出了彻底的反帝反封建的民主革命纲领,为中国各族人民的革命斗争指明了方向。

1923年6月,中国共产党第三次全国代表大会在广州召开。大会正确估计了孙中山和国民党的革命立场,决定共产党员以个人身份加入国民党,实现国共合作,并规定在共产党员加入国民党时,党必须在政治上、思想上、组织上保持自己的独立性。此后,国共两党通力合作,经过两次东征和一次南征,统一了广东革命根据地,为北伐战争准备了比较可靠的后方基地。"四·一二"和"七·一五"反革命政变发生后,由于陈独秀右倾机会主义错误的影响,党没有能够采取应付突发事变的正确措施,导致了大革命的失败。

大革命失败后,党领导人民进入土地革命战争时期。面对蒋介石和汪精卫疯狂的镇压、屠杀,党的活动被迫转入地下,党员数量骤减,工农运动走向低谷。在形势异常危急的情况下,中共中央决定在南昌举行武装起义。1927年8月1日,南昌起义爆发。不久,中共中央召开"八七"会议,彻底清算了大革命后期陈独秀的右倾机会主义错误,确定了土地革命和武装反抗国民党反动派的总方针,给正处在思想混乱和组织涣散中的党指明了出路。1928年6月,中国共产党在苏联莫斯科召开第六次全国代表大会,作出了努力扩大农村革命根据地,建立苏维埃政权,发展红军,实行土地革命的决定。1929年开始,党内的"左"倾错误思想逐渐发展起来,党和革命事业因此遭受重大损失。1934年10月,中共中央机关和中央红军撤离根据地,开始长征。1935年1月,中共中央在遵义召开政治局扩大会议,全力解决了当时具有决定意义的军事和组织问题,结束了王明"左"倾错误在党内的统治,实际确立了毛泽东在党中央的领导地位。

1935年12月,中共中央于陕北瓦窑堡召开政治局扩大会议,明确提出了建立广泛的抗日民族统一战线的策略。西安事变发生后,中共中央用和平方式迫使蒋介石作出了停止内战、联共抗日等六项承诺。1937年"七七事变"后,中共中央促成抗日统一战线,扩大救亡运动。抗日战争期间,中国共产党作为敌后战场的领导者,积极组织人民武装开展抗日游击战争。

1945年8月抗日战争胜利后,中国共产党为努力避免内战,实现国内和平和中国的社会改革,同国民党统治集团在重庆进行和平谈判,签订了《双十协定》。1946年6月底,国民党撕毁停战协定,对解放区发动全面进攻,人民解放战争开始。自 1947 年 7 月起,人民解放军由战略防御转入战略进攻。与此同时,党在解放区彻底实行了土地改革,开展了整党和新式整军运动。到 1949 年 9 月底,全国大陆绝大部分地区获得解放。1949 年 10 月 1 日,中华人民共和国宣告成立。

二、社会主义革命和社会主义建设时期

新中国成立后,人民解放军继续追歼国民党残余军队和武装土匪,全国建立各级地方人民政府,抗美援朝,土地改革,镇压反革命,取缔旧社会遗留下来的娼妓、吸毒、赌博等丑恶现象。面对农业减产、工厂倒闭、交通梗阻、物资奇缺、物价飞涨、失业众多、国民经济严重衰退和全面萎缩的严峻形势,人民政府采取措施,没收官僚资本和建立国营经济,收回了帝国主义把持近百年的海关管理权,肃清了帝国主义在华经济侵略势力;通过"银元之战"和"米棉之战"稳定了全国的物价;颁布《关于统一国家财政经济工作的决定》,统一了全国的财政收入、物资调度、现金管理;颁布了《中华人民共和国土地改革法》,实行土地改革和发展农业生产互助合作,引导农民互助合作、兴修水利、发展生产;重点恢复矿山、钢铁、动力、机器制造和主要化学工业,增加纺织及其他轻工业生产;在城市、工矿企业进行了民主改革和生产改革,恢复私营商业、交通运输业。经过三年多的艰苦奋斗,遭到严重破坏的国民经济获得全面恢复,并有了初步发展;与此同时,国民经济结构也发生了深刻的变化。帝国主义在华特权被取消,官僚资本被没收,封建土地所有制被消灭,社会主义国营经济的领导地位已经确立。

从 1953 年起,根据过渡时期总路线的规定,对农业、手工业和资本主义工商业的有系统的社会主义改造稳步开展。1956 年,随着对生产资料私有制的社会主义改造基本完成,社会主义制度在中国建立起来。为了探索中国社会主义建设的道路,中共中央召开了第八次全国代表大会,作出了党和国家的工作重点必须转移到社会主义建设上来的重大战略决策。1958 年 5 月中共八大二次会议通过了"鼓足干劲,力争上游,多快好省地建设社会主义"的总路线。这条总路线正确反映了广大人民群众迫切要求改变我国经济文化落后状况的普遍愿望,但它忽视了客观经济规律,忽视了社会主义初级阶段的基本国情。1959 至 1961 年,由于 1958 年的大跃进和人民公社化运动,使国民经济遭到严重破

坏,加上三年自然灾害,广大人民的生活水平不断下降,饥荒严重,食品紧缺,国家陷入"三年困难时期"。1961 年 1 月,中共八届九中全会通过了"调整、巩固、充实、提高"的八字方针;到 1965 年,国民经济调整的任务基本完成。

三、推进改革开放和社会主义现代化建设时期

1976 年 10 月 6 日,中共中央政治局执行党和人民的意志,采取断然措施,粉碎"四人帮"。1978 年 12 月,中共十一届三中全会在北京开幕。针对"以阶级斗争为纲"、高度集中的计划经济体制束缚经济发展的状况,全会重新确立了解放思想、实事求是的思想路线,作出了把全党工作重点转移到社会主义现代化建设上来的战略决策,确定了改革开放的基本方针。1981 年 6 月,党的十一届六中全会在北京召开。会议对新中国成立 32 年来的一系列重大历史问题和经验教训作出了正确结论和科学总结,实事求是地评价和肯定了毛泽东同志的历史地位,充分论述了毛泽东思想作为党的指导思想的伟大意义。

以十一届三中全会召开为标志,中国拉开了改革的序幕。农村经济体制改革率先展开,家庭联产承包责任制、统分结合的双层经营体制在全国农村普遍实行。与此同时,其他方面改革的试验也开始起步。1984 年 10 月,中共十二届三中全会通过的《关于经济体制改革的决定》,确定社会主义经济是"公有制基础上的有计划的商品经济",提出改革的目标是建立具有中国特色的、充满生机和活力的社会主义经济体制。1987 年 10 月,党的十三大进一步从理论上确认了市场机制作用的中枢地位,为进一步深化改革指明了方向。

1992 年年初,邓小平同志视察南方并发表了一系列重要谈话,科学地总结了党的十一届三中全会以来的基本实践和基本经验,从理论上深刻回答了长期困扰和束缚人们思想的许多重大认识问题,把改革开放和现代化建设推向新的阶段。10 月,中国共产党召开第十四次全国代表大会,确立邓小平建设有中国特色社会主义理论在全党的指导地位,明确我国经济体制改革的目标是建立社会主义市场经济体制。1993 年 11 月,党的十四届三中全会进一步将十四大提出的经济体制改革目标和基本原则具体化。1995 年 9 月,党的十四届五中全会提出要实现"从传统的计划经济体制向社会主义市场经济体制"和"从粗放型增长方式向集约型增长方式"的两个根本转变。1996 年 10 月,党的十四届六

中全会专门就加强社会主义精神文明建设作出决议,对新形势下的精神文明建设做了具体部署和规划。1997年9月,中国共产党第十五次全国代表大会首次使用"邓小平理论"这个科学称谓,把邓小平理论确立为党的指导思想,规定了我国跨世纪发展的战略部署,就社会主义初级阶段的所有制结构和公有制实现形式、推进政治体制改革、依法治国、建设社会主义法治国家等问题提出了新的论断。1998年10月,党的十五届三中全会提出了到2010年建设有中国特色社会主义新农村的奋斗目标,确定了实现这一目标必须坚持的方针。1999年9月,党的十五届四中全会确定了到2010年国有企业改革和发展的主要目标和必须坚持的指导方针。2001年7月,江泽民同志在庆祝中国共产党成立80周年大会上精辟回答了在新的历史条件下按照"三个代表"要求推进党的建设的重大理论问题和现实问题。

2002年11月,中国共产党第十六次全国代表大会在北京召开。大会系统总结改革开放和现代化建设的基本经验,把"三个代表"重要思想同马克思列宁主义、毛泽东思想、邓小平理论一道确立为党必须长期坚持的指导思想,从经济、政治、文化、国防、祖国统一、外交和党的建设各个方面,对今后一二十年作出周密部署,提出了"新三步走"的具体发展战略。自2003年6月起,全党兴起了学习"三个代表"重要思想的新高潮。同年10月,中国共产党第十六届中央委员会第三次全体会议强调了完善社会主义市场经济体制的主要任务,把十六大确定的重大理论观点和重大方针政策写入宪法。2004年9月,第十六届中央委员会第四次全体会议审议通过了《中共中央关于加强党的执政能力建设的决定》,强调加强党的执政能力建设,提出了加强党的执政能力建设的总体目标。2006年10月,第十六届中央委员会第六次全体会议通过了《中共中央关于构建社会主义和谐社会若干重大问题的决定》,全面分析了当时的形势和任务,研究了构建社会主义和谐社会的若干重大问题,提出了到2020年构建社会主义和谐社会的目标、主要任务和遵循的原则。

2007年10月15日至21日,中国共产党第十七次全国代表大会召开。大会高举中国特色社会主义伟大旗帜,以邓小平理论和"三个代表"重要思想为指导,深入贯彻落实科学发展观,对开拓伟大事业、推进伟大工程作出了全面部署,提出了一系列重大理论观点、重大战略思想、重大工作部署,丰富和发展了党的基本理论、基本路线、基本纲领、基本经验。根据党的十七大部署,中共中央决定,从2008年9月开始,用一年半左右时间,在全党分批开展深入学习、实践科学发展观活动。同年10月,党的十七届三中全会审议通过了《中共中央关于推进农村改革发展若干重大问题的决定》,强调把建设社会主义新农村作为战略任务。2009年9月,党的十七届四中全会通过《中共中央关于加强和改进新形势下党的建设若干重大问题的决定》,研究了加强和改进新形势下党的建设若干重大问题。2011年10月,党的十七届六中全会通过《中共中央关于深化文化体制改革、推动社会主义文化大发展大繁荣若干重大问题的决定》,强调推进社会主义核心价值体系建设。

2012年11月8日至14日,中国共产党第十八次全国代表大会在北京举行。大会围绕"全面建成小康社会"这一核心目标系统地设计了经济建设、政治建设、文化建设、社会建设和生态文明建设"五位一体"的目标体系。11月29日,在国家博物馆,习近平总书记在参观"复兴之路"展览时,第一次阐释了"中国梦"的概念。2013年1月22日,习近平总书记在十八届中央纪委二次全会上发表重要讲话,强调要有腐必反、有贪必肃,坚持"老虎""苍蝇"一起打;要以踏石留印、抓铁有痕的劲头抓工作作风;要加强对权力运行的制约和监督,把权力关进制度的笼子里。2013年4月,中国共产党中央政治局召开会议,决定从2013年下半年开始,用一年左右时间,在全党自上而下分批开展党的群众路线教育实践活动。11月9日至12日,党的十八届三中全会审议通过了《中共中央关于全面深化改革若干重大问题的决定》,对全面深化改革作出系统部署。2014年10月,党的十八届四中全会通过了《中共中央关于全面推进依法治国若干重大问题的决定》,提出了全面推进依法治国的总目标,明确了全面推进依法治国的重大任务,强调全面推进依法治国。12月,习近平总书记在江苏调研时强调,要主动把握和积极适应经济发展新常态,协调推进全面建成小康社会、全面深化改革、全面推进依法治国、全面从严治党,推动改革开放和社会主义现代化建设迈上新台阶。2015年10月26日至29日,党的十八届五中全会审议通过了《中共中央关于制定国民经济和社会发展第十三个五年规划的建议》,对第十三个五年规划进行了部署。2016年10月24日至27日党的十八届六中全会研究了全面从严治党重大问题,制定了新形势下党内政治生活若干准则,修订了《中国共产党党内监督条例（试行）》。

2017 年 10 月，中国共产党第十九次全国代表大会在北京召开。这次大会的主题是：不忘初心，牢记使命，高举中国特色社会主义伟大旗帜，决胜全面建成小康社会，夺取新时代中国特色社会主义伟大胜利，为实现中华民族伟大复兴的中国梦不懈奋斗。大会通过了关于《中国共产党章程（修正案）》的决议，一致同意把习近平新时代中国特色社会主义思想同马克思列宁主义、毛泽东思想、邓小平理论、"三个代表"重要思想、科学发展观一道确立为党的行动指南。

第四节　党徽、党旗

一、党徽

中国共产党党徽图案由镰刀和锤头组成，图案为金黄色。锤子、镰刀代表工人和农民的劳动工具，象征着中国共产党是中国工人阶级的先锋队，代表着工人阶级和广大人民群众的根本利益。黄色象征光明。

《中国共产党党旗党徽制作和使用的若干规定》规定，党徽的使用范围是：

1. 党的委员会及其工作部门、党的中央和地方委员会派出的代表机关及其工作部门、党的纪律检查机关和党组的印章（印模）中间应当刻有党徽图案；

2. 召开党的全国代表大会、代表会议和地方各级代表大会、代表会议，应当悬挂党徽，并在党徽两侧各布五面红旗；

3. 党的各级组织颁发的奖状、证书和其他荣誉性文书、证件上，可以印党徽图案；

4. 党内出版物上可以印党徽图案。

除上述情况外，使用党徽及其图案需经县级和县级以上党的委员会组织部批准。

二、党旗

中国共产党的党旗是中国共产党的象征和标志。旗面为红色，缀有金黄色党徽图案。红色象征革命。黄色的镰刀和锤头代表工人和农民的劳动工具，象征着中国共产党是中国工人阶级的先锋队，代表着工人阶级和广大人民群众的根本利益。

《中国共产党党旗党徽制作和使用的若干规定》规定,党旗的使用范围是:

1. 召开党的基层代表大会,举行新党员入党宣誓仪式;

2. 党内举行重大庆祝、纪念活动,党日活动;

3. 党的委员会及其工作部门、党的中央和地方委员会派出的代表机关及其工作部门、党的纪律检查机关的会议室,可以悬挂党旗。

按照国旗法规定应升挂国旗的场所,一般不同时悬挂党旗。

《中国共产党党旗党徽制作和使用的若干规定》规定,党旗的通用规格有下列五种:

1. 长 288 厘米,宽 192 厘米;

2. 长 240 厘米,宽 160 厘米;

3. 长 192 厘米,宽 128 厘米;

4. 长 144 厘米,宽 96 厘米;

5. 长 96 厘米,宽 64 厘米。

在特定场所需要使用非通用规格党旗的,报县级以上党的委员会组织部批准。

思考练习题

一、填空题

1. 中国共产党的党旗是中国共产党的象征和标志。旗面为红色,象征( ),黄色的锤头和镰刀代表工人和农民的劳动工具,象征着( ),代表着( )的根本利益。

2. 2012 年 11 月 8 日至 14 日,中国共产党第十八次代表大会在北京举行。大会高举( )伟大旗帜,以( )、( )、( )为指导,科学制定了适应时代要求和人民愿望的行动纲领和大政方针。

3. 2012 年 11 月 29 日,在国家博物馆,中共中央总书记习近平总书记在参观"复兴之路"展览时,第一次阐释了( )的概念。

4. 1981 年 6 月,党的十一届六中全会在北京召开。会议审议通过了( ),

标志着党在指导思想上(　　)任务的完成。

5. 根据党的十七大部署,中共中央决定,从 2008 年 9 月开始,用一年半左右时间,在全党分批开展了深入学习实践(　　)的活动。

6. 《党章》总纲中规定:"党的根本宗旨是(　　)。"

7. 邓小平同志指出:"社会主义的本质,是(　　)生产力,(　　)生产力,消灭(　　),消除(　　),最终达到(　　)。"

8. 1921 年 7 月 23 日,中国共产党第一次全国代表大会在上海召开。大会的中心任务是(　　)。

9. 2014 年 10 月 23 日,中国共产党第十八届中央委员会第四次全体会议通过了《中共中央关于(　　)若干重大问题的决定》,提出了全面推进依法治国的总目标。

10. 1992 年 10 月 12 日至 18 日,中国共产党召开第十四次全国代表大会,确立(　　)在全党的指导地位,明确我国经济体制改革的目标是(　　)。

11. 2015 年 10 月 26 日至 29 日,中国共产党第十八届中央委员会第五次全体会议审议通过了《中共中央关于制定国民经济和社会发展第(　　)个五年规划的建议》

二、判断题

1. 中国共产党第十九次全国代表大会通过了关于《中国共产党章程(修正案)》的决议,决定这一修正案自通过之日起生效。大会一致同意,把习近平新时代中国特色社会主义思想同马克思列宁主义、毛泽东思想、邓小平理论、"三个代表"重要思想、科学发展观一道确立为党的行动指南。　(　　)

2. 在特定场所需要使用非通用规格党旗的,报县级以上党的委员会组织部批准。　(　　)

3. 中国共产党党徽图案为金黄色。黄色象征革命。　(　　)

4. 2013 年 4 月 19 日,中国共产党中央政治局召开会议,决定从 2013 年下半年开始,用一年左右时间,在全党自上而下分批开展党的群众路线教育实践活动。　(　　)

5. 根据党的十七大部署,中共中央决定,从 2008 年 9 月开始,用一年半左右

时间,在全党分批开展深入学习、实践科学发展观活动。 （　　）

6. 1997 年 9 月 12 日至 18 日,中国共产党召开第十五次全国代表大会。大会首次使用"邓小平理论"这个科学称谓。 （　　）

7. 1961 年 1 月,中共八届九中全会通过了"调整、巩固、充实、提高"的八字方针。到 1965 年,国民经济调整的任务基本完成。 （　　）

8. 社会主义制度的发展和完善是一个短暂的历史过程。 （　　）

9. 秋收起义标志着中国共产党独立地领导革命战争、创建人民军队和武装夺取政权的伟大开端。 （　　）

10. 中国共产党是中国工人阶级的先锋队,只能代表中国的工人阶级。 （　　）

三、单项选择题

1. 中国共产党党徽为镰刀和锤头组成的图案,图案为（　　）
   A. 金黄色　　　　　B. 黄色　　　　　C. 红色　　　　　D. 金红色

2. 明确我国经济体制改革的目标是建立社会主义市场经济体制的会议是
   （　　）
   A. 十三大　　　　　B. 十四大　　　　　C. 十五大　　　　　D. 十六大

3. 标志着党在指导思想上拨乱反正任务完成的会议是党的（　　）
   A. 十一届六中全会　　　　　　　B. 十一届三中全会
   C. 十二届三中全会　　　　　　　D. 十二届四中全会

4. 2006 年 10 月 11 日中国共产党第十六届中央委员会第六次全体会议通过了（　　）
   A.《中共中央关于构建社会主义和谐社会若干重大问题的决定》
   B.《中共中央关于全面推进依法治国若干重大问题的决定》
   C.《中共中央关于全面深化改革若干重大问题的决定》
   D.《中共中央关于推进农村改革发展若干重大问题的决定》

5. 1984 年 10 月,中共十二届三中全会通过的《关于经济体制改革的决定》,确定社会主义经济是（　　）
   A. 公有制基础上的有计划的商品经济
   B. 商品经济

    C. 市场经济

    D. 有计划的商品经济

6. 党内出版物上( )印党徽图案。

    A. 可以   B. 应该   C. 不可以   D. 不应当

7. 按照国旗法规定应升挂国旗的场所,( )悬挂党旗。

    A. 一般不同时   B. 可以同时   C. 不能   D. 必须

8. 1921 年 7 月 23 日,中国共产党第一次全国代表大会在上海召开。大会的中心任务是讨论( )

    A. 党的任务   B. 党的纲领

    C. 党的性质   D 成立中国共产党

9. 中国共产党是( )的政党。

    A. 中国工人阶级   B. 中国工人阶级和农民阶级

    C. 中国农民阶级   D. 中华民族

10. 下列关于党的性质的说法中,错误的是( )

    A. 中国共产党是中国工人阶级的先锋队

    B. 中国共产党是中国人民和中华民族的先锋队

    C. 中国共产党是中国特色社会主义事业的领导核心

    D. 中国共产党代表的是中国工人阶级的根本利益

四、简答题

1. 《中国共产党章程》关于党的性质是怎样规定的?

2. 中国共产党的先进性具体体现在哪些方面?

3. 我国现代化建设三步走战略部署的内容是什么?

4. 中国共产党在社会主义初级阶段的基本路线什么?

5. 在现阶段,我国社会的主要矛盾是什么?

思考练习题答案

一、填空题

1. 革命;中国共产党是中国工人阶级的先锋队;工人阶级和广大人民群众

2. 中国特色社会主义;邓小平理论;"三个代表"重要思想;科学发展观

3. 中国梦

4. 《关于建国以来党的若干历史问题的决议》;拨乱反正

5. 科学发展观

6. 全心全意为人民服务

7. 解放;发展;剥削;两极分化;共同富裕

8. 讨论成立中国共产党

9. 全面推进依法治国

10. 邓小平建设有中国特色社会主义理论;建立社会主义市场经济体制

11. 十三

二、判断题

1. 对　2. 对　3. 错　4. 对　5. 对　6. 对　7. 对　8. 错　9. 错　10. 错

三、选择题

1. A　2. B　3. A　4. A　5. A　6. A　7. A　8. A　9. A　10. D

四、简答题

1. 《中国共产党章程》关于党的性质是怎样规定的?

中国共产党是中国工人阶级的先锋队,同时是中国人民和中华民族的先锋队,是中国特色社会主义事业的领导核心,代表中国先进生产力的发展要求,代表中国先进文化的前进方向,代表中国最广大人民的根本利益。

2. 中国共产党的先进性具体体现在哪些方面?

第一,党是由工人阶级的先进分子所组成。

第二,党是以科学理论武装起来的。

第三,党是按照民主集中制原则建立起来的。

3. 我国现代化建设三步走战略部署的内容是什么?

第一步实现国民生产总值比 1980 年翻一番,解决人民的温饱问题。

第二步到 20 世纪末,使国民生产总值再增长一倍,人民生活达到小康水平。

第三步到 21 世纪中叶,人均国民生产总值达到中等发达国家水平,人民生活比较富裕,基本实现现代化。

4. 中国共产党在社会主义初级阶段的基本路线什么?

领导和团结全国各族人民,以经济建设为中心,坚持四项基本原则,坚持改革开放,自力更生,艰苦创业,为把我国建设成为富强民主文明和谐美丽的社会主义现代化强国而奋斗。

5. 在现阶段,我国社会的主要矛盾是什么?

人民日益增长的美好生活需要和不平衡不充分的发展之间的矛盾。

第二章

中国共产主义青年团组织

明确中国共产主义青年团组织的性质、任务、职能以及光辉历程和光荣传统,对于保持中国共产主义青年团工作正确的方向、找准自身位置、做好具体工作有着极其重要的意义。

第一节　团的性质、任务、职能和组织制度

一、团的性质

在十九大通过的《中国共产党章程》第十章"党和共产主义青年团的关系"的第五十一条中,对中国共产主义青年团的性质进行了明确规定:"中国共产主义青年团是中国共产党领导的先进青年的群团组织,是广大青年在实践中学习中国特色社会主义和共产主义的学校,是党的助手和后备军。"

中国共产主义青年团的性质是根据马克思主义的建团思想、中国革命的具体实践、中国共产党对青年的要求和中国青年运动的实际情况确定的。中国共产主义青年团性质的核心是中国共产党的领导。

中国共产主义青年团在中国共产党领导下发展壮大,始终站在革命斗争的前列,有着光荣的历史,在建立新中国,确立和巩固社会主义制度,发展社会主义的经济、政治、文化的进程中发挥了突击队作用,为党培养、输送了大批新生力量和工作骨干。党的十一届三中全会以来,共青团根据党的工作重心的转移,紧密围绕改革开放和经济建设开展工作,为推进社会主义现代化建设事业作出

了重要贡献,促进了青年一代的健康成长。

中国共产主义青年团坚持中国特色社会主义青年运动发展方向,动员广大青年在全面建成小康社会、全面深化改革、全面推进依法治国实践中作出更大贡献;引导广大青少年坚定理想信念、弘扬社会主义核心价值观;动员广大青年创业创新创优,积极参与全面深化改革,自觉学法遵法守法用法,在推动经济社会平稳健康发展中建功立业;突出重点需求和重点群体,加强就业创业、网络环境、农村留守儿童等方面服务工作,帮助青少年健康成长;积极推进团的组织和工作创新,打造网上网下相互促进、有机融合的青年工作新格局;加强基层服务型团组织建设,落实从严治团要求,持续改进干部作风,大兴直接联系群众之风、学习研究之风、求实创新之风、清正廉洁之风。

中国共产主义青年团做好青年思想政治工作,坚持对青年的正面教育和引导,组织青年学习马克思列宁主义、毛泽东思想、邓小平理论、"三个代表"重要思想、科学发展观、习近平新时代中国特色社会主义思想,广泛开展党的基本路线教育,爱国主义、集体主义和社会主义思想教育,近代史、现代史教育和国情教育,民主和法制教育,增强青年的民族自尊、自信和自强精神,树立正确的理想、信念和价值观,还对团员进行共产主义远大理想的教育;努力帮助青年学习现代科学文化知识,吸收和借鉴人类社会创造的一切文明成果,抵御资本主义和封建主义腐朽思想的侵蚀,不断提高青年的思想道德素质和科学文化素质。

中国共产主义青年团带领青年在经济建设中发挥突击队作用,充分调动和发挥青年的积极性和创造性;组织青年参加改革开放和建立社会主义市场经济体制的实践,促进科教兴国战略、人才强国战略和可持续发展战略的实施,树立"科学技术是第一生产力"的观念,掌握和运用先进的科学技术,学习和适应现代管理方式,诚实劳动,勇于创新,为发展社会生产力、增强综合国力、提高人民生活水平、实现中国经济发展的战略目标建功立业。

中国共产主义青年团充分发挥党联系青年的桥梁和纽带作用,积极协助政府管理青年事务,在维护国家和人民利益的同时代表和维护青年的具体利益,围绕党的中心任务,开展适合青年特点的活动,关心青年的工作、学习和生活,切实为青年服务,向党和政府反映青年的意见和要求,开展社会监督,同各种危害青少年的现象作斗争,保护和促进青少年的健康成长。

中国共产主义青年团高举爱国主义旗帜,坚决维护和发展全国各族青年之间的团结友爱,加强同台湾、香港、澳门青年同胞和海外青年侨胞的团结,按照"一个国家、两种制度"的方针,共同促进祖国统一大业的完成。

中国共产主义青年团在维护中国的独立和主权,坚持独立自主、和平友好、相互学习、平等合作的基础上,积极发展同世界各国青年组织的交往和友好关系,反对霸权主义和强权政治,维护世界和平,促进人类进步。

二、团的基本任务

中国共产主义青年团现阶段的基本任务是:高举中国特色社会主义伟大旗帜,坚定不移地贯彻党在社会主义初级阶段的基本路线,以经济建设为中心,坚持四项基本原则,坚持改革开放,用社会主义核心价值体系教育青年,在建设中国特色社会主义的伟大实践中,造就有理想、有道德、有文化、有纪律的接班人,不断巩固和扩大党执政的青年群众基础,努力为党输送新鲜血液,为国家培养青年建设人才,团结带领广大青年,自力更生,艰苦创业,积极推动社会主义经济建设、政治建设、文化建设、社会建设、生态文明建设,为全面建成小康社会,加快推进社会主义现代化,实现中华民族伟大复兴的中国梦贡献智慧和力量。

三、团的基本职能

中国共产主义青年团的基本职能是组织青年、引导青年、服务青年、维护青少年权益。那么,组织青年是中国共产主义青年团工作的重要任务,也是重要前提,与服务青年、维护青少年合法权益之间相互促进,引导青年是根本任务。中国共产主义青年团要切实把青少年广泛组织起来,提高服务青年、维护青少年合法权益的能力和水平,对广大青年进行有效引导,使青年坚定跟党走中国特色社会主义道路。

四、团的组织制度

中国共产主义青年团是按照民主集中制组织起来的统一整体。团的民主集中制的基本原则是:

1. 团员个人服从组织,少数服从多数,下级组织服从上级组织。

2. 团的全国领导机关,是团的全国代表大会和它产生的中央委员会。地方各级团的领导机关,是同级团的代表大会和它产生的团的委员会,团的各级委员会向同级代表大会负责并报告工作。

3. 团的各级领导机关,除它们派出的代表机关外,都由选举产生。

4. 团的各级领导机关应当经常听取并认真处理下级组织和团员的意见;团的下级组织既要向上级组织请示、报告工作,又要独立负责地解决自己职责范围内的问题。团的各级组织要使团员对团内事务有更多的了解和参与。

5. 团的各级委员会实行集体领导和个人分工负责相结合的制度。

团的各级委员会可以根据工作需要,设立适当的工作部门。团的县级以上各级委员会可以派出代表机关。

在团的各级代表大会闭会期间,同级党的组织和上级团的组织认为有必要时,经过共同研究,取得一致意见,可以调动或指派团组织的负责人。

团的各级代表大会的代表和委员会的产生,要体现选举人的意志。选举采用无记名投票的方式。候选人的产生要广泛发扬民主,候选人名单要充分酝酿讨论。可以直接采用候选人数多于应选人数的差额选举办法进行选举,也可以采用差额选举办法进行预选,产生候选人名单,然后进行等额正式选举。选举人有了解候选人情况、要求改变候选人、不选任何一个候选人和另选他人的权利。任何组织和个人不得以任何方式强迫选举人选举或不选举某个人。

团的中央和地方各级委员会委员、候补委员中的专职团干部调离团的岗位,其委员或候补委员的职务自行卸免。委员缺额由候补委员按得票多少依次递补,卸免和递补须经全会确认。

团的县级和县级以上委员会在必要时可以召集代表会议,讨论和决定需要由代表大会解决的重大问题。代表会议可以增选委员会的部分成员。增选委员会委员和候补委员的数额,不得超过该级代表大会选出的委员和候补委员总数的三分之一。代表会议代表的名额和产生办法,由召集代表会议的委员会决定。

有关全团性的工作,由团的中央委员会作出决定、统一部署。

各级团组织的报刊和其他宣传工具,必须宣传党的路线、方针和政策,宣传团的上级组织和本级组织的决议与工作任务,反映青年的意见和要求。

第二节　团的光辉历程

中国共产主义青年团是马克思主义同中国青年运动相结合的产物,具有历史必然性。中国共产主义青年团,是中国共产党缔造并领导的一个具有光荣历史和革命传统的先进青年的群团组织,是广大青年在实践中学习中国特色社会主义和共产主义的学校,是党的助手和后备军。自诞生以来,中国共产主义青年团在中国共产党的领导下,在老一辈无产阶级革命家的亲切关怀下,不断发展壮大,团结和带领全国各族青年,始终站在革命和建设的前列,在建立新中国,确立和巩固社会主义制度,发展社会主义的经济、政治、文化的进程中发挥了突击队作用,为中国共产党培养、输送了大批新生力量和工作骨干。90 多年来,中国共产主义青年团走过了光辉的历程。

一、中国社会主义青年团的建立和发展

"五四"运动后,一些先进青年创建的马克思主义的进步社团为中国社会主义青年团的建立打下了组织基础,促使马克思主义得到广泛传播并密切地同中国青年运动相结合,中国的民族解放运动开始进入一个崭新的天地。

1920 年 8 月,在共产国际的帮助下,中国工人阶级最密集的中心城市上海首先建立了共产主义小组。在这个党的早期组织的筹建过程中,共产党的发起人李大钊、陈独秀等人就对发展中国青年运动、在青年中培养和挑选预备党员的工作给予了极大的关注。因此,上海共产主义小组一成立,陈独秀便指派小组内最年轻的成员俞秀松组建社会主义青年团。8 月 22 日,上海社会主义青年团由俞秀松、施存统等 8 人发起建立。

1921 年 7 月中国共产党正式建立前,各地共产主义者在创建党的早期组织——共产主义小组的过程中,为了广泛团结进步青年,培育党的后备力量,就酝酿建立中国的青年团组织。上海、北京、武汉、长沙、广州等地共产主义小组先后成立了,同时这些共产党的早期组织又在各地领导并建立了社会主义青年团的早期组织。

1921 年 7 月中国共产党正式成立后,立即着手领导正式创建中国社会主

义青年团。在中国共产党的直接领导和关怀下,1922年5月5日,中国社会主义青年团第一次全国代表大会在广州召开,这标志中国社会主义青年团的正式成立。大会确定在马克思诞辰纪念日召开,有着重要的含义,它表明中国社会主义青年团是信仰马克思主义的真正的革命团体。从此,青年团作为中国共产党的助手和后备军在中国共产党的领导下,带领广大青年积极投入反对帝国主义和北洋军阀的斗争。

中国社会主义青年团成立时,正值中国共产党领导酝酿和发动大革命高潮时期,青年团积极团结、带领青年投身工人运动和反帝反封建的群众运动中,显示出巨大的活力,发挥了先锋作用。在1925年1月召开的中国社会主义青年团第三次全国代表大会上,为了迎接大革命高潮的到来,为了明确昭示青年团与共产党有共同的政治主张——在中国实现共产主义,为了明确表示中国社会主义青年团是为无产阶级利益而奋斗的革命青年组织,大会决定将中国社会主义青年团改名为中国共产主义青年团。

二、中国共产主义青年团改造成为青年救国团体

1931年的"九·一八事变"使中国社会中的民族矛盾上升为主要矛盾,中国共产党审时度势率先倡导建立抗日民族统一战线。中共中央根据建立抗日民族统一战线的需要,为了更广泛地团结各界青年加入抗日救亡斗争的行列,于1936年11月作出决定改造中国共产主义青年团。中国共产主义青年团坚决响应党的召唤,立即行动,把青年团改造成为以中华民族解放先锋队、中国青年救国会为代表的青年抗日救国团体,带领各族、各界青年参加中华民族解放战争,反击日本帝国主义的侵略,捍卫祖国的领土和主权。

三、新民主主义青年团的建立

抗日战争胜利后,中国南京国民党政府在美帝国主义的支持下,发动了反人民的内战,中国共产党又领导中国人民开始了人民解放的战争。新的形势下,中共中央根据人民解放战争的新形势和满足广大青年积极分子的进步要求,于1946年9月提出试建青年团组织。试建青年团的工作也取得成功。1949年1月,中共中央正式发布了《关于建立中国新民主主义青年团决议》,

并在全国领导普遍重建青年团的工作。1949 年 4 月,在中国共产党的领导和关怀下,中国新民主主义青年团第一次全国代表大会在刚刚解放的北平隆重召开,最后完成建立中国新民主主义青年团的工作。经过改造的中国新民主主义青年团又以先进青年的群众组织的崭新风貌出现在中国大地上,并且走上新中国执政党助手和后备军的新历程。

四、新中国成立后的中国共产主义青年团

1949 年 10 月 1 日,中华人民共和国宣告成立。在中国共产党的领导下,中国新民主主义青年团协助共产党胜利地完成了从新民主主义向社会主义过渡和建设社会主义时期的各项任务,并且以围绕党的中心工作,开展适合青年特点的独立活动赢得党和政府及社会各界的普遍赞誉,成为新中国青年运动的坚强核心。1957 年 5 月,在新民主主义青年团第三次全国代表大会上,经党中央批准,大会决定将中国新民主主义青年团改名为中国共产主义青年团。此后,中国共产主义青年团(以下简称共青团)走上了跟随党探索中国自己建设社会主义道路的曲折历程。

五、改革开放后的共青团

党的十一届三中全会以后,中国进入了全面建设中国特色社会主义的新时期。中国共青团紧紧跟随中国共产党,坚决贯彻党确定的新时期的基本路线和各项方针、政策,配合党的工作重心的转移,紧密围绕改革开放和经济建设开展共青团和青年工作,为推进社会主义现代化建设事业作出了重要贡献,促进了青年一代的健康成长。

尤其是 1992 年初邓小平南巡谈话发表和党的十四大召开以后,共青团以党的基本理论和基本路线为指导,紧紧围绕经济建设这个中心,自觉服从全党全国工作大局,牢牢抓住青年成长成才这一根本需求,积极探索服务大局、服务社会、服务青年的有效途径,全面开展团的各项工作,不失时机地实施了跨世纪青年文明工程、跨世纪青年人才工程等活动。其中,青年志愿者行动、青年文明号、希望工程、"手拉手"互助活动、培养青年岗位能手活动、培养青年星火带头人活动等都在社会上引起了较大的反响,共青团工作又迈上了一个新的台阶。

1998年6月,共青团第十四次全国代表大会在北京召开。团的十四大以来,在党中央的坚强领导下,中国共产主义青年团抓住跨世纪的发展机遇,紧紧围绕全党工作大局,以开发青年人力资源为着力点,团结带领全国各族青年积极投身经济建设和精神文明建设,采取切实措施服务青年成长成才,团的组织建设和各项事业得到全面发展。

2003年7月,共青团第十五次全国代表大会在北京召开。这是跨入21世纪后中国共青团召开的第一次盛会。大会提出在全面建设小康社会的历史进程中共青团的主要任务:新世纪新阶段,各级团组织要引导广大青年增强机遇意识、责任意识,紧紧围绕发展这一我们党执政兴国的第一要务,聚精会神搞建设,一心一意谋发展,积极投身社会主义物质文明、政治文明和精神文明建设,要带领青年参与经济结构战略性调整,为全面推进经济体制改革、加快经济发展作贡献;大力开发青年人力资源,为经济发展提供智力支持;组织青年积极参与生态保护和建设,促进可持续发展;培养青年的社会主义政治文明意识,引导青年参与社会主义政治文明实践;在青年中弘扬和培育民族精神,加强青年思想道德建设,推动青年文化建设。

2013年6月17日,共青团第十七次全国代表大会召开,会议的主题是:高举中国特色社会主义伟大旗帜,以邓小平理论、"三个代表"重要思想、科学发展观为指导,深入学习贯彻党的十八大精神,坚定信念,牢记使命,脚踏实地,锐意进取,团结带领广大团员青年满怀信心地紧跟着党,为全面建成小康社会、加快推进社会主义现代化、实现中华民族伟大复兴的中国梦而奋斗。共青团在党的领导下,紧紧围绕党和国家工作大局,切实履行组织青年、引导青年、服务青年、维护青少年合法权益的职能,推动团的各项工作和建设实现新的发展。

2015年7月6日至7日,中央党的群团工作会议在北京召开。习近平总书记出席会议并发表重要讲话,他在讲话中指出,由党中央召开党的群团工作会议,在党的历史上还是第一次。这次会议的主要任务是分析研究新形势下党的群团工作面临的新情况新问题,贯彻落实《关于加强和改进党的群团工作的意见》,总结成功经验,解决突出问题,努力开创党的群团工作新局面。

2016年8月2日,中共中央办公厅印发的《共青团中央改革方案》中强调,共青团是党的助手和后备军,是党和政府联系青年的桥梁和纽带。推进共青团改革,是全面从严治党的一部分,是焕发共青团生机活力的重要举措。

2017年8月22日,习近平总书记对群团改革工作作出的重要指示指出,党的群团工作是党的一项十分重要的工作,群团改革是全面深化改革的重要任务。习近平总书记强调,要推动各群团组织结合自身实际,紧紧围绕增强"政治性、先进性、群众性",直面突出问题,采取有力措施,敢于攻坚克难,注重夯实群团工作基层基础。中央书记处要加强对群团改革的指导,中央改革办要加强对群团改革方案落实的督察,各级党委要负起组织推进群团改革的责任,正确把握方向,及时了解情况,认真解决难题,以改革推动群团组织提高工作和服务水平,努力开创党的群团工作新局面。改革是今后一个时期共青团工作的最大关键词。党中央大政方针已定,把改革任务落到实处,把改革蓝图变成现实,共青团全面进入"改革进行时"。

回顾历史,在中华民族前进的道路上,共青团留下了英勇奋斗的足迹,作出了无愧于历史的贡献;展望未来,面对一个充满希望和挑战的新时代,共青团也必将以新的作为开创新的事业,在中华民族振兴史上继续谱写光辉灿烂的篇章。

第三节　团的光荣传统

经过90多年的发展壮大,在中国共产党的领导下,共青团从无到有、从小到大逐渐发展成为拥有8 000多万名团员的青年核心组织,带领一代代中国青年,为中华民族的独立解放和发展繁荣,不畏艰难险阻,团结奋斗,开拓创新,用青春和血汗创造了可歌可泣的光辉业绩,并且形成了独具特点的优良传统。继承和发扬这些光荣传统,对于中国青年运动的健康发展,开展好共青团工作具有指导和借鉴意义。发扬优良传统和作风,富于创造性地开展工作,把共青团建设成为团结教育青年的坚强核心,是当前共青团建设的重要任务。

一、始终坚持以马克思主义为行动指南

共青团是马克思主义与中国青年运动结合的产物。团组织从诞生开始,就把实现共产主义作为奋斗目标。社会主义青年团第三次全国代表大会把团的

名称改为共产主义青年团,旗帜鲜明地把实现共产主义作为奋斗目标。共青团始终高举共产主义旗帜,为共产主义而奋斗,这写在自己的纲领《中国共产主义青年团章程》中,也贯穿在团的实践工作中。

把马克思主义作为团的行动指南。 中国共产党在革命、建设和发展过程中,创新了与马克思主义一脉相承的毛泽东思想、邓小平理论、"三个代表"重要思想、科学发展观、习近平新时代中国特色社会主义思想,共青团始终将其作为自己的指导思想、行动指南,这充分体现了共青团组织的先进性。

用共产主义思想教育青年,培养共产主义接班人和中国特色社会主义的建设者。 邓小平同志在 1957 年共青团三大祝词中指出,时代在中国青年的肩上放上了更为繁重的任务,"这个任务,就是在党的领导下,用共产主义的精神教育青年一代"。

二、始终坚持共产党的领导

坚持党的领导是共青团的光荣传统,是保证团的事业取得成功的根本保证。中国历次伟大的青年运动的成功,都和共产党的正确领导密不可分。"党有号召,团有行动"是共青团在长期革命建设和改革发展过程中正确处理"党团关系"政治认知的集中体现,是共青团政治属性和根本性质的集中体现,也是共青团工作的"生命线"。

坚持党的领导,紧紧把握跟党走的政治立场,思想上、行动上与党中央保持一致。 在工作实践中始终做好党的助手和后备军,积极发挥生力军和先锋队作用。1922 年 9 月团的二大发出《本团与中国共产党之关系》的第 17 号通告中指出,依照第三国际的规定,"在政治上,社会主义青年团必须服从共产党的主张,在其他一切为青年利益而奋斗方面,社会主义青年团应是一个独立的团体,有完全的自主权"。历史上也曾出现过"第二党"倾向、"先锋主义"等以团代党和取消团的组织系统的错误倾向与危险认识。1925 年召开的党的四大上对"第二党"、"先锋主义"进行了批评,重申社会主义青年团在政治上要绝对接受党的领导。共青团的发展历史证明,共产党是共青团的创建者和领导者,党的领导是共青团正确作为的前提。

坚持从严治团,团组织要有好的群众作风。 共青团是党的助手和后备军,与党有着特殊的政治关系。党要管党,从严治党,落实到共青团,要求我们必须从严治团,狠抓团干部作风。团的领导机关一定要从巩固和扩大党执政的青年群众基础、永葆共青团生机活力的高度,肩负起从严治团的职责,切实改进团干部作风,引导团干部健康成长。

强化团内政治生活,政治性是共青团最本质的属性。从严治团,一要从严肃团内政治生活和组织生活抓起;二要坚持和发扬实事求是、理论联系实际、密切联系群众、开展批评和自我批评等优良传统,提高团内政治生活的政治性、原则性,使团内政治生活真正起到教育改造提高团员、团干部的作用,引导团员、团干部在年轻时养成过硬的政治观念、组织观念,为全面从严治党疏浚源头、夯实基础。加强对团干部的日常教育、监督、管理,督促各级团干部严格落实中央"八项规定"精神和团中央具体实施细则,增强对"四风"的免疫力。

强化制度落实。制度不在于多,而在于精,关键在于落实。长期以来,我们党不断加强对共青团工作的领导而形成的基本原则、基本经验、基本规矩,需要用制度去坚守;共青团长期工作实践中形成的好做法、好经验、好项目,需要用制度去固化。要加强团的组织工作制度建设,以制度的健全完善和严格落实,推动共青团组织工作规范化发展。要抓好制度执行检查,强化对直接联系青年制度、调查研究制度、支持基层制度、团干部教育培训制度等督导落实,使出台的制度成为刚性约束。

强化群众感情,只有对群众有真感情,才会有工作的热情和激情,才能得到群众的支持与拥护。深深植根青年、充分依靠青年、一切为了青年是团组织的力量源泉,也是团组织的价值所在。广大团干部要强化为青年服务的观念,在实践中增强公仆意识、为民情怀,从思想和感情深处把青年当主人、当先生。要牢固树立鲜明的基层导向、青年导向,做青年友,不做青年官。教育引导广大团干部领会践行习近平总书记对党员干部提出的"三严三实"要求和对团干部提出的"坚定理想信念、心系广大青年、提高工作本领、锤炼优良作风"的要求,聚焦团干部成长中存在的突出问题,以专职团干部为重点群体,强化问题导向,突出实践特色,使广大团干部树立正确的成长观,努力带出一支真正接受党的领导、让党放心、让青年满意的团干部队伍。

三、始终站在革命和建设的前列

从五四运动到实行改革开放、建设中国特色社会主义的今天,无论是在推翻帝国主义、封建主义、官僚资本主义三座大山压迫的斗争中,还是在建设民主、富强、文明的社会主义现代化国家的事业,实现中华民族伟大复兴中国梦的征程中,共青团在党的领导下,始终站在社会变革的前列,团结带领广大青年,为国家的独立和解放,为国家的解放和民族的独立不怕牺牲、不畏艰险,成为推动社会变革的突击队和急先锋。

在 1927 年大革命失败后,青年团动员广大团员和工农青年率先参加了共产党领导的"八一"南昌起义、秋收起义和广州起义。"九一八事变"后,青年团改造为抗日救亡团体,推动了青年抗日统一战线的建立和发展。抗日战争胜利后,国统区的青年在党的指引和青年团的直接领导下,在参军支前、土改、建立民主政权的斗争中发挥了先锋带头作用,给国民党统治以沉重打击。历史证明,青年无愧是中国革命的先锋力量。

中华人民共和国成立后,围绕社会主义改造和建设,共青团为国家发展发挥了先锋作用。广大青年在团组织的引领下发出"把青春献给祖国""到最艰苦最需要的地方去"的号召,在青年中倡导"垦荒精神"和"向困难进军"的精神。进入新的时代,共青团又根据时代发展新的需要,发出了"到西部去,到基层去,到祖国最需要的地方去"的号召,引导青年积极投身祖国的建设和发展实践中。

为实现中国梦,传播青春正能量。正能量就是人们对真善美的追求,而这种追求是一个国家、一个民族、一个社会发展进步的精神动力。

传播爱国报国的正能量,把握青春奋斗的大方向。爱国主义是中华民族生生不息的精神动力。近代以来,无数有志青年为救亡图存、振兴中华不懈探索,冲锋在前。"五四"精神首先是爱国精神。在爱国精神的激励下,一代又一代青年为争取民族独立、人民解放、国家富强作出了牺牲和贡献,也为青年自身的发展进步开辟了广阔空间。当代青年赶上了实现中华民族伟大复兴的好时代。青春之路可以有更多的选择,但个人追求只有融入国家和民族的发展,人生才会有更多出彩的机会。中国是现在世界上最具发展活力、最能成就梦想的地方。广大青年应弘扬爱国报国的优良传统,围绕国家和人民的发展需要确定自己的人生理想目标,在为实现中国梦奋斗的时代洪流中激扬青春正能量。

传播艰苦奋斗的正能量,激发创业创新创优的活力。大到国家小到个人,没有艰苦奋斗的精神,什么事情也干不成。新中国成立特别是改革开放以来,中国社会主义现代化建设取得巨大成就,这都是靠全国人民发奋图强干出来的。要清醒看到,现在中国的改革发展任务依然艰巨繁重,发展起来以后的问题并不比发展之前少。邓小平同志强调,艰苦奋斗是我们的传统,艰苦朴素的教育今后要抓紧,一直要抓 60 至 70 年,我们的国家越发展,越要抓艰苦创业。当前,我国经济发展进入新常态,国家大力鼓励和支持青年创新创业,特别是互联网时代为青年人提供了更广阔的创新创业空间。但机遇和成功只属于那些不怕吃苦、脚踏实地的人,属于那些不懈追求、敢于创新的人。当代青年要积极加入大众创业、万众创新的队伍,在困难面前不低头,在挫折面前不气馁,自觉到艰苦环境中磨炼意志,到祖国最需要的地方干事创业。

传播担当尽责的正能量,促进社会风清气正。担当社会责任,是公民的基本义务,青年更是责无旁贷。先进青年应该做良好社会风尚的实践者、引领者。现在网上负能量的东西对青少年的影响很大,党和政府已经采取有力措施治理网络环境,但要从根本上解决问题,还要网络上的正能量形成冲击负能量的汪洋大海。要引发广大青年网友的热情,参与在网上树正气活动,把好网民树起来,树立激浊扬清的导向,让“沉默的大多数”踊跃加入好网民的队伍,使网络空间更加健康有序、整个社会更加风清气正。

传播遵法守信的正能量,推动共建法治社会。诚信守法是一个人立足社会的根基和底线,青年走向社会,首先要从诚信守法做起。近些年,社会上不时出现诚信危机事件,损害的不仅仅是当事人的利益,还伤及整个社会的人际公信力。青少年最容易成为社会失信的受害者,也最能成为社会失信的校正者。广大青年要遵法守法,在法治社会建设中发挥正能量,做一个诚实守信的人。

传播团结互助的正能量,汇聚为民奉献的爱心力量。一方有难、八方支援是社会主义制度的一大优势,也是社会主义道德的集中体现。马克思主义认为,工人阶级能够实现集体行动,靠的是基于共同生存现实而产生的相互信任,以及在这种信任基础上的互助合作。新中国的农村合作社是从青年换工队、互助组开始的。新中国成立以来,在遭遇地震、洪水、泥石流等重大自然灾害的危急关头,全国人民团结一心抗灾救灾,青年总是冲在急难险重的第一线。在日常社会生活中,青年是助人为乐的主要群体,雷锋就是其中的杰出代表,一代又一代青年志愿者把雷锋精神不断发扬光大。人类是一个命运共同体,社会越进步越需要团结互助。青年要带头践行社会主义核心价值观,使奉献、友爱、互助、进步的志愿精神在全社会生根发芽。

传播好学向上的正能量,与时代一起向前进。中华民族是一个崇尚学习的民族,"学而时习之,不亦乐乎"。毛泽东同志寄语广大青少年"好好学习、天天向上",倡导的就是一种求知精神、向上精神,这对青年来说尤其重要。青年正处在学习的黄金时期、人生的起步阶段,保持好学上进的追求能够为人生事业的发展打下良好基础。学习可以使人不断开阔眼界、开阔思路、开阔胸襟。当今世界进入信息时代,知识的生产和更新不断加快,信息传播方式在发生革命性的变革,青年学习的任务不是更轻了而是更重了。青年应该把学习作为首要任务,作为一种责任、一种精神追求、一种生活方式,让勤奋学习成为青春远航的动力,让增长本领成为青春搏击的能量,掌握为国家、为社会、为人民服务的本领,肩负起为实现中国梦不懈奋斗的时代重任。

运用社会主义核心价值体系教育引领青年。要用中国特色社会主义共同理想教育引导青年。要在青年中广泛开展中国特色社会主义理论体系宣传教育活动和学习、践行科学发展观活动,深入推进"我与祖国共奋进"主题教育实践活动和青年马克思主义者培养工程,帮助青年充分了解我国改革开放和社会主义现代化建设的伟大成就,全面认识我国仍处于并将长期处于社会主义初级阶段的基本国情,正确看待改革发展过程中的矛盾和问题,进一步坚定对中国共产党领导、社会主义制度、改革开放事业、全面建设小康社会目标的信念和信心。要在各族青少年中加强民族团结教育,引导青少年自觉促进各民族共同团结奋斗、共同繁荣发展。

切实加强青少年思想道德建设。要遵循青少年的成长规律,根据不同年龄段青少年的实际感受和认知水平,科学设计教育引导的内容,大力弘扬社会主义荣辱观。深化未成年人思想道德建设工程,引导青少年从养成良好行为习惯入手,从小事做起,分清是非,明辨善恶,有爱心。广泛开展道德教育,树立可敬、可亲、可学的道德榜样,引导青少年弘扬社会公德、职业道德和家庭美德,自觉履行法定义务,做明礼诚信、有社会责任感的人。要引导青少年增强忧患意识,培养艰苦奋斗、坚忍不拔、自强不息的意志品质。要大力弘扬爱国主义精神,坚持爱国主义与社会主义的统一,坚持民族精神和时代精神相结合,帮助青少年树立正确的世界观、人生观、价值观。

历史和实践充分证明,共青团具有站在时代和社会变革的前列"开风气之先"的优良传统,成为转变社会风气的先锋,是引领社会风尚的重要力量。

四、坚持竭诚为青年服务

为青年服务是共青团工作的出发点和归宿。这一方面是共青团贯彻党的全心全意为人民服务的宗旨在青年工作中的具体体现,是团组织不断增强吸引力和凝聚力的根本途径;另一方面,党的事业离不开青年的力量,需要一个能够把青年的力量凝聚起来的组织,来调动、保护和发挥广大青年投身改革开放和现代化建设事业,真正当好党联系青年的桥梁。

党把关心和维护青年的具体利益的任务交给了共青团,共青团把代表和维护青年的合法权益当作自己义不容辞的职责。1949年,党中央在建团决议中强调:"青年团应在最大多数人民的最大利益的基础上,经常地注意和努力为青年群众的特殊利益和切身需要服务。"1998年,团的十二大把"代表和维护青年的具体利益"确定为团的职能之一。团的十五大在通过的团章里明确规定"坚持把竭诚为青年服务作为团的一切工作的出发点和落脚点,更好地吸引和凝聚青年"。

共青团自成立之日起,就和青年的利益紧密联系在一起,为代表和维护广大青年的利益而奋斗,吸引着广大的青年投身革命的事业。

五、代表和维护青少年合法权益

共青团是先进青年的群团组织,既是党的助手和后备军、党和政府联系青年的桥梁,又是青少年利益的社会代表。共青团作为党联系青少年的桥梁和纽带,应密切与广大青少年的联系,充分做好代表和维护青少年权益的工作。代表和维护青少年权益工作的实践,全面体现和完善了共青团的社会职能,扩大了共青团的影响,增强了团组织的凝聚力和战斗力,消化和缓解了部分社会矛盾,促进了社会的稳定,赢得了各级党委和政府的好评,充分显示了这项工作的重要性和生命力。

积极推进青少年专门立法,用政策和法律手段做好维权工作。努力掌握政策法律武器,是搞好维权工作的基础。国家在一系列法律、法规中,有不少关于维护青少年具体利益,处理青少年违法犯罪,改造、挽救失足青少年的条款。党的十一届三中全会以来,我国制定了一些有关教育和保护青少年健康成长的政策、法律和法规,颁布了《未成年人保护法》或《青少年保护条例》;同时继续开展普法宣传教育活动,努力增强青少年的法律意识,提高青少年的自我保护能力。"共青团与人大代表、政协委员面对面"活动是共青团组织维护青少年合法权益工作的一项重要活动载体。共青团组织通过深入调查研究,在了解掌握广大青少年普遍性利益诉求的基础上,代表青少年向各级人大代表、政协委员集中反映并提出建设性的意见和建议。人大代表、政协委员按照法定途径进行呼吁,推动有关青少年普遍性权益问题的解决。这是引导青少年有序政治参与的有效方式,是共青团代表和维护青少年合法权益的重要举措。

加强"12355"热线工作平台建设,完善组织化渠道,为青少年提供多种维权途径,让青少年的权益得到更好的保障。2006 年,团中央决定在地市级以上城市开展 12355 青少年服务台建设工作。部分城市建成了标准服务台,主要通过邀请热心青少年事务的相关专家、学者作为服务台的志愿者,接听青少年来电,为其提供心理、法律等方面的咨询服务,并组织开展进学校、进社区、进农村等多种义务宣教服务活动,推动了青少年需求与社会服务资源供给的有效对接,提高了共青团联系和服务青少年的能力。

"青少年维权岗"是指自觉履行自身职能和社会功能,维护青少年合法权益、预防青少年违法犯罪、促进青少年健康成长的一项工作。创建优秀"青少年维权岗"活动始于 1998 年,是由共青团中央和中央综治办等 13 个部委开展的青少年维权工作品牌活动。

六、带领青年勇于改革创新

创新是进步发展的动力之源。近年来,为积极适应青年的分布流动特征建组织、调资源、做工作,大胆创新,积极探索。互联网已经成为联系、动员青年网民的重要媒介,需要团组织运用互联网思维、新媒体意识改造提升团的组织和工作。推进组织创新,做到"青年在哪里,团组织就建在哪里",不断扩大团的工作有效覆盖面。工作创新方面,要牢固树立以青年为本的理念,突出青年主体地位,问计于青年,问需于青年,健全依靠青年推进工作创新的制度,组织活动请青年一起设计,部署任务请青年一起参与,表彰先进请青年一起评议,以青年喜闻乐见、便于参加的方式开展工作。团组织要适应完成党的中心任务和基层工作、青年工作的需要,改革和改进机关的机构设置、管理模式、运行机制,充分体现组织的政治性和群众性特点,防止机关化、娱乐化倾向。要推进团内事务公开,定期公布团内重大事项,不断拓宽团员青年了解团内事务的渠道,保障团员的知情权、参与权、表达权和监督权,激发团员的主人翁意识,提升团员对组织的向心力和黏性。

推进团干部培养锻炼创新。团要管团、从严治团,很重要的就是加强对团干部的培养锻炼。要严把团干部入口关,坚持基层导向、实践标准,坚持五湖四海,注重多岗位锻炼、跨领域交流,特别是选好配强基层团组织负责人,更多采用兼职、聘用等方式吸引优秀社会人才加入共青团工作队伍。要创新团干部出口关,引导形成合理转岗预期,真心实意推动转岗,鼓励出台一些制度性规定,保持团干部队伍合理流动,保持生机活力。要强化基层实践锻炼,把在实践中考验、锻炼和提高作为团干部成长的根本途径,争取党委和组织部门的支持,拓宽团干部基层挂职锻炼的渠道。要创新团干部学习培训形式,推广研讨式、案例式、情景模拟、结构化训练、实践体验等教学模式,开发运用好全国团干部教育培训网络平台。

推进基础团务创新。基础团务是团的组织建设的基础,推进基础团务创新是推进团的组织建设和工作创新的前提与保障。要按照"试点先行、循序渐进"的思路,探索建设集团员管理终端、团的工作平台、团员服务载体于一体的电子团员证系统,打造网络上的青少年综合服务平台。要健全和改进"三会两制一课"制度,特别要把团员教育评议与团员年度团籍注册结合起来,将其作为加强团员队伍思想建设、严肃团的纪律、严格团的管理的重要措施。要加强发展团员和团员管理工作,严格入团标准程序,提高发展团员质量,量化团员日常管理,保持团员队伍的适度规模和合理结构,增强团员队伍的生机活力。要推动团员成为网络文明志愿者,把共青团员的先进性延伸和体现到网络空间中,争当好网民,发出好声音,传播正能量。

推进基层服务型团组织建设创新。党的十八大以来,习近平总书记从推进中国特色社会主义伟大事业、实现中华民族伟大复兴中国梦的战略高度,就青少年健康成长和新形势下青年工作作出了一系列重要论述,鲜明地阐述了共青团"三个根本性问题"和"两大战略性课题",大力推进团的组织和工作创新;强调扩大团的工作有效覆盖面,关键要把工作延伸到广大青年最需要的地方去;强调青年在哪里,团组织就建在哪里,青年有什么需求,团组织就开展有针对性的工作,努力使团组织成为联系和服务青年的坚强堡垒;强调共青团要发挥组织优势,调动社会资源,千方百计为青年排忧解难,使团组织成为广大青年遇到困难时想得起、找得到、靠得住的力量;强调团干部必须坚定理想信念,心系广大青年,提高工作能力,锤炼优良作风。

提高团的吸引力和凝聚力,增强基层服务型团组织的政治引领作用。《中国共产主义青年团章程》规定,团的基层组织是团的工作和活动的基本单位,应该充分发挥团结教育青年的核心作用。应当看到,基层团组织不是一般的青年组织,而是政治组织、群团组织。加强基层组织建设,必须站在理想信念的制高点上,高高扬起思想政治引领的旗帜。基层团组织要担负政治责任,巩固和扩大党执政的青年群众基础,想方设法把青年团结和凝聚到党的周围。要体现政治特征,有严肃的组织生活、严明的组织纪律,而不是组织生活庸俗化、娱乐化。团组织要把党的群众路线教育实践活动中形成的好经验、好做法坚持下去、成为常态,把密切联系青年作为工作自觉、习惯、风气,经常深入青年,倾听青年呼声,反映青年意愿,把蕴藏在青年中的智慧和力量激发出来,把青年的积极性、主动性、创造性调动起来,努力把党的决策部署变成青年的自觉行动。

扩大团的工作有效覆盖面,提高基层服务型团组织的服务青年能力。习近平总书记指出,扩大团的工作有效覆盖面,关键是要把工作延伸到广大青年最需要的地方去。团的领导机关要按照团章的要求,确立"基层第一"的观念,发扬务实、求实的作风,深入基层,服务基层,不断增强基层活力。要帮助基层团组织强化服务意识,突出重点青年群体和青年的重点需求,组织开展有针对性、有感染力的工作。要帮助基层团组织提高服务能力,坚持"眼睛向外",积极争取党政、社会、市场资源,合力推进青少年综合服务平台建设,打造基层团组织服务青少年的实体化阵地。要推动团员成为注册志愿者,把工作对象转化为工作力量,支持基层团组织参与社会治理,调动青年自身的积极性服务青年自身。要帮助基层团组织增加服务供给,主动承接与青少年有关的政府职能转移,主动参与政府购买公共服务,积极争取惠及面更广的服务政策。要通过团结和服务青年社会组织,使青年社会组织成为共青团的亲密朋友、工作伙伴、外围力量,延伸基层团组织服务青年的手臂。

思考练习题

一、填空题

1. 《中国共产主义青年团章程》中明确规定,中国共产主义青年团是中国共产党领导的先进青年的群团组织,是广大青年在实践中学习中国特色社会主义和(　　　)的学校。

2. 中国第一个青年团早期组织的负责人是(　　　)。

3. 在团的中央委员会全体会议和常务委员会闭会期间,(　　　)行使中央委员会的职权。

4. 《中国共产主义青年团章程》规定:"中国共产主义青年团是党的(　　　)。"

5. 中国共产主义青年团性质的核心是(　　　)。

6. 团的全国领导机关,是团的全国代表大会和它产生的(　　　　　)。

7. 1925年1月在上海召开的中国社会主义青年团第三次全国代表大会上作出决定:将中国社会主义青年团改名为(　　　　　)。

8. 团的各级代表大会的代表和委员会的选举采用(　　　　)的方式。

9. 团的各级委员会实行集体领导和(　　　　)负责相结合的制度。

10. 2013年6月17日,中国共产主义青年团第十七次全国代表大会确定共青团的职能是(　　　　　)。

二、判断题

1. 团的各级领导机关都由选举产生。　　　　　　　　　　　　（　　　）
2. 我国第一部团的章程是《中国社会主义青年团临时章程》。　（　　　）
3. 中国共产主义青年团是毛泽东思想同中国青年运动相结合的产物。

　　　　　　　　　　　　　　　　　　　　　　　　　　　（　　　）
4. 中国共产主义青年团是中国共产党领导的优秀青年的群团组织。（　　　）
5. 《中国共产主义青年团章程（修正案）》于大会通过之日起生效。（　　　）
6. 团的全国代表大会每5年举行一次，在特殊情况下，可以提前或延期举行。

　　　　　　　　　　　　　　　　　　　　　　　　　　　（　　　）
7. 中国第一个青年团早期组织社会主义青年团在上海于1920年8月诞生。

　　　　　　　　　　　　　　　　　　　　　　　　　　　（　　　）
8. 新文化运动的发起人是陈独秀。　　　　　　　　　　　　　（　　　）
9. 中国共产主义青年团最早的名称是中国社会主义青年团。　　（　　　）
10.《中国共产主义青年团章程》指出，中国共产主义青年团是"中国共产党的
　　突击队和后备军"。　　　　　　　　　　　　　　　　　　（　　　）

三、选择题

1. 中国共产主义青年团是中国共产党领导的先进青年的群团组织，是广大青
　　年在实践中学习（　　　）的学校。
　　A.新民主主义　　　　B.共产主义　　　　C.社会主义
2. "中国共产主义青年团"这一名称最早出现在（　　　）。
　　A.1922年5月　　　B.1925年1月　　　C.1927年5月
3. 团的民主集中制的基本原则是：团员个人服从组织，少数服从多数，
　　（　　　）。
　　A.下级组织服从上级组织
　　B.下级服从上级
　　C.下级组织和个人服从上级组织和领导
4. "中国共产主义青年团坚决拥护（　　　）的纲领"。

   A. 党   B. 共产党   C. 中国共产党

5. 团的建设必须坚持（   ）的统一。教育、引导青年坚定正确的政治方向，发挥团员的模范作用；广泛团结青年，与青年保持密切的联系。

   A. 历史性与现实

   B. 先进性与群众性

   C. 广泛性与独特性

6. 中国共产主义青年团团旗旗面为红色，象征革命胜利；左上角缀黄色五角星，周围环绕黄色圆圈，象征中国青年一代紧密团结在（   ）周围。

   A. 中国共产党   B. 国家   C. 民族

7. 在中国共产党的关怀和领导下，中国社会主义青年团于 1922 年 5 月 5 日至 10 日在（   ）召开了第一次全国代表大会。这次大会的召开标志着中国社会主义青年团的正式建立。

   A. 上海   B. 广州   C. 北平

8. 共青团最本质的属性是（   ）。

   A. 政治性   B. 群众性   C. 先进性

9. 中国共产主义青年团的奋斗目标是（   ）。

   A. 建设祖国   B. 民族复兴   C. 实现共产主义

10. 中国共产主义青年团现阶段的基本任务中有一条是要用（   ）教育青年。

   A. 社会主义核心价值体系

   B. 社会主义核心价值观

   C. 社会主义核心价值理论

四、简答题

1. 共青团的性质是什么？

2. 共青团的基本职能是什么？

3. 共青团的基本任务是什么？

4. 共青团发展经历了哪几个阶段？

5. 共青团的光荣传统是什么？

思考练习题答案

一、填空题

1. 共产主义

2. 俞秀松

3. 书记处

4. 助手和后备军

5. 中国共产党的领导

6. 中央委员会

7. 中国共产主义青年团

8. 无记名投票

9. 个人分工

10. 组织青年;引导青年;服务青年;维护青少年合法权益

二、判断题

1. 错　2. 对　3. 错　4. 错　5. 对　6. 对　7. 对　8. 对　9. 对　10. 错

三、选择题

1. B　2. B　3. A　4. C　5. B　6. A　7. B　8. A　9. C　10. A

四、简答题

1. 共青团的性质是什么?

   中国共产主义青年团是中国共产党领导的先进青年的群团组织,是广大青年在实践中学习中国特色社会主义和共产主义的学校,是中国共产党的助手和后备军。

2. 共青团的基本职能是什么?

   共青团的基本职能是组织青年、引导青年、服务青年、维护青少年权益。那么,组织青年是共青团工作的重要任务也是重要前提。与服务青年、维护青少年合法权益之间相互促进,引导青年是根本任务。共青团要切实把青少年广泛组织起来,提高服务青年、维护青少年合法权益的能力和水平,对广大青年进行有效引导,使青年坚定跟党走中国特色社会主义道路。

3. 共青团的基本任务是什么?

共青团现阶段的基本任务是:高举中国特色社会主义伟大旗帜,坚定不移地贯彻党在社会主义初级阶段的基本路线,以经济建设为中心,坚持四项基本原则,坚持改革开放,用社会主义核心价值体系教育青年,在建设中国特色社会主义的伟大实践中,造就有理想、有道德、有文化、有纪律的接班人,不断巩固和扩大党执政的青年群众基础,努力为党输送新鲜血液,为国家培养青年建设人才,团结带领广大青年,自力更生,艰苦创业,积极推动社会主义经济建设、政治建设、文化建设、社会建设、生态文明建设,为全面建成小康社会、加快推进社会主义现代化、实现中华民族伟大复兴的中国梦贡献智慧和力量。

4. 共青团发展经历了哪几个发展阶段?

第一,中国社会主义青年团的建立和发展;

第二,共青团改造成为青年救国团体;

第三,新民主主义青年团的建立;

第四,新中国成立后的共青团;

第五,"文革"时期的共青团;

第六,改革开放后的共青团。

5. 共青团的光荣传统是什么?

第一,始终坚持共产主义理想。

共青团是马克思主义与中国青年运动结合的产物。团组织从诞生开始,就把实现共产主义作为团的奋斗目标。社会主义青年团第三次全国代表大会把团的名称改为共产主义青年团,旗帜鲜明地把实现共产主义作为奋斗目标。共青团始终高举共产主义旗帜,为共产主义而奋斗。

第二,始终坚持共产党的领导。

坚持党的领导是共青团的光荣传统,是保证团的事业取得成功的根本保证。中国历次伟大的青年运动的成功,都和共产党的正确领导密不可分,"党有号召,团有行动"是共青团在长期革命建设和改革发展过程中正确处理

"党团关系"政治认知的集中体现。

第三,坚持竭诚为青年服务。

为青年服务是共青团工作之本,一方面是共青团贯彻党的全心全意为人民服务的宗旨在青年工作中的具体体现,是团组织不断增强吸引力和凝聚力的根本途径;另一方面,党的事业离不开青年的力量,需要一个能够把青年的力量凝聚起来的组织,来调动、保护和发挥广大青年投身改革开放和现代化建设事业,真正当好党联系青年的桥梁。

第四,始终站在社会变革的前列。

从五四运动到改革开放、建设中国特色社会主义的今天,无论是在推翻帝国主义、封建主义、官僚资本主义三座大山压迫的斗争中,还是在建设民主、富强、文明的社会主义现代化国家的事业,实现中华民族伟大复兴中国梦的征程中,共青团在党的领导下,始终站在社会变革的前列,团结带领广大青年,为国家的独立和解放,为国家的解放和民族的独立成为推动社会变革的突击队。

第三章

团支部的性质和工作的基本原则

《中国共产主义青年团章程》第二十六条规定:"团的基层组织是团的工作和活动的基本单位,应该充分发挥团结教育青年的核心作用。"团支部是共青团工作和活动的基本单位,是团的最基层一级组织,它同广大团员青年有着最直接、最广泛的联系,是团的各项工作的显示终端,是共青团履行职责的基础所在,是共青团实现功能的根本保障。

团支部工作的基本原则是指团支部开展理论学习、政策宣传、团员教育、文化体育活动及日常工作时所应把握的准则。根据团章规定,团支部的工作应该坚持接受党的领导,站在改革前列,代表、维护青年利益,适合青年特点及民主集中制等五项基本原则。

第一节　团支部的性质

基层团组织建设决定着共青团最本质的影响力、战斗力和生命力,而基层团建的关键还是活跃团支部。因此,全面了解团支部的性质有助于进一步提高共青团支部的认识,明确搞好团支部工作的意义,从而更好地推进共青团支部的建设。

一、团支部是共青团的最基层组织

《中国共产主义青年团章程》第二十四条规定:"企业、农村、机关、学校、科研院所、街道社区、社会组织、人民解放军连队、人民武装警察部队中队和其他基层单位,凡是有团员三人以上的,都应当建立团的基层组织。团的基层组织,根据工作需要和团员人数,经上级团的委员会批准,分别设立团的基层委员会、总支部委员会、支部委员会。"团支部与团的基层委员会、团的总支部等团的基层组织相比,是共青团工作和活动的基本单位,处于共青团组织系统中最基层的一级组织的位置上。

(一)团支部是共青团组织架构的最基层组织

团支部是共青团组织联系和团结团员青年的最基层的组织形式,能够将团员青年组织起来,有计划地开展团的活动。这主要表现在两个方面。一方面加强对团员的教育和管理,做好团支部的经常性工作。共青团是先进青年的群众组织,有着严密的组织和严格的纪律。团支部要做到"团要管团",对于本支部的所有团员都要做到有教育、有管理、有要求、有监督。另一方面,动员和组织团员青年在社会主义现代化建设中发挥作用。共青团是党的助手和后备军,在社会主义现代化建设中应当充分发挥先锋和突击队作用。团的支部要从本单位的实际出发,动员和组织青年在本职岗位上艰苦奋斗争创一流成绩,团结、带领广大团员青年满怀信心地紧跟着党,为全面建成小康社会、加快推进社会主义现代化、实现中华民族伟大复兴的中国梦而奋斗。

(二)团支部是共青团团结凝聚、教育引导团员青年的桥梁和纽带

团支部是共青团组织系统中的最基层单位,与广大团员青年保持着最直接、最广泛的联系,是团的全部工作的基础和显示终端,是团的思想教育、组织建设和独立活动,以及大量的经常性工作的落脚点。具体表现为以下几个方面:

1. 共青团的各项任务,要由团支部去贯彻和落实;

2. 共青团对青年的号召、要求和希望常常通过团支部传输给团员青年;

3. 团员青年思想上、政治上的提高和进步,要依靠团支部去培养和教育;

4. 团员青年在工作、学习和家庭生活方面遇到的实际问题,可以通过团支部去反映和解决;

5. 团支部通过对青年的思想教育引导,使一批又一批的先进青年加入到共青团组织之中,并通过推优入党的方式为党输送优秀青年人才,从而使更多的先进青年团结在党的周围;

6. 团支部能够紧密结合青年的实际需求,切合时代主题,把握潮流形式,开展丰富多彩、健康有益的文体活动,以丰富青年人的精神文化生活。

(三)团支部是团的全部工作和战斗力的基础

基层组织建设和基层工作是各项工作真正落实的主要载体。团支部既要接受同级党组织和上级团组织的领导,做好青年思想政治工作,也要落实团的各项决议和文件要求,组织各种团务活动,以保证组织的严整性,完成《中国共产主义青年团章程》规定的基本任务。团支部在团的工作中的重要地位和作用是团的上级组织无法替代的。离开了团支部,团的思想教育、组织建设和独立活动特别是大量团的经常性工作就失去了落脚点,再好的工作设想也只能是一纸空文。因此,共青团的各项工作基本上都可以在团支部工作的各个环节中反映出来。从某种意义上讲,团支部的工作反映着共青团肩负的光荣而艰巨的任务,体现着共青团组织的使命与职能。

二、团支部是党支部的助手

《中国共产主义青年团章程》规定:"中国共产主义青年团……是中国共产党的助手和后备军。""中国共产主义青年团坚决拥护中国共产党的纲领……"

1. 从隶属关系上来看,团支部作为团的最基层组织,受同级党的委员会领导,同时受共青团上级组织领导。团的支部组织设置进行调整后,必须及时确定与党组织和上级团的组织的隶属关系。一些灵活设置的团支部,突破了与党组织设置完全对应的模式,团支部的隶属关系可以条块结合,形成多种形式并存的组织隶属格局。在一些未建党组织的基层单位和局部区域内,团支部可以直接接受上一级团组织的领导。确定团支部的组织隶属关系,要有利于加强党组织对团支部的领导,有利于上一级团组织对团支部工作的系统指导。

2. 团的活动必须围绕党的中心任务开展。围绕党的中心任务,开展团的独立活动,是共青团工作的基本特点,是我们党总结共青团活动的经验而规定的一条基本原则。共青团工作首先应当围绕、服从、服务于党的中心任务,把青年的思想、热情和力量统一起来,致力于党的中心任务的完成,充分发挥党的助手作用。

3. 团支部的建设要在党支部的带领下开展。团的十七大报告指出:"全面提高团的建设科学化水平。坚持党建带团建,以改革创新精神加强团的自身建设,努力建设学习型、服务型、创新型马克思主义青年组织,切实增强党对青年的凝聚力、青年对党的向心力、共青团的影响力。"坚持党建带团建是共青团基层组织建设的重要原则。

4. 在新的历史条件下,团支部当好党支部的助手主要体现在以下几个方面。

(1)协助党支部认真贯彻执行党的路线、方针、政策。团支部积极带领团员青年完成党支部交给的各项任务,在各方面以及各项工作中发挥青年突击队作用。

(2)主动关心团员青年的学习、工作和生活。团干部应虚心倾听团员青年的呼声,及时地向党支部反映团员青年提出的各种建议、意见和要求,密切党支部和团员青年之间的关系,努力协助党支部不断改进和完善各项工作环节,增强工作的有效性。

(3)协助党支部开展思想教育工作。团支部要加强对团员青年进行树立正确的世界观、人生观、价值观的教育,动员和号召团员青年在社会主义现代化建设实践中不断改造自己,全面提升自身素质。

(4)配合党支部做好青年入党积极分子的培养教育工作。做好团员青年入党的培养工作是团支部工作的重要组成部分,团支部应当做好推优入党工作,积极向党组织输送新鲜血液。

第二节 坚持接受党的领导的原则

自觉接受党的领导是团支部工作最主要和最重要的原则。中国共产党是中国社会主义事业的领导核心,是中国共产主义青年团的组织者和领导者。在社会主义市场经济条件下,在改革开放的今天,由于社会经济体制和政治体制的深刻变革,各种利益关系的重新调整,传统意识和现代文明的碰撞,不可避免地出现各种各样的复杂情况。因此,接受党的领导这一点显得更为重要。只有坚持自觉接受党的领导,共青团才不会迷失前进的方向。对团支部而言,坚持接受党的领导的原则,就是要在开展团的具体工作和活动中,主动、积极地征求党组织的意见,取得党组织的领导和支持。

坚持党的领导,就是要在思想上、政治上和行动上坚持党领导。共青团是一个政治性很强的组织,必须始终把讲党性摆在首位,不断增强政治敏锐性和政治鉴别力,在思想上、政治上、行动上与党中央保持高度一致。

1. 思想上坚持党的领导,就是必须以马克思列宁主义、毛泽东思想、邓小平理论、"三个代表"重要思想、科学发展观、习近平新时代中国特色社会主义思想作为各项工作的根本指导思想,坚持用中国特色社会主义理论体系教育青年、武装青年,贯彻党的思想路线,积极向青年宣传党的政策和主张,充分调动青年参加改革开放和建成小康社会奋斗目标的积极性与创造性。

2. 政治上坚持党的领导,就是要团结带领广大青年拥护党的政治纲领,坚定不移地贯彻党的路线、方针和政策,在政治上与党中央保持高度一致。

3. 行动上坚持党的领导,就是要一切行动听党的指挥。团支部要把坚持党的领导和独立自主开展团的工作有机结合起来,在开展团的具体工作和活动中,主动、积极地征求党组织的意见,取得党组织的领导和支持。如果团支部工作与党组织的工作出现冲突,应当首先服从党组织的工作安排。

4. 积极向党组织靠拢,做好青年入党积极分子的培养、教育工作,做好推优入党工作,向党组织输送新鲜血液。

第三节　坚持站在改革前列的原则

当前我国正在进行的改革是一场深刻的社会变革,共青团作为一个朝气蓬勃的先进青年的群团组织,应义不容辞地站在改革大潮的最前头。团支部应围绕改革主题开展工作,教育和引导团员青年正确理解改革、热情支持改革、积极参与改革。

一、坚持改革创新、锐意进取

创新是动力之源。一个国家、一个民族要做到不断进步,实现长远发展,必须依靠创新。改革需要创新的力量,创新是事业发展的不竭动力。刘云山同志在团的十七大的祝词中提出：“希望广大青年勇于创新创造，始终走在时代发展的前列。”团的十七大报告也指出：“必须坚持改革创新、锐意进取。”创新是共青团事业发展的不竭动力，也是经济社会变革的时代要求。青年是社会的新生细胞，最富探索精神，最具创新活力，是推动创新创造的生力军。所以，团支部必须积极适应时代发展和青年变化，创新工作思路、工作方式和自身建设。对深刻影响当代青年的新的媒体形态、新的组织形式、新的文化现象，共青团需要作出积极有效的应对，对当代青年生存方式、发展需求的变化要保持敏锐的知觉，不断推进工作，永葆共青团的生机。

团支部是最基层的团组织，基层也是最接地气、最能把握生产生活需求的，因此团支部要利用好这一优势，通过开展形式多样的活动，引领团员青年紧盯科学、技术、产业、管理的前沿，努力在基础研究、重大项目、重点工程中刻苦攻关、施展才华；在日常生产生活中保持推陈出新的意识和干劲，善于捕捉创新创造的机会与灵感，带领团员青年在不断求索中积累经验、取得突破，力争在本职岗位上有所发现、有所发明、有所创造。

二、要围绕中心、服务大局

围绕中心、服务大局是共青团发挥作用、体现价值的关键，也是“党有号召、团有行动”这一光荣传统的具体体现，所以团支部必须自觉在党和国家工作大局中找准自身工作的切入点、结合点，团结带领青年在实现中国梦的伟大实践中彰显组织价值。《全面深化改革进程中共青团工作五年发展纲要》（2014年1月11日中国共产主义青年团第十七届中央委员会第二次全体会议通过）指出：“经过5年努力，力争使共青团服务大局工作形成广泛的社会影响，使青年的生力军作用在社会主义经济建设、政治建设、文化建设、社会建设和生态文明建设的各个领域得到充分发挥。”大局就是最广大人民的根本利益，是全党全国性的工作。服务大局，就是以党、国家和人民的事业为大局、为基准，主动自觉地服务于广大人民的根本利益，服务于党和国家的全局性工作。始终自觉地服从和服务于全党全国工作的大局，是共青团作为党的助手和政府的帮手，适应党、政府、社会、青年对共青团要求的最为核心部分，是共青团在新形势下拓展社会职能的重要方面。作为共青团的最基层组织，服务大局不仅要服务于共青团事业的大局,更要服务于党政工作和人民利益的大局。

1. 服务于共青团事业的大局。团支部是共青团的最基层组织,是共青团组织结构中的基本粒子,是团的各项决议的直接落实者和执行者,与青年关系最紧密、联系最直接。团支部工作的好坏直接影响着团的事业发展的根基。因此,团支部工作要务求实效、扎实推进,力争使团的基层网络覆盖全体青年,使团的各项工作影响全体青年,切实增强团组织的创造力、凝聚力和战斗力。

2. 服务于党的各项工作的大局。在共青团所承担的社会职能中,党的助手和后备军作用是核心。作为党的助手,共青团就应当协助党开展工作,特别是协助党在广大青年群众中开展工作,争取广大青年对党的拥护,为实现党的纲领而奋斗。团支部一定要发扬"党有号召,团有行动"的优良传统,把广大青年紧密地团结在一起,积极发展团员,增强团员意识教育,加强团干部培训,强化推优工作力度,以扩大党的青年群众基础,确保党的事业后继有人、兴旺发达。

3. 服务于政府工作的大局。共青团应当做政府工作的好帮手。团支部应当找准工作位置、丰富工作内容、创新工作手段,团结带领广大青年在社会主义现代化建设中发挥生力军、突击队作用,充分发挥在促进国家经济发展、维护社会稳定等方面的积极作用。

4. 服务于人民利益的大局。党代表中国最广大人民的根本利益,立党为公、执政为民、真心诚意地为人民群众服务是我们党存在的全部依据,也是共青团作为群众组织的基本职能。团支部要在服务人民群众中找准自己的位置,在力所能及的范围内开展工作,产生实际的效果。例如,围绕人民群众生产生活的基本需求,组织带领青年开展"青年志愿者""保护母亲河行动""青年文明号""希望工程""手拉手"等活动,促进经济和社会的协调发展,维护好人民群众的根本利益。

三、在全面建成小康社会进程中充分发挥生力军作用

团的十七大报告指出:"党的十八大开启了全面建成小康社会新的伟大进程。作为党领导的先进青年的群众组织,我们要紧紧围绕党和国家的重大战略部署,深化传统工作品牌,探索新的工作载体,团结广大团员青年充分发挥生力

军的作用,勇做走在时代前面的奋进者、开拓者、奉献者,在实现中国梦的征程中施展才华、建功立业。"

激励青年爱岗敬业,争创一流。国家的发展靠的是核心技术的自主研发,靠的是普通岗位上的创新创造。而这一切都需要具有良好的职业道德和积极进取精神的优质劳动者。团的十七大报告指出:"促进新型工业化、信息化、城镇化、农业现代化同步发展,迫切需要青年踊跃参与,迫切需要青年勇于创新、艰苦创业、争先创优。"青年在创新上有独特优势,团支部又是最基层的共青团组织,与生产一线的团员青年联系最紧密。因此,要带领团员青年深入开展青年文明号、青年岗位能手、创新创效等工作,引导青年在本职岗位上创造一流业绩;培养农村致富带头人,为农村建设发展贡献力量;引导青年创业,参加创业大赛、争当创业明星等。

组织青年奉献社会、服务人民。团的十七大报告指出:"青年是引风气之先的社会力量,当代青年更展现出服务社会、热心公益、传播爱心的强烈责任感。"共青团要配合国家开展公民道德建设工程,深化群众性精神文明的创建活动,广泛开展志愿服务,推动学雷锋活动、学习宣传道德模范常态化,弘扬中华传统美德,弘扬时代新风,引导人们自觉履行法定义务、社会责任、家庭责任,营造劳动光荣、创造伟大的社会氛围,培育知荣辱、讲正气、作奉献、促和谐的良好风尚。团支部应当积极开展志愿服务活动,推动志愿服务项目化运作、社会化动员、制度化发展,努力使志愿服务成为当代青年的精神时尚。要大力加强青年文化建设,组织动员青年积极参与群众性精神文明建设,开展形式多样的文化活动,积极投身保护母亲河行动等。

动员青年投身基层、勇挑重担。一方面基层需要青年人才。多年来,共青团通过各种形式组织青年人才为基层服务,在一定程度上缓解基层发展的人才之困。另一方面基层也是培养和锻炼青年人才的"摇篮"。团支部是共青团组织系统中的最基层组织,与投身基层的团员青年互动紧密,应当通过各种活动和学习,使团员青年锻炼吃苦耐劳的毅力,磨炼顽强的意志和坚忍不拔的品格作风,扎根基层,奉献基层,也在基层中不断积累经验,了解国情民情,为当地经济社会发展作出贡献。

第四节　坚持代表和维护青年利益的原则

青年有区别于其他人民群众的特殊利益,主要表现在学习和受教育,就业和劳动,健康和娱乐,以及恋爱、婚姻和家庭等方面。团支部处在基层第一线,要关心青年的成长,通过各种有益的活动为青年的成长铺路搭桥;要做青年的知心朋友,向有关部门反映青年呼声,使他们的具体利益和合理要求得以解决;要用法律武器保护青年,向危害青年健康成长的人和事依法进行斗争。

一、努力为青年"圆梦"创造条件

中国梦是民族的梦,也是每个中国人的梦。青年人的利益诉求体现在青年人的中国梦当中,努力为青年人"圆梦"创造条件是党对共青团工作提出的明确要求。

习近平总书记在"五四"重要讲话中指出,共青团要积极为广大青少年实现梦想提供服务,切实改进作风,深入基层,走进青年,想青年之所想,急青年之所急,代表和维护青少年普遍性利益诉求,努力为广大青少年成长、成才创造良好环境。

团的十七大报告指出:"随着经济社会的快速发展,当代青年的追求和梦想更加丰富多彩,需求和利益更加广泛具体,成长和发展需要更多的支持与帮助。共青团只有竭诚服务青年、切实维护青少年合法权益,努力为青年'圆梦'创造条件,才能更好地团结凝聚广大青年。"

这些都说明了共青团竭诚服务青年、切实维护青少年合法权益的极端重要性,进一步明确了共青团要把为青年"圆梦"创造条件作为新形势下团结凝聚广大青年的重要前提。各级团组织和广大团干部要以此作为工作中的重要遵循,结合青年诉求,针对青年在学习成才、就业创业、交流交友、身心健康等方面的合理需求,具体细致地把服务青年、维护青少年合法权益的各项工作落到实处。

努力为青年"圆梦"创造条件是促进青年成长发展的客观需要。青年处在世界观、人生观和价值观形成的关键时期,处在走上社会、开创事业、需求发展的起步过程,需要全社会的关心和帮助。同时,当代青年是独生子女居多的一代,是网络化的一代,是在全球化大背景下成长起来的一代,他们身上具有鲜明的时代特征,也面临着成长、发展的较大压力。共青团作为青年人的组织,帮助青年健康成长和全面发展,是义不容辞的责任。还要看到,随着经济社会发展和青年需求变化,服务青年、维护青少年合法权益的工作面临着新的情况和问题。这就要求共青团组织加大工作力度,拓展工作领域,提高工作水平,想方设法服务于青年的正当需求,千方百计解决青年的实际困难,使更多青年共同享有人生出彩、梦想成真、同祖国和时代一起成长与进步的机会。

二、树立以青年为本的工作理念

共青团的工作对象是广大青年,坚持以青年为本的工作理念是由共青团组织的性质决定的,同时也是共青团的优良传统和作风。中国共青团从它成立之日起,就公开宣布它是维护青年利益的团体,要为青年的利益而奋斗,吸引着千千万万的青年投入革命和国家建设的怀抱。不论在民主革命时期,还是在改革开放、建设中国特色社会主义的新时期,共青团都时刻代表和维护着青年的利益,并且进一步提出要为青年建功立业、成长成才的根本利益服务,在代表和维护青年利益上更加主动、更加自觉。

团支部处于团的基层工作和活动的第一线,各项工作坚持以青年为本,才能紧密团结和凝聚青年,才能有效地发挥党联系青年的桥梁作用。在团支部的具体工作中做到以青年为本,就是要做到尊重青年的主体地位,教育和引导青年,竭诚服务青年和代表、维护青年的合法利益。

(一)尊重青年的主体地位

广大青年群众作为人民群众的一部分,是推动历史前进的动力,更是建设中国特色社会主义的主体。共青团作为青年群众组织,各项工作面对的主体是广大青年群众。尽管不同的青年在思想、性格、知识、能力等方面存在差异,但都处于主体位置,都应该受到尊重、理解、关心和帮助。因此,只有充分尊重青年的主体地位,始终代表青年利益,全心全意为广大青年服务,才能凝聚青年、赢得青年。团支部在工作中做到尊重青年的主体地位,一方面体现在各项日常工作和组织活动中,人往往只有在需求得到满足的情况下才能更好地发挥主体作用,团支部工作是围绕团员青年开展的,所以在开展工作、组织活动之前一定要考虑团员青年的兴趣爱好,满足他们的正当需求;另一方面,体现在团内民主生活上,团支部内形成良好的民主氛围,保证团员青年权利的行使和义务的履行,通过民主选举、民主议事、民主监督和民主评价等方式,保障团员青年对团支部工作与事务的知情权、参与权、建议权和监督权,充分调动团员青年参与团支部工作的主动性和积极性。

(二)教育引导青年

引导青年是共青团的根本任务。共青团是党一手缔造的,具有很强的思想性、政治性。把党的意识形态和思想主张有效传播到青年之中,引导青年坚定理想信念,为党提出的目标努力奋斗,是共青团始终肩负的根本政治任务。团支部工作坚持以青年为本还体现在教育、引导青年上。青年的特点之一就是思想上尚不成熟,对善恶是非有时弄不清楚,很容易受到各种思想的影响,政治方向尚在确立之中。青少年处于人生的黄金时期,思想活跃,可塑性强,此时接受科学的价值体系,形成正确的世界观、人生观和价值观,避免拜金主义、享乐主义和极端个人主义的侵蚀,才会具有进取的精神动力和正确的成长方向。因此,要用社会主义核心价值体系教育、引导青年,用马克思主义中国化的最新成果武装青年,用中国特色社会主义共同理想感召青年,用以爱国主义为核心的民族精神和以改革创新为核心的时代精神激励青年,用社会主义荣辱观教育青年。

党的奋斗目标、青年健康成长的要求决定着共青团引导青年的目标指向。根据党的十八大精神,我们党明确提出了要实现中华民族伟大复兴的中国梦。共青团帮助青年成长成才,就要用实现中国梦的美好前景召唤青年,引导广大青年自觉地把个人的追求和奋斗融入实现中国梦的伟大历史进程中,主动投身实现中国梦的伟大事业,使广大青年共同见证、共同享有中国梦,并为中国梦的实现贡献自己的一份力量。

(三)竭诚服务青年

竭诚服务于青年是"团青关系"的集中体现,是共青团贯彻党的全心全意为人民服务宗旨的具体落实,是团组织不断增强吸引力和凝聚力的根本途径,也是共青团把广大青年团结在党的周围、巩固和扩大党的青年群众基础的必然要求。《中国共产主义青年团章程》规定："坚持把竭诚服务青年作为团的一切工作的出发点和落脚点，更好地吸引和凝聚青年。"团支部服务青年必须做到：

首先，了解青年，把握青年基本需求。通过认真的调查了解，准确把握团员青年的需求，对当代青年成长发展中的普遍性需求进行科学深入的分析。大体上说，当代青年的需求包括身心健康、事业发展、社会参与和利益表达等几个方面。要结合政府、市场、社会组织所能提供的总体供给机制，有的放矢地为青年发展成才创造条件、解决问题、搭建平台。

其次，要找准切入点，为青年办实事。在经济社会深刻变革、青年需求更加多样的背景下，找准切入点是共青团做好服务青年工作的核心所在。团的十七大报告指出，要"千方百计促进青年成长成才，尽心尽力服务青年所急所盼，满腔热忱关爱困难青少年群体"，这是今后一个时期共青团服务青年工作的重要切入点和主要工作内容。团支部要结合青年学习、就业、创业发展、社会参与、休闲娱乐等多层次的具体需求，为青年提供具体有形的服务，开展帮助青少年学习成才、提升青年岗位技能、推动青少年实践锻炼、服务青年交流交友等活动，着力提高广大青年的学习能力、实践能力和创新能力。要特别服务好青年的就业创业。金融危机使广大青年群众的就业问题受到很大影响，并且这种影响在短时期内还不能消除，因此，青年的就业、创业问题要受到团支部的高度重视。"促进就业创业。积极参与国家促进就业创业体制机制建设，把促进就业创业作为服务青年的重中之重。"《全面深化改革进程中共青团工作五年发展纲要》中，就把服务青年与帮助青年就业创业紧密地联系在一起，这将成为未来五年共青团组织服务于青年的重中之重。

最后，创新和完善服务青年的工作体制，构建服务青年的固定的有形载体。服务于青年是一项长期的工作，只有通过不断地探索建立服务青年工作的新机制、新手段，才能实现工作的可持续发展。要加强团支部服务青年工作的制度建设，从制度上保证服务青年工作的连续性、实效性，实行项目化的工作运转方式，切实加强项目管理，完善工作流程，制订细致的实施方案，做好项目的论证、监督、评估等，保证项目的健康发展。要积极构建工作载体群，依托工作载体群的形成和发展，不断拓展服务领域，努力涵盖青年需求的方方面面，推动服务于青年工作的多元化发展。

（四）代表和维护青年的合法利益

团的十七大报告指出,共青团应依法有序地维护青少年合法权益,要积极参与社会管理创新,把维护青少年合法权益与坚持党的领导、依法维权、促进社会和谐稳定有机统一起来,努力使青年在遇到困难和问题时想得起、找得到、靠得住。这既是对今后一段时间团组织代表和维护青少年合法权益的原则要求,也是团组织区别于一般维权组织的显著特点。团支部是距离团员青年最近的组织,应当发挥积极的作用。团支部代表和维护青年的合法利益工作具体体现在:

首先,关心青年的全面成长,切实代表青少年利益,深入了解青年,倾听青年呼声,了解青年意愿,把握青年较为普遍的利益诉求;根据青年的特点和需要,开展教育、科技、文化、娱乐活动,为青年成才铺路搭桥。

其次,通过各级组织积极疏通社会协商对话等民主渠道,从本支部团员青年的愿望和要求出发,主动向有关部门反映情况,使青年的具体利益、合理要求得以解决。

最后,学会运用法律手段维护青少年的合法权益,用法律武器保护青年。要贯彻《未成年人保护法》《预防未成年人犯罪法》等法律的要求,保护青少年的劳动权、受教育权、婚姻自由权和其他合法利益,对一切危害青少年成长的人和事,都要向有关部门反映,与其作坚决的斗争,配合有关部门坚决扫除损害青少年身心健康的社会丑恶现象,优化青少年成长、成才的环境。

第五节　坚持适合青年特点的原则

这是指团支部应根据青年的特点,经常不断地开展青年喜闻乐见的各种活动,满足青年成长和成才需要。活动是共青团联系青年、团结青年和教育青年的必要手段,是共青团生命力的具体体现。团的活动包括思想教育活动,科技学习活动,文娱体育活动和团的组织活动等。开展这些活动时,要坚持适合青年特点的原则,寓教于乐,灵活多样,讲求实效,使活动富有时代气息。

目前团的组织体系中,基层组织建设相对比较薄弱,面临的情况和问题也比较多,尤其表现在基层团组织的活力不够。针对这一问题,团的十七大报告强调,团的基层组织不仅要建起来,更要"活"起来。要大力提升团的基层组织的活力和服务能力,要以服务于青年、做青年群众工作为主要任务,建设基层服务型团组织。基层团组织要因地制宜地设计工作内容和工作项目,使青年乐于参与、便于参与。要尊重团员的主体地位,激发团员青年的主动性、创造性,积极发展团内基层民主,使之成为提升基层团组织活力的重要途径。

一、坚持适合青年特点开展活动的意义

共青团几十年来的工作和实践的经验总结,辩证地阐明了团的活动与团的战斗力的关系,说明了团的活动在团的工作中的重要作用,也只有坚持适合青年的特点以活动为主导,才能体现共青团的各项职能。开展活动的重要意义主要表现在以下几点。

1. 团的活动是吸引和凝聚青年的有效方式。青年人具有活泼、好动、好奇的特点,愿意接受和参加一些新奇、热闹的活动,并且希望在团队的活动中展露自己的才华。团支部根据青年的特点和需要,不断开展丰富多彩的、为青年人欢迎的各种活动,能够满足团员青年成长、成才的需要,也是关心青年成长、服务于青年需求、代表青年利益的具体体现。例如,青年志愿者活动,20 世纪 90年代开展以来,10 多年的时间吸引了亿万青年参加到活动中来,并且随着时代发展,志愿者活动越来越成为团的品牌活动,受到了社会的重视和青年的追捧,起到了团结、凝聚、带领青年的作用。

2. 团的活动能够增强团组织的活力和战斗力。共青团组织教育青年的途径不是枯燥古板的说教,而是活泼生动的现实实践,而活动又是吸引和组织广大青年投身到各种社会实践中的有效手段。团支部是团的最基层组织,是与生产、生活活动最直接、最密切的接触者,有针对性地组织各种适合青年特点、配合党政中心工作、结合生产生活实际的活动,能起到动员团员青年、活跃团的工作和生活的作用。例如,与团员青年岗位成才相关的青年文明号活动,与青年职业素质和社会生产相关的青年岗位能手、技能比武活动,与团员青年成长成才相关的读书交流、文体娱乐活动等,都是团支部引导团员青年立足本职岗位,在日常生产生活实践中发挥聪明才干、锻炼成长的具体活动形式。通过这些生

动活泼、切实有效的活动,团组织发挥出吸引、组织青年的团队作用。青年人向往和热衷于团的活动,使团的活力不断增强。社会承认和赞扬团的活动,团组织的威信和影响力不断提高,战斗力得到提升。

3. 团的活动能够把发挥团的作用与教育团员有效地结合起来。《中国共产主义青年团章程》规定:"共青团是广大青年在实践中学习中国特色社会主义和共产主义的学校,是中国共产党的助手和后备军。"作为"学校"就要起到教育青年的作用,作为"助手和后备军"就是要发挥团的作用。而通过活动能够把二者很好地结合起来。例如,"保护母亲河行动",既使团员青年在实践中理解和掌握了可持续发展的理念、增强了环保意识,又起到了保护水源、净化环境的社会效能。再如,大学生"三支一扶"活动,送文化、送科技、送卫生"三下乡"活动,西部计划志愿服务活动等,既使广大大学生加深了对国情、民情的认识和了解,丰富了他们的社会实践经验,又为贫穷落后地区提供了人才和技术支持,为这些地区的经济发展和民生改善起到了积极作用。因此,团支部的活动较单纯的思想教育而言,对青年更具吸引力,符合青年成长和发展的特点,教育效果更明显,更有益于团员青年的成长和成才。

4. 团的活动是团支部创新开展工作的有效形式。《中国共产主义青年团章程》规定:"要发挥优良传统和作风,生动活泼,富于创造性地开展工作,把共青团建设成为团结教育青年的坚强核心。"一方面,团的每个项目的创立过程都是一个创造性开展工作的过程。团支部的活动需要根据时代的发展和青年的需求变化不断推陈出新,每个推陈出新的过程都是一个创新的过程。每个历史时期,团组织都根据党政工作中心、社会发展形势、青年需求变化创造性地开展了种种活动,例如,20 世纪 50 年代开展的垦荒造林活动,60 年代开展的学雷锋活动,80 年代开展的"五讲四美"活动,90 年代开展的青年志愿者活动,新时期开展的青春创业活动等。另一方面,每个项目的发展过程都是一个不断地创造性开展工作的过程,每个活动的继承和发展都体现了团组织的创新和创造能力。目前团的活动项目有上百个,而这些项目中有的是十几年甚至几十年继承、坚持和凝结出的经典项目,团组织不断调整和创新,摒弃不适应时代发展和青年需求的项目,完善和改进现有项目,在其不断的变化发展中,不断提升和凝练,形成了一套完备的组织模式和运转模式,如大学生西部志愿服务计划、"三支一扶"活动、志愿者活动等。

5. 团的活动为团干部和广大青年增长才干搭建了平台。活动是一种具体的实践方式,是在理论指导下的行动。组织一次成功的团的活动并非易事,而是需要团干部付出艰辛的努力才能完成的。这其中包括活动前做好充分的调查研究、确定主题、设计内容、规划方案并反复研究、推敲和论证,然后才能付诸实施。在实施的过程中还要正确指挥、及时总结、扩大成果等,对团干部的组织、协调、领导能力都是一种锻炼和提高。对于团员青年而言,在团支部组织的各种各样的活动中,都能够汲取知识、开阔视野、增长才干。例如,岗位奉献活动和技能比武活动中,团员青年能够学习到先进的技术经验、工作方法和经营管理理念等;参加文体活动,能够丰富团员青年的知识结构,陶冶情操,锻炼身体;参加素质拓展活动,能够增强团队意识,结交新朋友,等等。

二、在确定具体活动内容时应坚持的原则

在确定具体的活动内容时,应该注意共青团活动的内容既要符合改革开放时期共青团工作的要求,又要适应青年的特点。

把党的要求和照顾青年特点结合起来。 共青团工作必须围绕党的中心工作,照顾青年特点,开展独立活动。这是团的性质所决定的。基层团支部开展活动时,要善于把党的要求和青年特点有机地结合起来,使团的活动既体现党的助手作用,又反映青年的利益和要求。

把受教育和起作用结合起来。 共青团是青年学习共产主义的学校,这个性质决定了团组织开展的各项活动都应具有一定的教育性,但是这种教育应该潜移默化、易于被人接受。另一方面在开展活动中又要注意发挥青年的作用,显示出青年是经济建设主力军的巨大力量。只把青年看作被动的受教育客体,而看不到青年在社会政治、经济生活中的主力军作用是错误的。

把必要性和可行性结合起来。 开展团的活动不是做表面文章,不应成为领导意图的点缀,而应从实际出发,既从有无必要考虑,又要充分估计到客观条件是否具备、可行性到底如何,二者不可偏废。

三、团支部活动的主要形式

团支部开展的活动丰富多彩,主要有思想教育活动、生产实践活动、社会公

益活动、团内组织活动、文体娱乐活动等。

（一）思想教育活动

团支部的思想教育活动是以提高青年思想政治觉悟，坚定理想信念为主要目的的。活动要重点突出马克思列宁主义、毛泽东思想、邓小平理论、"三个代表"重要思想、科学发展观、习近平新时代中国特色社会主义思想，突出党的基本路线、党团基本知识、社会主义核心价值体系和社会主义民主与法制基本知识等内容，包括理论教育、政策形势教育、理想教育、道德教育、纪律教育、爱国主义教育和革命传统教育等在内的各种思想教育。

（二）生产实践活动

这是团支部坚持"以经济建设为中心"、投入现代化主战场的主体活动，也是团组织显示存在价值、努力实现组织目标的首要实践载体。各条战线上的团支部以自身生产实践为基础，组织团员青年开展增长技能、熟悉业务、提高生产能力的活动，是团支部组织团员青年立足本职岗位、为国家经济建设作贡献的主要形式，如青年就业创业活动、技术比武活动和岗位奉献活动等。

（三）社会公益活动

社会公益活动是指团支部组织团员青年向社会捐赠财物、时间、精力和知识等活动。这类活动一方面带动青年深入社会、服务社会、影响社会，另一方面也是青年在社会实践中认识自我、锻炼自我和完善自我。其内容包括社区服务、环境保护、知识传播、帮助他人等，最典型的是青年志愿者活动。

（四）团内组织活动

团内组织活动不同于其他活动，区别在于其内容的教育性。它作为团内教育的一种基本形式，内容以团的组织建设和思想建设为主，目的在于提高团员青年的思想觉悟、政治素质和团员意识，教育性是它的本质特征，如发展团员、民主生活会等。

（五）文体娱乐活动

文体娱乐活动是团员青年最喜闻乐见的活动形式，它以开阔团员青年视野、娱乐团员青年的身心和增强团员青年的体质为目的，如文艺晚会、摄影比赛、趣味运动会、素质拓展等。

第六节　坚持民主集中制的原则

坚持民主集中制原则是团支部开展工作时最基本的组织原则,要求做到:个人服从组织,少数服从多数,下级组织服从上级组织;团的支部委员会必须由团员大会选举产生;团支委会定期向团员大会报告工作,接受团员监督;团支委会经常听取团员意见,及时向上级团组织如实反映情况;团支委会实行集体领导和个人分工负责相结合的制度。

团支部要把民主集中制原则正确地贯穿和落实到实际的组织生活及日常工作中,就必须做到以下几点。

一、端正对民主集中制的认识和态度

民主集中制需要团支部所有成员的积极参与。坚持民主集中制的组织原则是与团支部内的每一个团员和团干部密切相关的。不论是团员还是团干部,都要严肃认真对待,严格按照民主集中制原则办事。团干部要坚持民主集中制,正确领导团员青年,团员青年要按照民主集中制的要求参与团支部的活动,并且监督团支部的工作。

实行民主集中制要注意民主和集中的统一,要防止和克服把民主和集中割裂开来的思想倾向,不能离开民主讲集中,也不能离开集中讲民主。团干部要尊重团员的权利,认真听取团员意见,不搞"一言堂",不摆样子,不搞形式。团员青年要把发扬民主和加强纪律结合起来,自觉履行团员义务,杜绝自由主义倾向。

二、增强团支部所有成员的组织观念

组织观念是通过理论学习、实践锻炼逐步养成的,是一个改造世界观的过程。目前,有的团员青年受多元化思潮或是一些不良社会思潮的影响,只讲权利不讲义务,组织观念比较薄弱。因此,团支部必须通过建立健全支部内的民主生活制度,严格支部内的组织生活,加大对支部成员的教育力度,加强组织性、纪律性,增强团支部每一个成员的组织观念,保证团支部的集中领导。团员青年要自觉贯彻执行民主集中制,保持高度的组织观念,积极参加团的组织生活,自觉接受组织的监督,增强团内生活的有效性,不断增强组织观念。

三、掌握正确贯彻和执行民主集中制的方式

1. 民主选举。民主选举是体现民主集中制的重要方式。团支部要秉着公开、公平、公正的原则，采取无记名投票的方式组织好团支部的选举工作，保证团员能够按照自己的意愿选举团支部的干部。

2. 及时召开团支部的各种会议。会议包括支部会、支部全体团员会、民主生活会和总结会等。通过各种会议给团员搭建一个畅所欲言，充分发表意见和团支部与团员沟通思想、集思广益的平台。通过这种方式做到尊重团员民主权利，发扬团内民主。

3. 支部委员会实行集体领导与个人分工负责相结合的制度。如果遇到重大问题，必须进行集体讨论，讨论过程中支部委员都可以自由发表自己的意见，支部委员会应该集思广益，依照多数人的意见作出最后的决定或是决议，然后由各委员分头组织实施。个人分工是指支部委员有明确的分工，各司其职，灵活地、有创造性地执行支部的决议，履行自己的职责。

4. 加强指导、减少指令。加强指导、减少指令是一种具体的领导方法，也是实施民主集中制的一种有效形式。这种形式可以更好地发扬民主、减少矛盾，充分调动下属的积极性，有效地减少指挥失误。团支部中，支部书记与各委员之间的关系是少数服从多数的关系，地位是平等的。书记要善于当好"班长"，要有良好的民主作风，遇事多商量、常通气，团结、带领一班人，充分调动和发挥班子成员的工作积极性。

5. 坚持批评与自我批评相结合。批评与自我批评充分展示了民主与集中的有机结合。团支部要自觉地运用批评和自我批评这个武器，正确处理团内矛盾，坚持真理，修正错误，增强团结，改进工作。对上级团组织和领导干部的缺点和错误应该大胆地提出批评，对支部内成员和团员身上存在的缺点和错误要及时地提出批评。同时，团支部也要欢迎上级团组织和团员青年的批评，经常反省自己，及时检查自身的不足；对于支部内存在的缺点和错误要多作自我批评，工作出了差错，首先检查自己，并主动承担责任；要鼓励和支持团员开展批评与自我批评，在支部内形成团结、健康、向上的优良风气。

思考练习题

一、填空题

1. 团的基层组织是团的（   ）的基本单位,应该充分发挥团结教育青年（   ）的作用。

2. 企业、农村、机关、学校、科研院所、街道社区、社会组织、人民解放军连队、人民武装警察部队中队和其他基层单位,凡是有团员（   ）以上的,都应当建立团的基层组织。

3. 坚持党的领导是共青团一切工作的（   ）。

4. 坚持党的领导,就是要在（   ）、（   ）、（   ）坚持党领导。

5. 习近平总书记在"五四"重要讲话中指出,共青团要积极为广大青少年实现梦想提供服务,切实改进作风,深入基层,走进青年,想青年之所想,急青年之所急,代表和维护青少年普遍性利益诉求,努力为广大青少年（   ）创造良好环境。

6. 在团支部的具体工作中做到以青年为本就是要做到尊重青年的主体地位、教育和引导青年,（   ）和（   ）。

7. （   ）是共青团联系青年,团结青年和教育青年的必要手段,是共青团生命力的具体体现。

8. 坚持（   ）是团支部开展工作时最基本的组织原则。

9. （   ）是体现民主集中制的重要方式。

10. （   ）充分展示了民主与集中的有机结合。

二、判断题

1. 团支部是共青团工作和活动的基本单位,是团的最基层一级组织。（   ）

2. 团委同广大团员青年有着最直接、最广泛的联系,是团的各项工作的显示终端。（   ）

3. 团支部工作的基本原则是指团支部开展理论学习、政策宣传、团员教育、文化体育活动及日常工作时所应把握的准则。（   ）

4. 团总支是团的全部工作和战斗力的基础。（   ）

5. 自觉接受党的领导是团支部工作最主要和最重要的原则。　　　(　　)

6. 围绕中心、服务大局是共青团发挥作用、体现价值的关键。　　　(　　)

7. 团员青年在全面建成小康社会进程中充分发挥着主力军的作用。(　　)

8. 团的活动,要坚持适合青年特点的原则。　　　　　　　　　　(　　)

9. 民主集中制需要团支部所有成员的积极参与。　　　　　　　　(　　)

10. 团支部工作坚持民主集中制,集中就意味着团支部书记可以搞一言堂。

(　　)

三、选择题(下列选项中,至少有一个正确答案)

1. 截至 2013 年年底,全国团支部数量(　　)万个。

   A. 100 多　　　　　　B. 200 多　　　　　　C. 300 多　　　　　　D. 400 多

2. (　　)是团的全部工作和战斗力的基础。

   A. 团委　　　　　　B. 团总支　　　　　　C. 基层组织　　　　　　D. 团干部

3. 共青团要把为青年(　　)创造条件作为新形势下团结凝聚广大青年的重
   要前提。

   A. 寻梦　　　　　　B. 追梦　　　　　　C. 筑梦　　　　　　D. 圆梦

4. 团支部服务青年必须做到(　　)。

   A. 了解青年,把握青年基本需求

   B. 要找准切入点,为青年办实事

   C. 创新和完善服务青年的工作体制,构建服务青年的固定的有形载体。

   D. 满足青年的所有利益需求。

5. (　　)是"团青关系"的集中体现,是共青团贯彻党的全心全意为人民服务
   宗旨的具体落实。

   A. 尊重青年的主体地位　　　　　　B. 教育引导青年

   C. 竭诚服务青年　　　　　　D. 代表和维护青年的合法利益

6. 在团支部的具体工作中做到以青年为本就是要做到(　　)。

   A. 尊重青年的主体地位　　　　　　B. 教育引导青年

   C. 竭诚服务青年　　　　　　D. 代表维护青年合法利益

7. (　　)是共青团事业发展的不竭动力,也是经济社会变革的时代要求。

    A. 团建　　　　　　　　　　　B. 创新

    C. 坚持党的领导　　　　　　　D. 代表广大团员青年利益

8. 下列哪一项不是在确定具体活动内容时应坚持的原则？（　　　）

    A. 把党的要求和照顾青年特点结合起来

    B. 把受教育和起作用结合起来

    C. 把必要性和可行性结合起来

    D. 把易操作性和功利性结合起来

9. 关于对民主集中制的认识不正确的是（　　　）

    A. 民主集中制不需要团支部所有成员的积极参与

    B. 实行民主集中制要注意民主和集中的统一

    C. 要防止和克服把民主和集中割裂开来的思想倾向

    D. 不能离开民主讲集中，也不能离开集中讲民主

10. 下列哪一项不属于民主集中制原则的内容？（　　　）

    A. 个人服从组织　　　　　　　B. 少数服从多数

    C. 下级组织服从上级组织　　　D. 团支部书记一言堂

四、简答题

1. 团支部工作应坚持那些工作原则？

2. 在新的历史条件下，团支部当好党支部的助手应该做好哪些方面的工作？

3. 团支部是共青团组织系统中的最基层单位，与广大团员青年保持着最直接、最广泛的联系，是团的全部工作的基础和显示终端，是团的思想教育、组织建设和独立活动，以及大量的经常性工作的落脚点。这具体表现在哪几个方面？

4. 作为共青团的最基层组织团支部而言，怎样服务大局？

5. 坚持民主集中制有什么样的意义？

思考练习题答案

一、填空题

1. 工作和活动；核心

2. 三人

3. 根本保证

4. 思想上;政治上;行动上

5. 成长成才

6. 竭诚服务青年;代表和维护青年合法利益

7. 活动

8. 民主集中制原则

9. 民主选举

10. 批评与自我批评

二、判断题

1.对　2.错　3.对　4.错　5.对　6.对　7.错　8.对　9.对　10.错

三、选择题

1.C　2.C　3.D　4.ABC　5.C　6.ABCD　7.B　8.D　9.A　10.D

四、简答题

1. 团支部工作应坚持那些工作原则?

团支部的工作应该坚持接受党的领导,站在改革前列,代表、维护青年利益,适合青年特点及坚持民主集中制等五项基本原则。

2. 在新的历史条件下,团支部当好党支部的助手应该做好哪些方面的工作?

协助党支部认真贯彻执行党的路线、方针、政策。主动关心团员青年的学习、工作和生活。协助党支部开展思想教育工作。配合党支部做好青年入党积极分子的培养教育工作。

3. 团支部是共青团组织系统中的最基层单位,与广大团员青年保持着最直接、最广泛的联系,是团的全部工作的基础和显示终端,是团的思想教育、组织建设和独立活动,以及大量的经常性工作的落脚点。这具体表现在哪几个方面?

(1)共青团的各项任务,要由团支部去贯彻和落实。

(2)共青团对青年的号召、要求和希望常常通过团支部传输给团员青年。

(3)团员青年思想上、政治上的提高和进步,要依靠团支部去培养和教育。

(4)团员青年在工作、学习和家庭生活方面遇到的实际问题,可以通过团支部去反映和解决。

(5)团支部通过对青年的思想教育引导,使一批又一批的先进青年加入到共青团组织之中,并通过推优入党的方式为党输送优秀青年人才,从而使更多的先进青年团结在党的周围。

(6)团支部能够紧密结合青年的实际需求,切合时代主题,把握潮流形式,开展丰富多彩、健康有益的文体活动,以丰富青年人的精神文化生活。

4. 作为共青团的最基层组织团支部而言,怎样服务大局?

(1)服务于共青团事业的大局。

(2)服务于党的各项工作的大局。

(3)服务于政府工作的大局。

(4)服务于人民利益的大局。

5. 坚持民主集中制有什么样的意义?

民主集中制的组织原则反映了共青团内的领导与被领导的关系、团的上级组织与下级组织的关系、团员与团组织的关系。对于团支部而言,实行民主集中制原则有着广泛而深刻的意义:

(1)实行民主集中制可以从组织上保证团支部在政治上、思想上同党中央、团中央保持一致,在行动上沿着党指引的方向前进,是团支部坚持正确政治方向的保证。

(2)实行民主集中制有利益于团支部团结和凝聚广大青年,从而巩固团的基层组织。

(3)实行民主集中制能够保证团员民主权利的实现。

总之,民主集中制原则是团支部正常生活和工作的基本准则,只有在团支部内坚持民主集中制的组织原则,才能有秩序地、有规律地进行工作,才能在团支部中进而在全团中形成又有民主又有集中、又有自由又有纪律、又有统一意志又有个人心情舒畅的生动活泼的政治局面,使团支部能够正确地完成上级团组织和党所交给的任务。

第四章

团支部的组织建设

团支部是共青团最基层的一级组织,处在直接与团员青年接触的最前沿,是建立和巩固共青团组织的"基础工程"。加强和改善团支部的组织建设,要充分认识经济社会变革、多媒体等带来的挑战,大胆探索和创新基层组织设置方式,不断提高团的吸引力和凝聚力,扩大团的工作有效覆盖面。

第一节　团支部组织的建立与换届选举

一、团支部的设置与建立

(一)团支部的设置

合理地设置共青团的基层组织并积极发挥它们的作用,才能真正实现共青团的职能。

要建立组织,首先要弄清楚建立组织的依据是什么。建立团支部的依据是团章。《中国共产主义青年团章程》的第二十四条规定:"企业、农村、机关、学校、科研院所、街道社区、社会组织、人民解放军连队、人民武装警察部队中队和其他基层单位,凡是有团员三人以上的,都应当建立团的基层组织。"由此可见,基层组织建立团支部的第一个要求是:团员人数必须在 3 人以上。

除了要求基层组织的团员人数必须在 3 人以上外,《中国共产主义青年团章程》的第二十五条还规定:"团的基层组织设置应从实际出发,可以不完全与党组织和行政建制对应。适应街道社区、非公有制经济组织、社会组织等单位和领域的特点,灵活设置团的组织。"

随着经济的发展和社会的进步,经济和社会组织的形态发生了许多新的变化,共青团组织如何根据这些新的变化去灵活设置团的基层组织以应对新的挑战,实现共青团的职能,是摆在各级团组织面前的新命题。各级团组织在积极应对新挑战的过程中,创造了一些新的基层团组织的设置形式,如联合建团、人力资源链建团、依托建团、公寓建团、兴趣建团、网络建团、社团建团、专业合作社建团、楼宇建团、工业园区建团、商业街建团以及建立临时团支部、流动团支部等,这些新的基层团组织的设置形式,打破了原有的与党组织和行政建制对应的条条和框框,较好地适应了经济和社会组织的新变化和团员青年的新需求,开辟了共青团工作的新天地。对一些暂时不具备建团条件的基层组织,尤其是非公有制经济组织、社会组织等单位和领域,基层团组织在实际工作过程中,也采取了一些设立团干部、青工委员联系点等方法,联系新经济领域、社会组织和青年自组织中的骨干青年,逐步扩大了团组织的影响。

(二)团支部的建立

基层团组织的设置途径、方式可以灵活,基层团组织建立的程序不能灵活。根据团章和各级团组织的组织设置的有关要求,一个新团支部组织的建立一般需要完成以下七个方面的工作(团支部建立的基本程序见附例1)。

1. 确认团籍。根据有关规定,下列人员具有团籍。年龄在14周岁以上28周岁以下的中国青年,履行了团章规定的入团手续和团员证规定的政策手续,除被开除团籍的和因自愿退团、自行脱团而被除名的外,均有团籍。28周岁以下的团员加入共产党以后仍保留团籍。团员(含保留团籍的党员)年满28周岁,没有在团内担任职务的,应该办理离团手续。

担任团的各级领导职务的中国共产党党员、在团的各级领导机关直接从事团的业务工作的中国共产党党员、被团的代表大会或代表会议正式确认为该级团的委员会候选人或上一级团的代表大会代表候选人的中国共产党党员,也具有团籍。

团籍的认定有三种途径:一是查证中国共产主义青年团团员证。团员证是团员政治身份公开的、法定的证明,由团的组织在新团员被上级团委批准入团后颁发,持有团员证并按规定注册的团员具有团籍。二是查阅人事档案。《中国共产主义青年团入团志愿书》等材料一般都归入本人人事档案,可以根据有关规定查阅当事人人事档案中的入团志愿书等材料作为曾经加入共青团组织的重要证据。三是对于不能确定团籍,本人提出要求、愿意履行团员义务并符合入团标准的青年,有的团组织通过采取填写《×××共青团员登记表》(见附例2)并加盖团委的公章等办法,确认其团员身份。

2. 成立团组织筹备组。团的组织受同级党组织和上级团组织领导。新建立团支部应事先明确与党组织和上级团组织的隶属关系。例如,新建团组织所在单位有同级党组织的,一般应按照"党团对口"原则,将同级党组织的上级党组织所在单位(或地区)的团组织作为新建团组织的上级团组织,明确团的隶属关系。如果新建团组织所在单位没有同级党组织的,可根据实际情况,按照属地管理、属条管理、属资管理、属业管理、挂靠管理等原则,确定和上级团组织的隶属关系。

在新建团组织所在单位同级党组织(当单位没有党组织时,单位行政组织暂时代管)的领导下,就成立团组织向上级团组织予以请示,上级团组织同意成立团组织后,下发批复,新建团组织单位即可建立筹备组。

筹备组除了筹备团员大会和团组织建立事宜外,同时具有团的临时组织机构的职能,可以进行团内统计、召集团员大会、开展一些团的活动等工作。

在考虑筹备组的组成人员时,应与正式成立该团组织的委员会成员候选人人选相结合,便于在工作中对候选人进行考察和锻炼。团的支部委员会一般由3～5人组成,设书记1人,必要时可设副书记1人。支部委员会一般应设立组织委员和宣传委员。团员数量多的支部,可增设其他委员。团不足7人的支部,可不设立支部委员会,只设立书记1人或书记、副书记各1人。团的总支委员会一般由5～7人组成,设书记1人,副书记1至2人。各级委员会成员一般为单数。

3. 筹备团员大会。筹备组根据《中国共产主义青年团章程》和《中国共产主义青年团基层组织选举规则》的有关要求,从文件起草(如大会工作报告、有关讲话、决议、通知等文件材料)、组织人事(如团员身份认定、第一届团的委员会委员候选人人选的酝酿提名等)、会务(如文件印制发放、会场确定、交通工具、财务管理)等方面筹备团员大会。

在召开第一次团员大会前,应先获取上级团组织的书面批复文件,新建团组织所在单位有党组织的还应取得党组织的批复。

4. 向上级团组织书面请示筹备工作。如果新建团组织所在单位有党组织的,由其党组织就成立团组织筹备组,召开团员大会的时间、地点、任务,委员会组成,选举办法,候选人人选等情况,书面向上级团组织予以请示(请示范例见附例3)。上级团组织按照团内有关规定,对上述内容进行审核和考察,及时将意见书面复函(批复函范例见附例4)反馈给新建团组织所在单位党组织。

如果建团组织所在单位无党组织的,由其行政组织先同上级团组织协商成立团组织筹备组,由筹备组就上述内容书面向上级团组织请示,上级团组织及时作出批复。在请示之前,筹备组应就请示内容征得新建团组织所在单位行政组织同意。

5. 召开团员大会。团的支部委员会、总支部委员会由团员大会选举产生。会议的主要议程包括报告筹备情况(含团籍认定)、宣读上级团委批复、通过会议议程、讨论并通过选举办法、介绍候选人基本情况并征求团员意见、通过监票人和计票人名单、投票,宣布团员大会选举书记、副书记和委员情况,新当选的书记代表支部委员会表态并简单介绍今后的工作打算。大会结束后及时召开委员会会议,明确工作分工和工作职责等。

6. 选举结果报批。团员大会选举产生的委员会应及时向上级团组织报告选举结果(报告范例详见附例5)。上级团组织在收到新建团组织委员会的报告后,应审查选举的程序和当选情况,并及时作出批复(批复范例详见附例6)。

7. 正式成立团支部组织。收到上级团组织的批复后,新建的团组织正式成立。新建团组织应将团组织筹备和团员大会期间的以及上级的批复等各类文件材料存档。

需存档的材料主要包括团员身份认定情况报告;团员花名册;团组织筹备组人员名单;成立团组织的请示报告;上级团组织同意成立团组织的批复;团员大会的文件材料(大会工作报告、领导讲话、大会决议、选举有关材料等);团组织委员会成立报告;上级团组织同意新建团组织委员会成立的批复,等等。

团小组是团支部为了便于对团员进行教育和开展活动所划分的相对独立的活动单位。有关团小组如何设置的问题,目前团内没有明确规定,因此在实际工作中各团支部可以根据实际情况灵活设置,不需要报上级团委批准。团小组是团支部的组成部分,但不是团的一级组织。团小组的设置、建立和开展工作要在团支部委员会的领导下进行。团小组的设置和建立可以采用团员自愿组合和团支部根据实际情况指定划分两种方式。每一名团员必须而且只能属于一个团小组。团支部要明确团小组长,并将分组情况向全体团员公布。团小组长的任期一般应与支部委员会的任期相同。团员人数少的团支部,可以不划分团小组。

附例1:团支部建立的基本程序

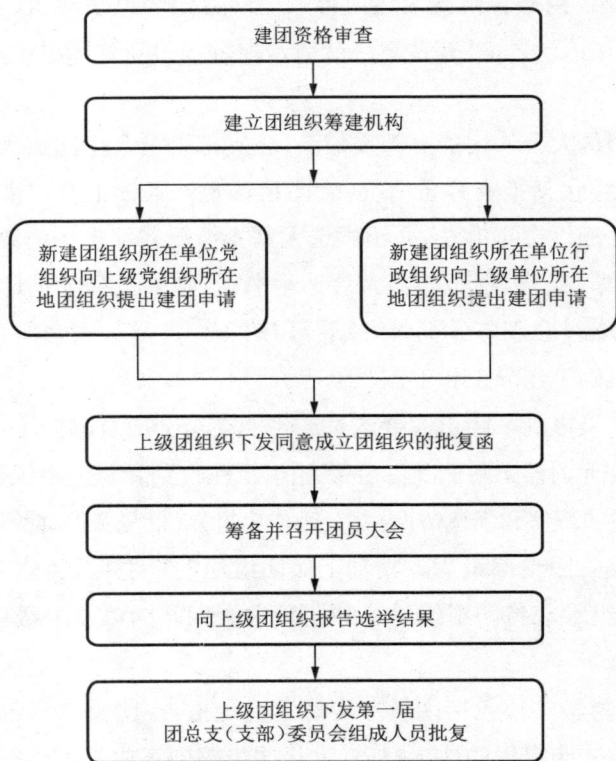

```
┌─────────────────────────────────┐
│           建团资格审查            │
└─────────────────────────────────┘
                  │
┌─────────────────────────────────┐
│         建立团组织筹建机构         │
└─────────────────────────────────┘
          │                │
┌──────────────────┐  ┌──────────────────┐
│ 新建团组织所在单位党 │  │ 新建团组织所在单位行 │
│ 组织向上级党组织所在 │  │ 政组织向上级单位所在 │
│ 地团组织提出建团申请 │  │ 地团组织提出建团申请 │
└──────────────────┘  └──────────────────┘
          │                │
┌─────────────────────────────────┐
│   上级团组织下发同意成立团组织的批复函 │
└─────────────────────────────────┘
                  │
┌─────────────────────────────────┐
│        筹备并召开团员大会          │
└─────────────────────────────────┘
                  │
┌─────────────────────────────────┐
│       向上级团组织报告选举结果      │
└─────────────────────────────────┘
                  │
┌─────────────────────────────────┐
│        上级团组织下发第一届         │
│   团总支(支部)委员会组成人员批复    │
└─────────────────────────────────┘
```

附例2：共青团员登记表

×××共青团员登记表

姓名	现　名		性　别	
	曾用名		民　族	
出生年月			籍　贯	
文化程度			工作单位及职务	
家庭主要成员的姓名、职业、政治面貌				
曾在团内任何职务				
在团内受过何种奖励或处分				
本人简历				
何年何月至何年何月	（学习)工作单位		职务	证明人

（续表）

何时何地何人 介绍入团		证明人姓名及 现在工作单位	
入团志愿书 遗失情况			
主要表现			
支部意见	支部书记签名（盖章） 　年　　月　　日		
基层团委 审查意见	（盖章） 　年　　月　　日		
说　明	（一）遗失"入团志愿书"的团员，填写此表格。 （二）此表存入人事档案或团员档案。		

中国共产主义青年团×××委员会

附例3：关于成立中国共产主义青年团×××公司总支（支部）委员会的请示

关于成立中国共产主义青年团×××公司总支（支部）委员会的请示

×××（上一级团组织名称）：

我公司成立于××××年，企业全称是×××××，为××（性质）企业。现有职工×××人，其中35岁以下青年×××人、团员（28岁以下）×××人。根据《中国共产主义青年团章程》规定，符合建立团总支（支部）的条件。

为加强企业青年工作，提高团组织对青年职工的吸引力和凝聚力，团结带领广大团员青年立足本职岗位成长成才，更好地服务于企业发展，特申请成立共青团×××公司总支（支部）委员会。团总支（支部）拟设委员××人，其中书记1人、副书记1人、委员×人。拟提名×××、×××、×××等×位同志为委员候选人预备人选，×××同志为团总支（支部）书记候选人预备人选，×××为团总支（支部）副书记候选人预备人选。

妥否，请批示。

盖章（党支部或公司章）

××××年××月××日

附件：书记、副书记、委员候选人预备人选简历。

附例4：关于同意成立中国共产主义青年团×××公司总支（支部）委员会的批复

关于同意成立中国共产主义青年团×××公司总支（支部）委员会的批复

×××公司：

你单位《关于成立中国共产主义青年团×××公司总支（支部）委员会的请示》已收悉。经×××团（工）委研究，决定：

1.同意成立共青团×××公司总支（支部）委员会；

2.同意设团总支（支部）委员×名，其中书记1名，副书记1名，委员×名；

3.同意×××、×××、×××等×位同志为×××公司团总支（支部）第一次团员大会委员候选人预备人选；同意×××同志为×××公司团总支

（支部）书记候选人预备人选，×××同志为副书记候选人预备人选。

请你们按照《中国共产主义青年团章程》要求和有关规定，认真做好团员大会的各项工作，并将选举结果上报×××团（工）委审批。

此复。

×××（上一级团组织名称）盖章

××××年××月××日

附例5：关于中国共产主义青年团×××公司第一届总支（支部）委员会第一次团员大会选举结果的报告

关于中国共产主义青年团×××公司第一届总支（支部）委员会

第一次团员大会选举结果的报告

×××（上一级团组织名称）：

中国共产主义青年团×××公司总支（支部）委员会于××××年××月××日举行了第一次团员大会，本次会议应到团员××名，实到××名，请假×名，到会团员人数超过规定人数。会议选举产生了×××公司第一届团总支（支部）委员会。根据选举结果，第一届团总支（支部）委员会由×××、×××、×××、×××等×名同志组成，选举×××同志为××公司团总支（支部）书记，×××同志为××公司团总支（支部）副书记。

特此汇报。

×××公司团总支（支部）委员会

××××年××月××日

附例6：关于中国共产主义青年团×××公司第一届总支（支部）委员会第一次团员大会选举结果的批复

关于中国共产主义青年团×××公司第一届总支（支部）

委员会第一次团员大会选举结果的批复

中国共产主义青年团×××公司总支（支部）委员会：

《关于中国共产主义青年团×××公司总支（支部）委员会第一次团员大

会选举结果的报告》已收悉,经研究,同意中国共产主义青年团 ××× 公司第一届总支(支部)委员会由 ×××、×××、×××、××× 等 × 名委员组成;同意 ××× 同志为中国共产主义青年团 ×× 公司第一届总支(支部)委员会书记;同意 ××× 同志为中国共产主义青年团 ×× 公司第一届总支(支部)委员会副书记。

特此批复,请向全体团员青年宣布。

×××(上一级团组织名称)盖章

××××年××月××日

二、团支部的换届选举

团的各级委员会均实行任期制,任期届满后应按期进行换届选举。基层团支部每届任期两年或三年,其中大、中学校支部委员会每届任期一年。如需提前或延期换届选举,应报同级党组织和上级团组织批准。延长期限不超过一年。

(一)团支部(总支)的换届选举的程序

团支部(总支)的换届选举工作一般由本支部(总支)的上届班子负责,通常包括以下步骤。

附例 1:团支部(总支)换届选举工作

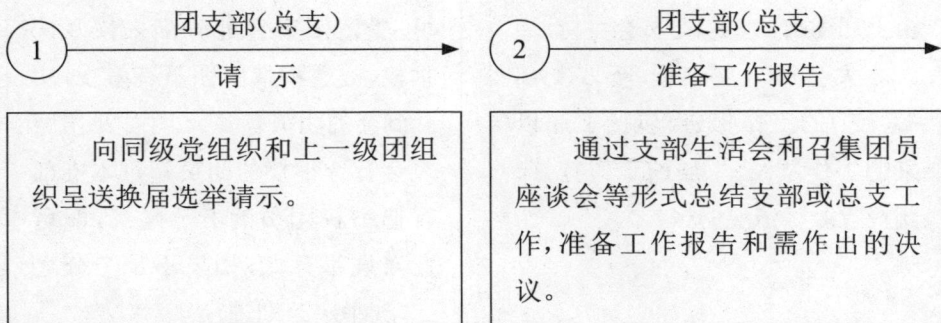

① 团支部(总支) 请 示 → 向同级党组织和上一级团组织呈送换届选举请示。

② 团支部(总支) 准备工作报告 → 通过支部生活会和召集团员座谈会等形式总结支部或总支工作,准备工作报告和需作出的决议。

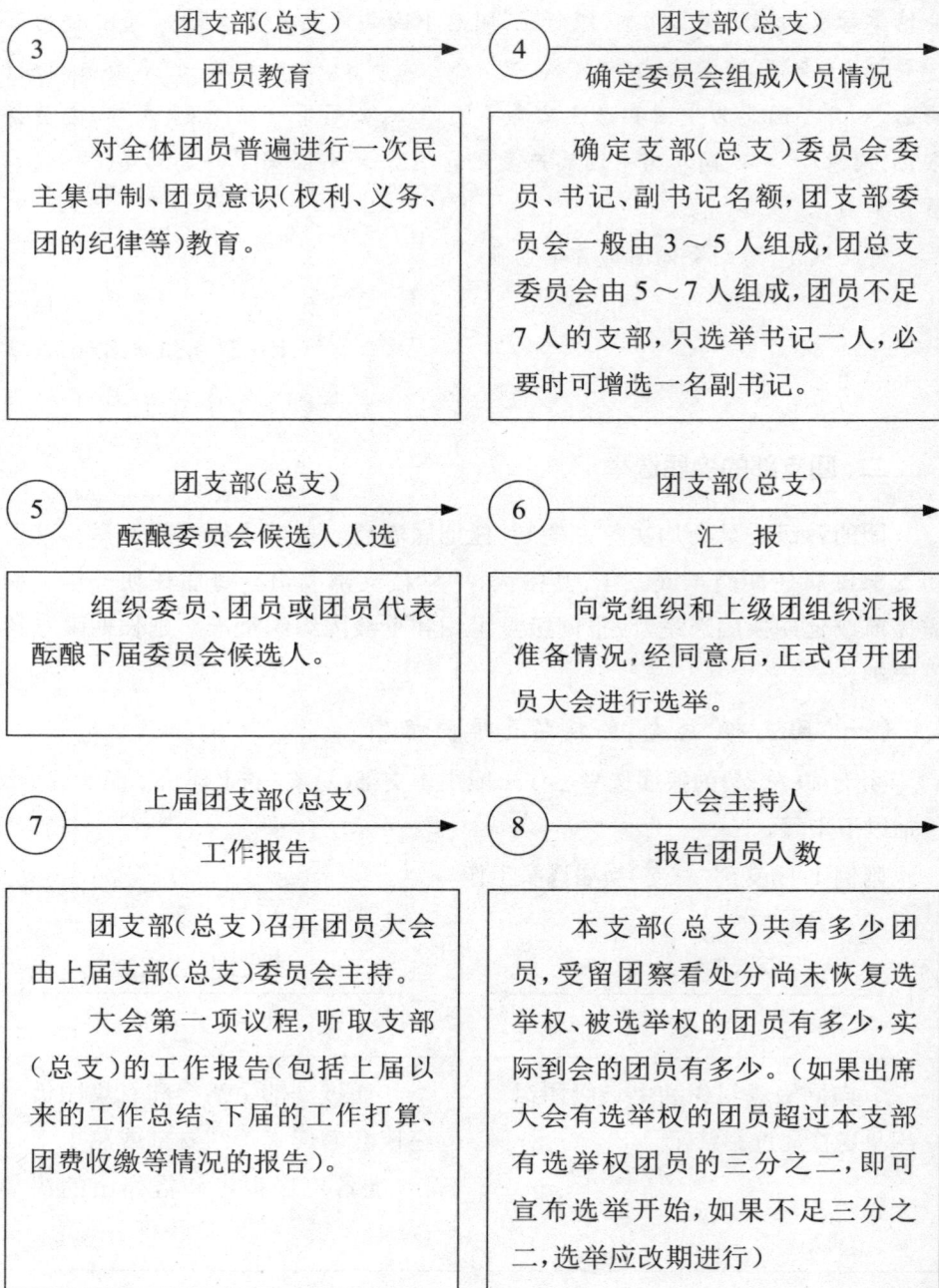

③ ——— 团支部(总支)
团员教育 ——————→

对全体团员普遍进行一次民主集中制、团员意识(权利、义务、团的纪律等)教育。

④ ——— 团支部(总支)
确定委员会组成人员情况 ——————→

确定支部(总支)委员会委员、书记、副书记名额,团支部委员会一般由3～5人组成,团总支委员会由5～7人组成,团员不足7人的支部,只选举书记一人,必要时可增选一名副书记。

⑤ ——— 团支部(总支)
酝酿委员会候选人人选 ——————→

组织委员、团员或团员代表酝酿下届委员会候选人。

⑥ ——— 团支部(总支)
汇 报 ——————→

向党组织和上级团组织汇报准备情况,经同意后,正式召开团员大会进行选举。

⑦ ——— 上届团支部(总支)
工作报告 ——————→

团支部(总支)召开团员大会由上届支部(总支)委员会主持。

大会第一项议程,听取支部(总支)的工作报告(包括上届以来的工作总结、下届的工作打算、团费收缴等情况的报告)。

⑧ ——— 大会主持人
报告团员人数 ——————→

本支部(总支)共有多少团员,受留团察看处分尚未恢复选举权、被选举权的团员有多少,实际到会的团员有多少。(如果出席大会有选举权的团员超过本支部有选举权团员的三分之二,即可宣布选举开始,如果不足三分之二,选举应改期进行)

⑨ —— 主持人 ——→
通过选举办法

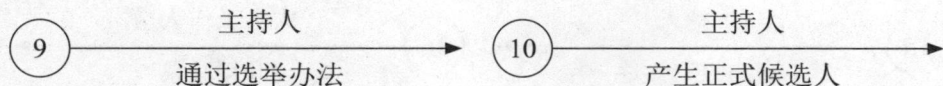

选举办法（草案）经团员酝酿讨论后提交团员大会表决通过。

团员大会可以先选举委员会委员，然后再由团员大会从新当选的委员会委员中选举书记、副书记。

⑩ —— 主持人 ——→
产生正式候选人

宣布下届支部（总支）委员会应选人数和候选人初步名单（经团员酝酿、讨论），提交大会表决通过，产生正式候选人名单。

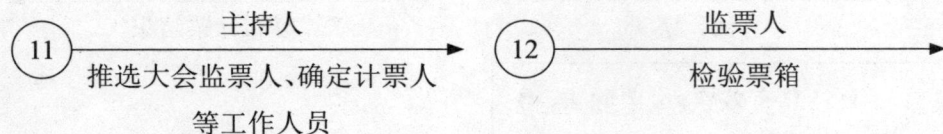

⑪ —— 主持人 ——→
推选大会监票人、确定计票人等工作人员

推选监票人、推荐选举工作人员，负责监票、计票等工作。候选人不能作为监票人和选举工作人员。

监票人需提交团员大会表决通过。

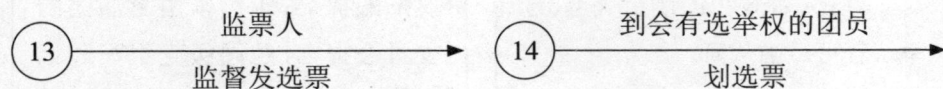

⑫ —— 监票人 ——→
检验票箱

⑬ —— 监票人 ——→
监督发选票

核对出席大会有选举权的人数，同时发放选票。监票人向主持人报告实到会有选举权的人数和实发选票数是否相符。

⑭ —— 到会有选举权的团员 ——→
划选票

主持人宣布划票方法和填写选票的注意事项后，开始填写选票。

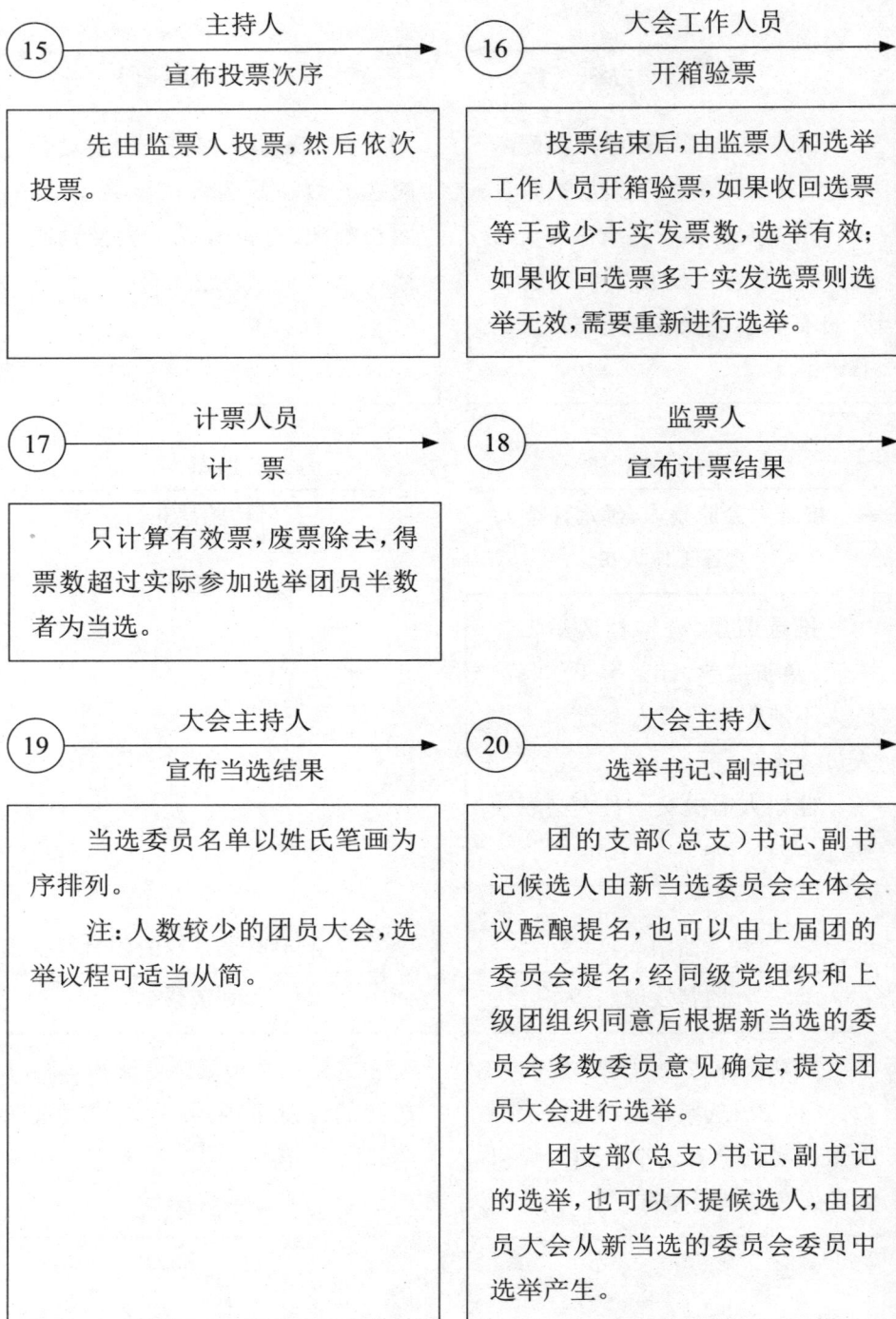

15 ——— 主持人 ———→
宣布投票次序

> 先由监票人投票,然后依次投票。

16 ——— 大会工作人员 ———→
开箱验票

> 投票结束后,由监票人和选举工作人员开箱验票,如果收回选票等于或少于实发票数,选举有效;如果收回选票多于实发选票则选举无效,需要重新进行选举。

17 ——— 计票人员 ———→
计 票

> 只计算有效票,废票除去,得票数超过实际参加选举团员半数者为当选。

18 ——— 监票人 ———→
宣布计票结果

19 ——— 大会主持人 ———→
宣布当选结果

> 当选委员名单以姓氏笔画为序排列。
> 注:人数较少的团员大会,选举议程可适当从简。

20 ——— 大会主持人 ———→
选举书记、副书记

> 团的支部(总支)书记、副书记候选人由新当选委员会全体会议酝酿提名,也可以由上届团的委员会提名,经同级党组织和上级团组织同意后根据新当选的委员会多数委员意见确定,提交团员大会进行选举。
> 团支部(总支)书记、副书记的选举,也可以不提候选人,由团员大会从新当选的委员会委员中选举产生。

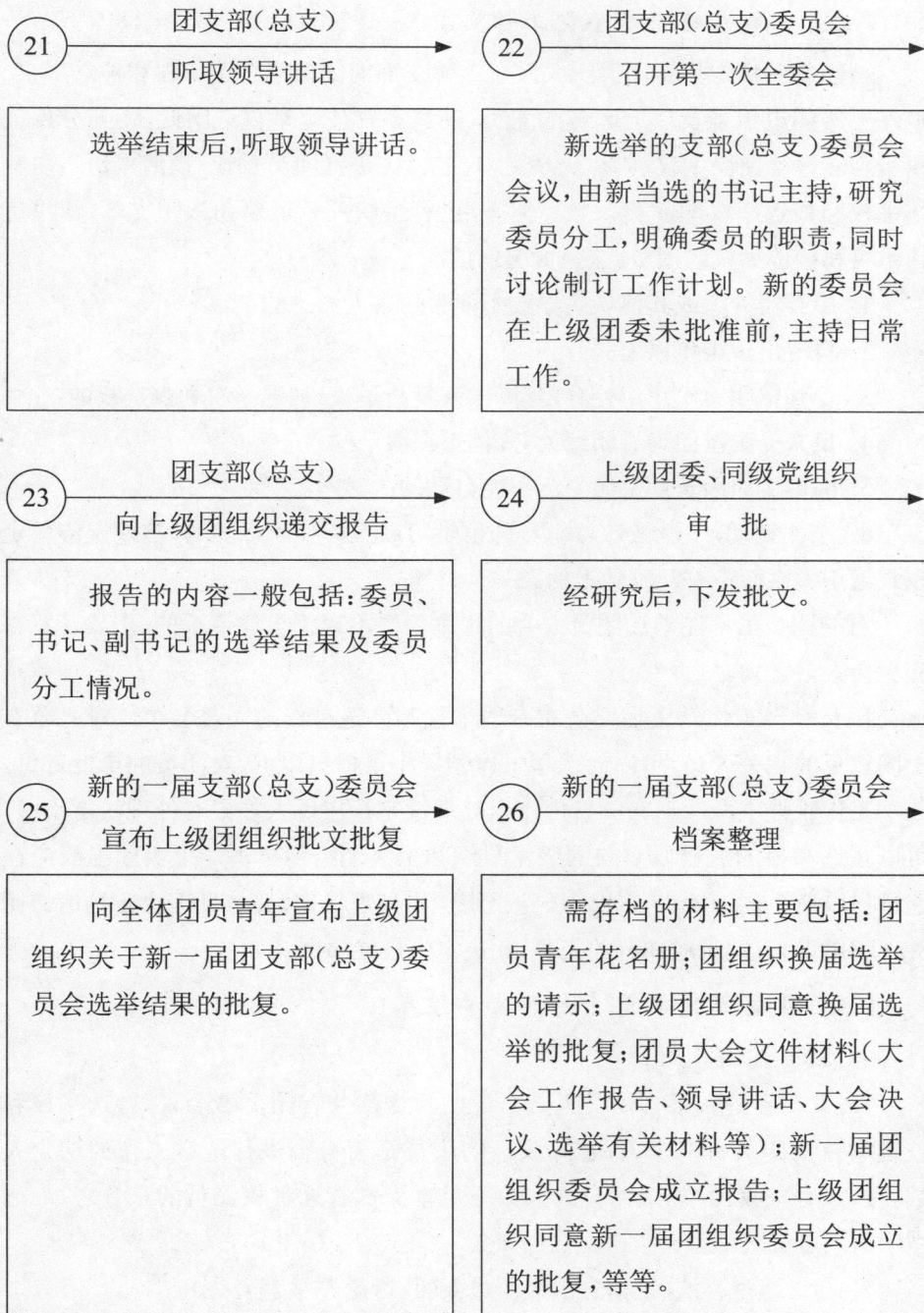

㉑ 团支部（总支）
听取领导讲话

选举结束后,听取领导讲话。

㉒ 团支部（总支）委员会
召开第一次全委会

新选举的支部（总支）委员会会议,由新当选的书记主持,研究委员分工,明确委员的职责,同时讨论制订工作计划。新的委员会在上级团委未批准前,主持日常工作。

㉓ 团支部（总支）
向上级团组织递交报告

报告的内容一般包括:委员、书记、副书记的选举结果及委员分工情况。

㉔ 上级团委、同级党组织
审　批

经研究后,下发批文。

㉕ 新的一届支部（总支）委员会
宣布上级团组织批文批复

向全体团员青年宣布上级团组织关于新一届团支部（总支）委员会选举结果的批复。

㉖ 新的一届支部（总支）委员会
档案整理

需存档的材料主要包括:团员青年花名册;团组织换届选举的请示;上级团组织同意换届选举的批复;团员大会文件材料(大会工作报告、领导讲话、大会决议、选举有关材料等);新一届团组织委员会成立报告;上级团组织同意新一届团组织委员会成立的批复,等等。

（二）选举前的团员登记工作

按照有关规定只有团组织关系在该团支部的团员享有选举权和被选举权。担任上级团组织委员以上职务的党员、团员享有被选举权。因此，为充分保证团员合法地行使民主权利，在选举之前，应该先进行团员登记，摸清本组织内有选举权和被选举权的团员人数。但是，也有组织关系虽然在该团支部，却没有选举权和被选举权的团员，这些情况包括：

1. 患有精神病或其他疾病导致不能表达本人意志的；

2. 自费出国半年以上的；

3. 受到留团察看团纪处分，且尚未恢复选举权、被选举权和表决权的；

4. 虽未受到留团察看团纪处分，但正在服刑的；

5. 因健康原因长期生病生活不能自理的；

6. 工作调动，下派锻炼、蹲点，外出学习或工作半年以上等，按规定应转走正式组织关系而没有及时转走的。

有的团员虽不能参加团员大会的选举但又不属于上述情况的，仍要计算在应到会人数之列。

团员登记工作结束后要公布有选举权和被选举权的团员名单。对名单有不同意见的相关人员，可以向选举工作领导小组提出申诉，对团员的申诉意见，选举工作领导小组应当在三日内作出处理决定。申诉人如果对处理决定不服，可以在选举日的五日以前向同级党组织和上级团组织申诉。上级团组织应在选举日以前会同该团支部的同级党组织作出处理决定，并将处理决定送达该团支部和申诉人，同时通知有关人员，此决定为最终决定。

（三）基层团支部团员大会选举程序

一般包括以下几项：

1. 大会主持人报告团员人数。说明本支部共有团员多少人，有选举权和被选举权的团员有多少人，实际到会的团员是否符合进行选举工作的法定人数。按照有关规定，如果到会的人数不足本支部有选举权团员的三分之二，选举应改期进行。

2. 通过选举办法（选举办法经团员酝酿、讨论并举手表决）。

3. 宣布下届支部委员会应选人数和候选人初步名单（经团员酝酿、讨论），提交大会表决通过，产生正式候选人名单。

4. 正式候选人通过竞职演讲、接受质询等形式与选举人见面。

5. 推选监票人两名，推举选举工作人员，负责监票、计票工作。候选人不能做监票人。监票人名单需提交团员大会表决通过。

6. 监票人检验票箱。

7. 发选票。按出席大会有选举权的人数发选票。核对无误后，报告到会有选举权的人数和实发选票数是否相符。

8. 划票。说明划票方法和填写选票的注意事项。说明怎样的选票是有效或无效的，同时说明本选举规定的划票符号，然后开始划票。

9. 投票。先由监票人投票，然后由团员依次投票。

10. 验票。投票完毕，由监票人和选举工作人员当场开箱验票。如果收回选票等于或少于发票数，选举有效；如果收回选票多于发票数，则选举无效，需要重新进行选举。

11. 计票。只计算有效票情况。被选举人得票超过实到会有选举权人数的半数为当选。

12. 宣布计票结果和选举结果。计票结果是指一次选举的有效票数、废票数和每一被选举人的得票情况。选举结果是根据选举办法规定确认哪些人当选。计票结束后，先宣布计票结果，然后宣布选举结果。

人数较少的团员大会，会议程序可适当从简。

凡发现不按民主程序进行选举的情况，团员有权向上级团组织反映，上级组织应及时查明情况，予以纠正。

（四）团支部的选举办法

一般应包括以下几个方面的内容：

1. 团的支部委员会由几人组成（一般由3～5人组成），设书记一人，副书记几人（一般书记一人，副书记一人）。

2. 支部团员大会进行选举的到会人数超过应到会有选举权人数的三分之二，方可进行选举。

3. 支部团员大会选举支部委员会和书记、副书记，一般分两段进行，即先选出支部委员会,然后再由团员大会从新当选的委员会成员中选举书记、副书记。

选举办法可以规定直接采用候选人多于应选人的差额选举方式进行选举,团支部委员候选人数应多于应选人数 1～2 人。

选举办法也可以规定先采用候选人多于应选人的差额选举方式产生正式候选人,候选人的当选按得票多少进行确定,书记、副书记、委员候选人人数应多于应选人数 1～2 人,再采用等额的办法产生书记、副书记和委员。书记、副书记候选人未当选的,可直接作为委员。

4. 选举采用无记名投票方式。选票上的候选人名单以姓氏笔画为序排列。因故未出席会议的团员,不能委托他人代为投票。

5. 选举人对候选人可以投赞成票或不赞成票,也可以弃权或另选他人。

6. 每次选举收回的选票,等于或少于投票人数,选举有效;多于投票人数,选举无效,应重新选举。

每张选票所选人数等于或少于应选人数的为有效票,多于应选人数的为无效票。

7. 被选举人获得的赞成票超过实到会有选举权人数的半数为当选。获得赞成票超过实到会有选举权人数的半数的被选举人多于应选名额时,以得票多者当选。

8. 当选人不足应选名额时,应对不足名额进行再次选举。再次选举后,当选人仍少于应选名额时,可相应减少应选名额,不再进行选举。

当选人接近应选名额时,征得选举人同意,可以直接减少应选名额不再进行选举。

9. 选举结果须报同级党组织和上级团组织批准,并由上级团组织发文公布。

选举办法对划票符号一般规定是:表示赞成的画"〇",不赞成的画"×",弃权的画"△"。选举人如另选他人,应将姓名写在另选人姓名栏内,并相应否决原候选人。

(五)选举后的工作

支部委员会和书记、副书记经选举产生后,应及时做好以下几项工作:

1. 做好支部委员的分工,明确每个委员的职责,制订工作计划。

2. 做好新老委员的工作交接。

3. 做好落选人的工作。

4. 选举结束后,应将团员大会所用的各种选票分别整理封存,未经允许,任何个人不得私自查阅选票。选票应保留半年以上,超过时间即可由上级团委或同级党组织监督销毁。计票结果和选举结果应交档案部门永久保存。

5. 办理报批手续。团支部的选举结果须报上级团委批准,并由上级团委发文公布。

团支部应当及时向上级团委呈报选举情况的报告,报告一般应包括以下内容:选举的时间及应参加选举的人数和实到会有选举权的人数;选举任务及采用的选举方式,包括候选人的产生办法、选举结果、当选人名单及其结构情况、当选人得票数和其他需要报告的问题。

三、团支部委员的职责与分工

(一)团支部书记的主要工作职责

团支部书记在上级团委和同级党组织的领导下,按照支部团员大会、支委会的决议,负责主持团支部的日常工作。其主要职责包括:

1. 贯彻执行党组织和团支部的决议、决定,完成各级组织交给的各项任务,经常向同级党组织和上级团组织报告工作。

2. 负责召集支部团员大会和支委会,按照民主集中制原则,对重要问题作出决议、决定并组织贯彻实施和检查执行情况,按时向支部委员会和团员大会报告工作。

3. 负责组织制定、实施和检查团支部工作计划,做好团支部工作总结和表彰奖励等工作。

4. 代表和维护青少年的合法利益,了解团员青年的需求,及时掌握团员青年的思想动态,做好经常性的思想政治工作,关心团员青年的学习、工作和生活,及时反映并协同有关部门解决一些实际问题。

5. 了解所属团小组的工作情况,指导团小组开展工作。

6. 做好推优工作。

7. 协调好党、政、团之间的关系,同有关部门和组织保持密切的联系,及时交流情况,互相支持,促进团的工作。

8. 抓好支委会的自身建设,按时召开民主生活会,充分发挥支委会集体领导的作用,督促和帮助支委做好分管的工作。

(二)团支部副书记的主要工作职责

书记在时,副书记是书记的主要参谋和助手,除了要完成一般委员所承担的工作外,还要对有关委员的工作进行协调和指导;书记不在时,要代替书记抓全面工作,保证支部工作的正常进行。

(三)团支部组织委员的主要工作职责

1. 负责对青年积极分子进行培养、教育和考察,提出发展新团员的意见,办理接收新团员的手续。

2. 了解团员的思想、工作情况,对团员进行思想教育和纪律教育,建议支委会对团员进行表扬和奖励,对违反团纪的行为进行批评教育,并提出处理意见。

3. 了解团员中入党积极分子的情况,做好推荐优秀团员为党的发展对象的有关具体工作。

4. 协助团支部书记组织开展团员民主评议活动,并为符合条件的团员办理年度团籍注册手续。

5. 了解掌握支部的组织情况,根据需要提出团小组的划分和调整意见,检查和督促团小组过好组织生活。

6. 搞好团员统计,按时收缴团费,办理团员离团手续。

(四)团支部宣传委员的主要工作职责

1. 根据团员青年的思想状况和要求,提出本支部宣传工作的意见,提出和拟订学习计划。

2. 组织团员青年学习马克思列宁主义、毛泽东思想、邓小平理论、"三个代表"重要思想、科学发展观和习近平新时代中国特色社会主义思想,学习团的基础知识和党的基本知识。

3. 宣传、执行党的基本路线和各项方针政策,组织团员青年积极参加改革开放和社会主义现代化建设,努力完成团组织交给的任务。

4. 摸清团员青年的思想情况,协助团支部书记做好团员青年的思想政治工作。

5. 办好本支部的宣传阵地。

6. 及时总结推广典型经验,宣传报导各项活动的突出事迹。

（五）团支部文体委员的主要工作职责

1. 针对团员青年特点,制订本支部的文体活动计划,并组织实施。

2. 培养建立文体活动骨干队伍,组织团支部的各类文体活动。

3. 了解团员青年的业余兴趣爱好,及时向团员青年推荐健康、新颖、高雅的文体活动方式。

（六）团小组长的主要工作职责

1. 负责带领本小组成员,完成团支部布置的任务。

2. 定期向团支部汇报小组工作,向团员传达团支部的决定。

3. 关心团员青年的生产、学习和生活情况,随时向团支部反映团员青年的思想、要求和意见。

4. 协助团支部做好经常性的团务工作,向团支部推荐发展新团员的对象,负责做好本小组的团费收缴工作。

第二节　团支部的制度建设

一、共同制度

没有规矩,不成方圆。要把团支部建成一个坚强有力、深受团员青年欢迎的基层优秀团组织,必须有制度加以保证。团支部的工作制度是支部全体团员应共同遵守的行动准则,是团支部的工作规范。有些制度是每个团支部都需要建立;有些工作制度是有的团支部需要制定,而有的团支部不需要制定,我们称其为特殊工作制度。团支部在制定工作制度时,要从实际出发,坚持灵活性和原则性的统一。在这里,重点介绍共同工作制度,主要包括以下内容。

（一）"三会两制一课"制度

"三会两制一课"制度中的"三会"制度是指支部大会制度、支部委员会制度和团小组会制度;"两制"是指团员教育评议制度和团员年度团籍注册制度;"一课"是指团课制度。"三会两制一课"制度是团支部按照上级规定对团员进行管理和开展工作的最基本工作内容,是团的组织生活的基本制度。

1. 支部大会。支部大会是指由团的支部委员会召集的支部全体团员参加的会议。支部大会又称支部团员大会,是团支部的最高领导机构,在团支部中享有最高决策权、选举权和监督权。支部大会一般每季度召开一次,根据工作需要可随时召开。

支部大会的主要任务包括:学习党的理论,学习习近平总书记系列重要讲话精神;传达、学习党的路线、方针、政策和团的政策文件、重要会议精神,传达同级党组织、上级团组织的决议、指示等,研究制订贯彻落实的计划和措施;听取和讨论支部委员会的工作报告,对支部委员会的工作进行审议和监督;选举新的支部委员会和出席上级团代会的代表,增补和罢免支部委员;讨论接收新团员;开展团员教育评议工作;研究决定对团员的奖励,推荐优秀团员作入党积极分子;讨论通过对团员的处分;决定除名要求退团和自行脱团的团员;开好团支部组织生活会;研究决定本支部其他重要事项。

没有选举任务的支部大会程序一般为:确定支部大会议题,提前通知全体团员;会议主持人报告本支部团员出、缺席情况;宣布会议议题,围绕议题进行民主讨论;对需要表决的事项逐个进行表决;宣布表决结果,形成支部大会决议;作好会议记录,会议结束后归档保存。有选举任务的支部大会程序根据有关规定确定。

支部大会应由支部书记主持,如支部书记空缺或因故缺席,可由支部副书记或支部委员主持。一般情况下,参加会议团员应超过支部团员总数的二分之一。团支部委员会可事先研究提交大会讨论的问题,提出初步意见、方案等,以便团员在大会上讨论研究。

支部大会进行表决时,本支部到会的有表决权的团员需超过应到会团员总数的三分之二,方可进行表决。对需要形成决议的问题,应当发扬民主,在团员充分发表意见的基础上进行表决、作出决议。对多个事项或多个名单进行表决时,应逐一表决。支部大会选举和讨论接收新团员采用无记名投票的方式,其他表决可采取举手或无记名投票的方式,按照少数服从多数的原则作出。表决赞成票数超过到会有表决权团员数的二分之一即为通过。

根据工作需要,经支部委员会研究决定,支部大会可邀请入团积极分子、优秀青年代表及有关人员列席。列席人员有发言权,没有表决权、选举权和被选举权。

支部大会应作好会议记录并长期保存。支部大会结束后,团支部应当及时向上级团组织和同级党组织书面报告会议情况,内容包括大会时间、地点、团员出席情况、主要议程、讨论情况、选举结果、重要事项决议等。

2. 支部委员会。支部委员会由支部大会选举产生,是支部在大会闭会期间的领导机构,在支部工作中发挥核心作用,负责支部的日常工作,向同级党组织、上级团组织和支部大会报告工作,接受审查和监督。支部委员会会议一般每月召开一次,根据工作需要可随时召开。

支部委员会会议的主要任务包括:学习党的理论,学习习近平总书记系列重要讲话精神;宣传和执行党的路线、方针、政策,学习团的政策和重要会议精神,执行同级党组织、上级团组织的决议、指示等;贯彻落实支部大会的决议和工作安排;研究制订团支部工作计划,起草工作报告;研究确定提交支部大会审议的议题;研究确定入团积极分子和团员发展对象;研究讨论支部团员教育评议意见,决定对团员奖励,研究提出团员处分意见;讨论检查支部自身建设工作,研究制定支部相关制度;研究解决支部、团员的问题和困难;开好团支部委员会组织生活会;研究其他需要支部委员会讨论决定和贯彻执行的事项。

支部委员会会议由支部书记召集;如支部书记空缺或因故缺席,可由支部副书记或支部委员召集。支部委员会会议,到会委员超过支部委员总数的二分之一方可召开。

支部委员会会议进行表决时,参加表决的委员超过应到委员总数的三分之二,方可进行表决。对需要形成决议的问题,应当发扬民主,在委员充分发表意见的基础上进行表决、作出决议。对多个事项或多个名单进行表决时,应逐一表决。表决可采取举手、口头、无记名投票或记名投票方式,按照少数服从多数的原则作出。表决赞成票数超过到会委员数的二分之一即为通过。

根据工作需要,支部委员会会议可以邀请团小组长或有关团员代表列席。列席人员有发言权,没有表决权、选举权和被选举权。

支部委员会会议应作好会议记录并长期保存。记录内容包括会议时间、地点、委员出席情况、会议议题、每位委员发言摘要、通过的决议等。

3. 团小组会。团小组是团支部的组成部分，不是团的一级组织，在支部委员会的领导下开展工作，负责对本小组团员进行教育、管理、监督和服务。团小组会由团小组长负责召集，可根据工作需要随时召开。

团小组的划分由团支部委员会根据本支部团员的数量、分布和工作需要等，按照易于集中、便于管理的原则确定。团员人数较少的团支部可不划分团小组，相应增加召开支部大会的次数。

团小组长不需要经选举产生，可由支部委员会指定或由本小组团员推选，任期一般应与支部委员会任期相同，可根据工作需要进行调整。

团小组会议的主要任务包括：组织团员学习党的理论，学习习近平总书记系列重要讲话精神；组织团员学习党的路线、方针、政策和决议、重要会议精神；贯彻落实上级团组织、支部大会和支部委员会的工作部署；酝酿支部大会有关选举候选人；开展团员教育评议工作；对支部接收新团员、推荐优秀团员作入党积极分子、奖励和处分团员提出意见；听取和反映团员青年的意见和要求；开好团小组组织生活会；研究其他需要团小组会议讨论决定和贯彻执行的事项。团小组长应作好会议记录并长期保存。会议情况应及时向团支部汇报。

4. 团员教育评议制度。团员教育评议制度是团的组织生活的重要组成部分，是加强团员队伍思想建设、严格团的纪律、规范团员管理的重要措施。团员教育评议采用学习教育、自我评价和组织评议相结合的方式，对团员的表现和作用发挥情况作出综合评价，并通过评优和处理等方式达到激励团员、整顿队伍、纯洁组织的目的。教育评议的对象为全体团员。团员教育评议工作应当与团员年度团籍注册工作相结合，一般每年进行一次。开展团员教育评议工作一般应召开支部大会，通常包括学习提高、实践教育、民主评议和表彰先进与组织处理四个阶段。具体内容见第五章"团员发展、教育与管理"中的相关内容。

5. 团员年度团籍注册制度。团员年度团籍注册是对团员团籍的连续认定，是团组织掌握和了解团员履行义务、参加活动情况的重要途径，是团员管理的关键环节。

年度团籍注册以团支部为单位进行，团支部一般应在每年1月份，为团员办理年度团籍注册手续。团员年度团籍注册应结合团员教育评议工作进行,根据团员评议结果给予注册、暂缓注册或不予注册。具体内容见第五章"团员发展、教育与管理"中的相关内容。

6. 团课。团课是团组织对团员进行系统教育,提高团员思想理论水平和政治素质的重要途径,是教育引导团员在本职岗位和社会生活中发挥模范带头作用的重要载体,是团组织的一项经常性重要工作。

坚持团课制度,要突出党性立场,突出党性教育,体现团的特点,注意运用马克思主义的立场、观点和方法,帮助团员解决思想问题,特别是理想、信念、宗旨、作风等方面的问题。要注意开展批评和自我批评,引导团员坚持真理,修正错误,互相帮助,共同提高。

团课的主要内容为:学习马克思列宁主义、毛泽东思想、中国特色社会主义理论体系,学习习近平总书记系列重要讲话精神;开展中国特色社会主义共同理想和共产主义远大理想教育,加强社会主义核心价值观教育和"中国梦"教育;学习党的基础知识、党的光荣历史和传统,宣传党的路线、方针、政策,学习团的基本知识、重要会议精神和重点工作部署;学习中华优秀传统文化、革命文化和社会主义先进文化;广泛开展近代史、现代史教育和国情教育,开展民主和法制教育。

团课教育分为团前教育和团员教育两个阶段。团前教育以增强入团积极分子和青年对党、团组织的理解和认同,培养团员意识为主;团员教育以提高团员思想政治素质、强化团员先进性,促进团员在本职岗位和社会生活中发挥模范带头作用为主。

基层团组织开设团课一般由基层团委或相对独立的团总支、团支部委员会负责组织,也可采取部门、单位联合举办团课的形式。基层团组织每个季度应安排上一次团课,入团积极分子被确定为发展对象之前参加集中团课学习应不少于 8 学时。

参加团课学习的人员范围由开设团课的基层团组织确定,除本组织的团员和入团积极分子外,可扩大至团组织所在单位中积极向团组织靠拢的 28 周岁以下的优秀青年。

团课讲授者可由开设团课的基层团组织的团干部担任,也可邀请党政领导、专家学者担任,还可适当安排先进人物开展座谈交流。基层团委主要负责人每年至少要为团员青年讲授一次团课。授课者要严格遵守党的政治纪律和组织纪律,以自己的模范行为和人格魅力去影响与教育团员青年。

基层团组织开设团课可采用相对灵活的方式,可结合集体学习、专题研讨、团员论坛、集中收看重要会议活动直播和视频资料等方式开展,也可结合主题团日活动组织团员在实践中学习。

团课结束后应以团支部或团小组为单位组织团员进行讨论交流,巩固和深化团课学习效果,并及时向开设团课的团组织汇报讨论情况。

(二)工作计划与报告制度

工作报告制度是支部委员会定期向支部团员大会报告工作情况,并受支部团员大会委托向同级党组织和上级团组织汇报请示工作的制度。工作报告是团支部基本的工作内容。

支部委员会向支部团员大会报告的工作内容一般包括上次支部团员大会以后工作取得的主要成绩和存在的主要问题、下一阶段的主要工作打算、团费收缴情况等有关内容,接受团员大会审议和监督。

支部委员会向同级党组织和上级团组织汇报请示的工作内容一般包括落实上级团组织和同级党组织布置的工作情况,团支部独立开展工作的情况,传达上级团组织和同级党组织的工作要求及团支部开展工作的安排,需向上级团组织和同级党组织请示的其他问题及需要上级团组织和同级党组织协调和提供支持的问题等。

团支部工作一般应做到年年有计划、月月有安排。每季度或每半年向支部团员大会报告工作,情况特殊时最少也要每年向支部团员大会报告一次工作情况。团支部工作计划不仅要结合本支部、本组织、本单位、本部门的实际情况,也要考虑本行业的特点,更要简明扼要、任务具体、责任明确。

(三)组织生活制度

组织生活制度是支部定期进行团员思想教育、开展批评与自我批评的民主生活制度。组织生活制度是提高团员的思想觉悟,密切团员与团组织的联系,保证团组织政治上的先进性和组织上的严密性,提高团的战斗力的重要手段。

在组织生活过程中必须严格考勤,真实准确地记录团员的出勤情况,并纳入团员教育评议的范围。

团的组织生活是团内政治生活的重要组成部分,是团组织对团员进行思想政治教育和团员自我教育的具体形式。根据团章规定,每一个团员都必须编入团的一个支部,参加团的组织生活,接受团组织的教育和监督。团支部必须把严格团的组织生活作为一项重要的工作内容,建立和健全团的组织生活制度。

1. 团支部组织生活的内容:一是对团员进行思想政治教育。对团员进行党的路线、方针、政策教育和形势任务教育,促使团员正确认识党团关系,坚定跟党走中国特色社会主义道路的信念;对团员进行团的知识和团的传统教育,促使团员认清肩负的责任和使命,增强团员荣誉感和模范意识。二是组织团员开展批评与自我批评。在团内开展正常的批评与自我批评,增强团员的组织纪律观念,既是坚持和发扬党的优良传统的重要方面,也是加强团员教育和团的自身建设的有力武器。团的组织生活必须把检查和监督团员履行义务作为重要内容,并通过民主生活会等各种形式,提高团员履行团员义务的自觉性。

2. 团支部组织生活的形式:一是团课具体内容见本章第二节"团支部的制度建设"中的相关内容。二是民主生活会。民主生活会是发扬团内民主、健全团内正常的政治生活的重要形式之一。团的民主生活会的主要内容是在团内开展思想交流和批评与自我批评,克服团员中的各种错误思想和不良倾向,包括平等地进行思想交流,密切团员之间在思想感情上的联系;团员总结自己思想、工作、学习方面的情况和存在的缺点、错误,开展自我批评和相互批评。三是各种形式的学习。各种形式的学习主要指团支部组织的时事学习、政策学习、理论学习、文化学习等以提高团员思想理论水平为主要内容的学习活动。这是团的组织生活的主要经常性内容之一。

(四)团费收缴制度

团费收缴制度是团支部按期收缴团费的制度。团支部应当每年向团员公布一次团费收缴情况。

团费收缴与管理使用的依据是 2016 年 7 月 13 日印发的团中央《关于中国共产主义青年团团费收缴、使用和管理的规定》。收费具体标准见第五章"团员发展、教育与管理"中的相关内容。

（五）发展新团员和超龄团员离团工作制度

具体内容见第五章"团员发展、教育与管理"中的相关内容。

（六）组织推荐优秀团员作党的发展对象的工作制度

团支部推荐优秀团员作党的发展对象，是在基层中发挥党的助手和后备军作用、团结教育青年的一项重要工作。具体内容见第五章"团员发展、教育与管理"中的相关内容。

（七）团支部工作目标管理制度

团支部工作目标管理制度是支部根据工作任务确定工作目标，然后对工作目标又逐项落实以完成工作任务的制度。这项制度的建立有利于支部工作科学化、程序化。

（八）支部系列活动制度

支部系列活动制度是支部按照工作的整体安排，有序地开展一系列活动的制度。这项制度的建立有利于支部活动正规化，避免随意性。

（九）宣传工作制度

团支部宣传工作制度是除积极向各类媒体和上级团组织宣传本支部的突出工作成绩、工作经验和优秀团员的先进事迹外，利用有关的宣传阵地，定期宣传党的路线、方针、政策，党、团基本知识，团支部的各项工作。

（十）档案管理制度

支部的档案管理制度是团支部根据工作需要对有关的档案进行收集、整理、保管、提供利用的相关工作。比较完整的支部档案资料一般包括团员花名册，工作计划，工作总结，团支部工作月报表，团费收据，组织生活记录本，会议记录本，团员发展计划（包括非团员名单、入团申请书、参加团校学习、考试情况、团员帮教情况等），上级所发资料，支部团员奖惩记录，支部开展及参加各项活动的情况记录，争创"红旗团支部"、争当"优秀团员"的措施和活动记录，团内政治思想教育记录，团支部订阅的报刊和其他有用的资料。

以上是团支部的一些基本工作制度，实际工作中，有些支部还会根据本支部的实际情况制定更全面、更切合实际情况的工作制度。

二、特殊工作制度

（一）团支部志愿者活动制度

团支部的志愿者活动制度，是团支部为了达到更好地服务于社会、促进志愿者自身成长和发展等目的而制定的相关工作制度。

（二）创建青年文明号工作制度

团支部的创建青年文明号制度是团支部根据各级团组织有关创建和保持以青年为主体，在生产、经营、管理和服务中创建的体现高度职业文明、创建一流工作成绩、树立一流诚信形象的青年集体（班、组、队）、青年岗位（岗、台、车、船、站、所等）和青年工程的有关规定和要求而制定的相关工作制度。青年文明号分全国、省（自治区、直辖市）、市（地、州）、县（区）四个级别（行业、系统、企业可参照设立相应级别）。

（三）调研制度

团支部的调研制度是团支部为深入团员青年调查研究，更有针对性地开展工作而制定的相关工作制度。

以上内容是有些团支部根据本支部的实际情况而制定的部分工作制度，这些制度有的支部都有，有的支部只有其中的一项或几项，各个支部可根据本支部的实际工作情况增减。

第三节　团支部的民主建设

拓展团支部的民主渠道，创新团支部的民主形式，充分保障团员的民主权利和发挥团员的主体作用，是不断增强团员民主意识、不断巩固和扩大党执政的青年群众基础的根本要求。团支部的民主建设主要包括民主选举、民主决策、民主监督、民主管理、民主生活会、团员教育评议制度等内容。

一、团支部的民主选举

（一）选举和选举制度

选举是指公民按照特定的方式选择国家公职人员的行为。

选举制度是一国统治阶级用法律规定的关于选举代议机关代表和国家公职人员的各项制度的总称,是统治阶级挑选本阶级代表人物和优秀人物进入国家机关实现国家权力的重要手段和步骤。作为近、现代民主制度的重要组成部分,选举制度既是资产阶级学者提出天赋人权学说、人民主权学说在资产阶级政治实践中的产物,也是资产阶级反对封建等级授职制的结果。选举制度的意义在于:

一是为选民选出自己信赖的代表组成国家机构,从而为实现国家权力的转移提供制度保障。因此,选举制度是近、现代市民社会与政治国家相联系的基本途径。

二是为选民监督权力行使者,并在一定条件下更换权力行使者提供重要途径。广大选民与国家权力行使者的这种委托关系,决定了权力行使者必须向广大选民负责。

三是促进民意的形成、表达,并使选民民主意识得到提高的一个重要手段。国家的统治、社会的管理都必须以"民意"为依归。选举就是形成表达民意的理想方式。选举不仅仅只是单纯地对候选人进行简单的挑选,实际上这种选择一方面表达了选民对权利行使者必须具备的基本要求,另一方面则表达了国家和社会管理应该贯彻何种政策的基本意见。而且选举过程中不同意见的交流、妥协,还会形成人们都能接受的意见。因此,选举制度在形成、表达民意中具有非常重要的作用。同时,选民通过参与选举活动,还可增强民主意识。虽然选民在多大程度上重视并参与选举,受历史传统、民族习惯、宗教信仰、文化程度等许多因素的影响,但选举本身同样是一项非常重要的工作。选民通过参与选举,不仅会对自己的地位和作用产生明确的认识,而且还能增强其分析和判断政治现象、政治问题的能力,从而积极地参政、议政。

四是缓和社会矛盾、解除社会危机、维持社会安定的重要措施。经济衰退、通货膨胀、政局不稳、民族矛盾、阶层之间的利益冲突激烈等社会矛盾和社会危机是影响国家统治秩序和社会安定的重要因素。虽然解决矛盾或危机的方法很多,但是加强民主政治制度的建设是一条最根本的途径。

民主政治制度中,选举则是最根本的民主途径。通过选举,不仅可以使选民与选民、选民和代表更为紧密地联系在一起,而且还可以集思广益,对各种政策选择方案进行论证,从而为各种社会问题寻找合理的、能为人们所接受的解决方法。

(二)团内民主选举制度的基本原则

1. 选举权的普遍性原则。选举权的普遍性原则是指团员在团内行使选举权时不受民族、种族、性别、职业、家庭出身、教育程度、财产状况和居住期限的限制,除按法律法规的有关规定剥夺团员的选举权外,任何组织和个人都没有权利剥夺和影响团员民主权利的正常行使。

2. 选举权的平等性原则。选举权的平等性是指每个具有选举权的团员在每次选举中只能在一个组织中并只能享有一个投票权。不允许任何团员在选举中享有特权,更不允许对任何人的民主权利非法加以限制或歧视。所有团员都在平等的基础上行使民主权利。

3. 直接选举和间接选举并用的原则。直接选举和间接选举并用是团内选举经常采用的方法。对于团支部而言,一般只采用直接选举。所谓直接选举是指直接召开团员大会,由该组织内的具有选举权的团员直接投票选举本级团组织的领导机构、领导人和出席上一级团代会代表的方式。所谓间接选举是指团的领导机关的组成人员,不经该组织内的具有选举权的团员直接投票选举,而是先由下一级团组织选出代表,再召开团员代表大会进行选举的方式。

直接选举较之间接选举更能发扬民主,扩大了团员直接参与政治生活的权利,有利于增进团员的责任感,有利于调动团员的积极性和创造性。它不仅可以密切被选举的团组织与团员的关系,代表也可以随时深入群众直接听取群众的反映,团员也能够直接向代表反映他们的意见和要求,而且也便于团员直接监督代表。

团组织在选举中,是采用直接选举的方式还是采用间接选举的方式,主要根据所在组织的团员人数多少和分布状况来决定。

4. 无记名投票的原则。无记名投票也称秘密投票,即选举人在投票选举时,不公开自己的姓名,亲自书写选票,亲自把选票投入密封的票箱,选谁与不选谁不让别人知道,事后也无法查知,它是与记名投票或以举手、鼓掌等公开表示自己意愿的方法相对的一种选举方法。这种投票方式能较好地保证选举人自由地表达意志,按照自己的意愿进行选择。《中国共产主义青年团章程》规定,团内选举必须采用无记名投票的方式。

5. 差额选举的原则。差额选举指的是候选人名额多于应选人名额的选举。差额有两种办法:一种是直接采用候选人多于应选人的差额选举办法进行选举;另一种是先采用差额的办法进行预选并产生正式的候选人名单,再采用等额的办法进行正式选举。团支部必须直接采用或首先采用候选人多于应选人的差额选举办法进行选举。

实行差额选举,一方面有助于团员选举出自己满意的领导人或代表,另一方面也使候选人有压力,促使其积极工作、密切联系群众。

(三)团员在选举中的民主权利

团员在选举中的民主权利主要表现在选举权、被选举权、表决权的合法行使得到各级团组织的法律和物质保障。

团员是团组织的主体,也是团组织的主人。在组织内他们既要按规定履行义务,也能够按规定行使自己的权利。《中国共产主义青年团章程》规定团员在团内事务中享有的六项权利,按照有关规定任何一级组织和个人都无权剥夺。六项权利中的选举权、被选举权和表决权既是团员基本权利,也是团员民主权利的重要组成部分。因此,在团内民主选举过程中,团组织既要提供保障,让团员充分表达自己的意见和建议,并尽情地享受民主,也要教育团员认真学习和严格遵守团内民主选举的有关规定,使团内民主能够充分保证民主集中制组织原则的贯彻和执行。

1. 选举权。团员的选举权是指团组织的每一个团员都可以按照团章规定参加选举的权利。在团内,从它的支部委员到团的中央委员,从基层团代会的代表到团的全国代表大会的代表,都必须经过团员大会或团的代表会议选举产生。根据《中国共产主义青年团章程》及相关的规定,每个团员只有在自己组织关系所在的团支部才享有选举权。

团员的选举权具体体现在以下四个方面。

一是提名权。团员大会在酝酿候选人名单的时候,团员有权利向大会推荐和提名,也有权利要求改变候选人。团员大会的领导机构应该在团员充分酝酿讨论的基础上,根据多数人的意见确定候选人名单。

二是咨询权。团员在选举中,有权利对候选人的情况向大会的组织和工作机构进行询问和了解。为了使团员在选举中全面了解熟悉候选人的基本情况,更好地行使民主权利,大会的组织和工作机构要及时向参加选举的团员公开候选人名单,如实介绍每个候选人的情况,并及时准确地回答团员就候选人有关情况提出的问题。

三是选择权。团员在选举中,对于大会确定的每一个候选人,均有权按照自己的意愿表示赞同(同意)、不赞成(不同意)和另选他人。任何组织和个人都不得以任何借口和方式授意和强迫团员选择。

团员在进行选举时,自愿放弃自己的选择权,叫弃权,即对于大会确定的候选人,也可以既不表示同意,也不表示反对,又不另选他人。

四是监督权。团内民主选举工作必须接受团员的监督。如果团员发现选举过程中存在着违反选举规定或选举程序的情况,则有权向大会提出质疑,并有权向上级团组织反映本级团组织所组织选举的违规和违法的问题。上级团组织应该及时调查并给予答复;若发现情况属实,应及时查处和纠正,问题严重的,还应该给予当事人纪律处分。

2. 被选举权。被选举权是指每个团员在团内民主选举活动中,都有被提名为各级团组织委员会成员或参加团的代表大会的代表候选人并当选的权利。团支部既要切实保障团员的被选举权,也要教育团员懂得,被选举权不仅是一种权利,更是一种责任。大家选了你,是对你的充分信任,应当不辜负大家的期望,以高度的责任感和使命感,全身心地投入到共青团的工作中。

团员的被选举权可以不在自己组织关系所在的团支部行使。

3. 表决权。表决权是团员在通过团组织的决议、决定,接受新团员,处分犯错误的团员等情况时,以公开的方式表达自己的意志和意愿的权利。团员在表决过程中,可以表示赞同(同意)或不赞同(不同意),也可以弃权。

团员在团内要认真对待并慎重行使表决权。团组织在表决前,要让团员充分酝酿和讨论,允许团员发表自己的意见和见解,更好地集思广益。

每个团员只有在自己组织关系所在的团支部才享有表决权。

(四)团支部选举的有关规定

1. 团支部委员会委员和书记、副书记的产生办法。团的支部委员会由全体团员酝酿提名,上届委员会根据多数团员的意见确定候选人,提交团员大会进行选举。团支部委员会书记、副书记由团员大会从新当选的委员会委员中选举产生。书记、副书记候选人可以由新选出的委员会全体会议酝酿提名,也可以由上一届支委会提名,经同级党组织和上一级团的委员会同意后,根据新选出的委员会多数委员的意见确定。

团员大会选举支部委员和书记、副书记时也可以不提候选人,而由全体团员直接投票。团的支部委员会委员的产生,可以不提候选人,经全体团员充分酝酿后,直接投票选举产生;团的支部委员会书记、副书记的选举,也可以不提候选人,由团员大会直接从新当选的委员会委员中选举产生。执行上述规定,要充分考虑支部组织的状况。如果支部团员数量较少,或团员工作、生活相对集中,团员之间彼此比较了解,情况较熟悉,这样的支部在召开团员大会选举支部委员和支部书记、副书记时,可以采用上述办法,不提候选人,由全体团员直接投票选举,但一定要经过充分酝酿讨论,在条件成熟的基础上进行。

2. 团员大会进行选举时,有选举权的到会人数正好为到会人数的三分之二,是否可以进行选举。《中国共产主义青年团基层组织选举规则》,团员大会进行选举时,有选举权的到会人数超过应到会有选举权人数的三分之二,才可进行选举。这一规定既考虑到部分团员或代表确因各种原因不能参加会议的实际情况,同时又强调团内选举的重要性,必须使尽可能多的团员或代表都参加,以保障团员参加团内选举活动的权利,使团内选举充分体现多数人的意志。

在执行这一规定时,对于召开团员大会进行选举的,如果有选举权的到会人数正好为应到会人数的三分之二,也可以算作会议有效。

3. 介绍候选人情况可采用哪些具体方式。《中国共产主义青年团章程》规定,选举人有了解候选人情况的权利。选举前实事求是地向选举人介绍候选人的情况,是选举单位的团组织的重要职责,也是切实保障选举能充分行使民主权利、搞好团内选举的重要环节。介绍候选人情况的具体方式,除了由选举单位的团组织对候选人的情况进行书面介绍外,还可以根据实际情况和选举人的要求采用其他形式,如组织候选人与选举人见面、由候选人作自我介绍、回答选举人提出的问题等。有些基层团组织在选举前还组织候选人搞专题调研、进行命题演讲等。

4. 监票人。监票人应由坚持原则、作风正派、办事公道并熟悉选举工作的同志担任，并须从参加会议的选举人中产生。候选人不得担任监票人。

团员大会选举监票人由全体团员根据多数人的意见表决产生。

5. 被选举人当选的规定。团内选举规则规定，被选举人获得的赞成票超过实到会有选举权人数的半数为当选。如果获得赞成票超过实到会有选举权人数半数的被选举人多于应选名额时，则按得票多少顺序取足应选名额。如遇被选举人得票数相等不能确定当选人时，应对票数相等的几名被选举人重新投票。重新投票时，不论被选举人所得赞成票是否超过半数，均以得票多者当选。

在选举中，被选举人获得的赞成票等于实到会有选举权人数的半数，不能当选。

6. 获得赞成票的超过实到会有选举权人数半数的被选举人少于应选人数，对不足名额另行选举时，该如何确定候选人。对不足名额另行选举时，确定候选人的办法有以下两种。一是从未当选的得票较多的候选人中确定。因为未当选的候选人，是经过多数选举人酝酿提名，按照民主集中制原则确定的，因此，在对不足名额进行选举时，一般以采用这种办法确定候选人为好。二是在未当选的候选人以外另提候选人。采取这种办法确定候选人，必须遵循一定的组织程序，按照多数选举人的意见确定。

7. 选举办法必须经过团员大会讨论通过。选举办法是保证选举工作顺利进行的具体规定，在选举过程中，所有选举人都必须严格遵守。选举办法必须通过团员大会讨论通过才能生效。选举办法一经通过，就具有法规性质。

二、团支部的民主决策

（一）民主决策的原则

1. 坚持党的领导。坚持党的领导原则要求任何时候都应该也必须坚持党的领导，共青团是党的助手和后备军，实践团内民主决策时也不例外。

2. 坚持依法办事。实践团内民主必须遵守国家的法律法规和团内的有关规定。

3. 坚持公开、公正、公平。民主决策中的公开、公正、公平原则要求团支部尊重并保证团员的知情权、参与权、选择权和监督权。团支部应该根据决策内容的重要程度和多数团员的意见确定在决策时还是决策前公布会议的时间、地点、表决形式及议题等相关信息，接受大家的监督。

4. 少数服从多数。少数服从多数是共青团组织原则的一条重要规定，它包括两种情况：一种情况是行使选举权和表决权的时候，要求到会的人数必须超过应到会的三分之二方能开会，同意的人数必须超过到会的一半方算通过；另一种情况是行使表决权的时候，要求到会的人数必须超过应到会的一半方能开会，同意的人数必须超过到会的一半方算通过。

（二）团支部民主决策的内容

1. 审议支部委员会的工作。审议支部委员会的工作是指本支部的团员审议团支部履行职责情况、支部重大事项的工作进展和完成情况以及其他团员应当知晓的事项。

2. 选举出席上一级团代会的代表。选举出席上一级团代会的代表是指团支部根据上级团组织的有关要求，对候选人产生的条件、办法、差额比例等有关问题在正式选举前广泛征求本支部团员的意见和建议，并通过直接选举的方式产生出席上一级团代会的代表。

3. 评议支部委员会成员的工作。评议支部委员会成员的工作是指支委会成员向全体团员述职后，由团员对其工作、思想、作风等情况进行评议。

4. 支部对团员的教育评议（具体内容见第五章《团员发展、教育与管理》中的相关内容）。

5. 支部对团员的奖励与处分（具体内容见第五章《团员发展、教育与管理》中的相关内容）。

6. 发展团员（具体内容见第五章《团员发展、教育与管理》中的相关内容）。

7. 推荐优秀团员入党和推荐优秀青年人才竞争上岗，有关内容见第五章《团员发展、教育与管理》中的相关内容。

8. 其他涉及团员青年切身利益的重大事项。

（三）团支部民主决策的形式

1. 支部团员大会。民主决策的支部团员大会是指在召开支部团员大会之前,支委会应该就决策内容广泛征求团员的意见,确定决策形式,并将会议的时间、地点、表决形式及议题等相关信息提前通知大家,待大家认识和意见比较一致时再召开团员大会进行决策。

2. 支委扩大会议。支委扩大会议是指团支部在进行决策时,为更好地倾听团员的意见和建议,吸收本支部的团小组长、骨干团员和相关人员参加会议,并让他们全面陈述自己的观点。列席会议的相关人员只有发言权,没有表决权。

3. 团小组会。团小组会是团支部在召开支委会、支委扩大会议和团员大会之前就民主决策的有关内容征求团员意见并统一思想的一种民主决策形式。

三、团支部的民主监督

(一)团支部民主监督的原则

1. 依法的原则。

2. 实事求是的原则。实事求是的原则要求一切从实际出发,切实尊重实践和尊重团员青年。

3. 公开监督原则。公开监督原则的基本要求是不仅信息和监督方式要公开,而且要采取切实有效的措施保护监督人的监督权,保护监督人的积极性。

(二)团支部民主监督的内容

一般情况下,需要进行民主决策的事项通常也列入民主监督的范围。除此以外,以下事项也应该列入民主监督的范围。

1. 依法行使选举权、被选举权和表决权的过程。

2. 团费的收缴过程。团费的收缴是指团员通过对支部收缴团费的标准、是否按时收缴团费及相关记录的情况进行审查的形式来实现民主监督。

3. 经费的使用与管理。经费的使用与管理是指团员通过对支部的经费来源、使用和管理情况及相关记录进行审查的形式来实现民主监督。

4. 其他涉及团员青年切身利益的重大事项。

(三)团支部民主监督的形式

1. 支部委员会向团员大会报告工作。团员通过审议支部委员会的工作情况实现对支部委员会的民主监督。

2. 支部委员在团员大会上述职。团员通过对支部委员会成员工作的评议实现民主监督。

3. 民主评议。团员对支部委员的思想、工作、作风等情况和本支部团员年度内的表现情况进行民主评议的形式实现民主监督。

4. 民主生活会。支部班子成员的民主生活会和支部团员的民主生活会是实现民主监督的重要表现形式。

5. 微信、微博、QQ、社区论坛、手机视频等其他适合青年人特点的监督形式。

四、团支部的民主管理

新时代的青年比较注重个性，喜欢发表意见和建议，民主意识强，善于运用规则，团支部与团员青年直接接触，支部组织一定要注重和加强自身的民主管理，取得团员青年的信任和支持。

（一）团支部民主管理的原则

1. 依法的原则。

2. 针对性原则。针对性的原则要求团支部只对涉及团员青年切身利益的重大事项实行民主管理，而不是对团支部的任何事情都进行民主管理。

3. 互约性原则。互约性的原则要求集体决定的事情对本支部的任何一个成员都有约束力，大家的事情大家做，大家决定的事情大家共同遵守，就像村规民约一样。

（二）团支部民主管理的内容

1. 经费的使用与管理。经费的使用与管理是指团员对如何使用和管理本支部的有关经费情况享有发言权。

2. 团支部娱乐活动。团支部娱乐活动是指团支部在自己独立组织有益于团员青年身心健康的娱乐活动时，要充分尊重大家的选择，照顾大多数人的需求。

3. 团支部活动阵地的使用与管理。团支部活动阵地的使用与管理是指拥有活动阵地的团支部，就阵地的使用方式和管理制度进行民主协商，提高阵地的利用率,为参加活动的团员青年提供方便。

4. 团支部书籍、报刊等资料的使用与管理。团支部书籍、报刊等资料的使用与管理,是指团支部就书籍、报刊等资料的使用方式和管理制度进行民主协商,方便团员青年的借阅和阅读,有利于资料的保护和保存。

（三）团支部民主管理的形式

团支部主要是依靠制定和遵守规章制度来进行民主管理。

思考练习题

一、判断题

1. 《中国共产主义青年团章程》规定,凡是有团员三人以上的,都应当建立团的基层组织。 （   ）

2. 28 周岁以下的团员加入共产党以后不再保留团籍。 （   ）

3. 团的组织受同级党组织和上级团组织双重领导。 （   ）

4. 团的支部委员会一般由 7～9 人组成,设书记 1 人,必要时可设副书记 1 人。 （   ）

5. 各级委员会成员一般为单数。 （   ）

6. 担任上级团组织委员以上职务的党员、团员享有被选举权。 （   ）

7. 列席团员大会的有关人员,同样有表决权。 （   ）

8. 支委会一般每半月召开一次。 （   ）

9. 对团员的教育评议每年进行一次,一般在第四季度进行,通常以团支部为单位进行。 （   ）

10. 团支部应当每年向团员公布一次团费收缴情况。 （   ）

二、选择题(下列选项中,至少有一个正确答案)

1. 支部团员大会一般应该(   )召开一次,遇到特殊情况,应该根据工作需要随时召集支部的全体团员开会。

   A. 每周   B. 每年   C. 每月   D. 每季度

2. 工作报告制度是支部委员会定期向（   ）报告工作情况,并受支部团员大会委托向同级党组织和上级团组织汇报请示工作的制度。

　　A.支部团员大会　　　B.团员青年　　　C.单位行政领导

3. 团支部组织生活的形式（   ）。

　　A.民主生活会　　　　B.团课　　　　C.各种形式的学习　　D.研讨会

4. 直接选举和间接选举并用是团内选举经常采用的方法,对于团支部而言,一般只采用（   ）。

　　A.间接选举　　　　　B.直接选举

5. 团员的选举权具体体现在以下四个方面中的（   ）。

　　A.提名权　　　　　B.咨询权　　　　C.选择权　　　　D.监督权

6. 团的基层组织选举规则规定,团员大会进行选举,有选举权的到会人数超过应到会有选举权人数的（   ）,才可进行选举。

　　A.三分之一　　　B.三分之二　　　C.五分之四　　　D.半数

7. 团内选举规则规定,被选举人获得的赞成票超过实到会有选举权人数的（   ）为当选。

　　A.三分之一　　　B.三分之二　　　C.五分之四　　　D.半数

三、简答题

1. "三会两制一课"制度指的是什么?

2. 一个新团支部组织的建立一般需要完成哪七个方面的工作?

思考练习题答案

一、判断题

1.对　2.错　3.对　4.错　5.对　6.对　7.错　8.错　9.对　10.对

二、选择题(下列选项中,至少有一个正确答案)

1.D　2.A　3.ABC　4.B　5.ABCD　6.B　7.D

三、简答题

1. "三会两制一课"制度指的是什么？

   "三会"制度是指支部团员大会制度、支部委员会制度和团小组会制度；

   "两制"是指团员教育评议制度和团员年度团籍注册制度；

   "一课"制度是指团课制度。

2. 一个新团支部组织的建立一般需要完成哪七个方面的工作？

   (1) 确认团籍。

   (2) 成立团组织筹备组。

   (3) 筹备团员大会或团代表大会。

   (4) 向上级团组织书面请示筹备工作。

   (5) 召开团员大会。

   (6) 选举结果报批。

   (7) 正式成立团支部组织。

第五章

团员发展、教育与管理

团员发展、教育与管理是团支部工作的基本任务,也是加强团支部自身建设、增强团组织战斗力和凝聚力的重要保证。其工作主要包括团员的发展、团员的奖励与处分、团费的收缴与管理、团籍管理、团员的教育评议、推优入党等。

第一节　团员发展

团员是共青团组织的主体。一支能够发挥模范作用的团员队伍,是团组织战斗力的重要源泉。然而要保持团员队伍的持久生机与蓬勃活力,确保基层团组织很好地履行职能、发挥作用,就必须把团员队伍管理好。

一、团员发展的条件与标准

把优秀青年源源不断地吸收到团组织中来,是团员队伍建设的重要内容。新时期的团员发展要紧跟党建步伐,不断发现和吸收先进分子入团。团支部发展团员工作应当按照坚持标准、控制规模、提高质量、发挥作用的总要求,有领导、有计划地进行。根据入团的条件和标准制订团员发展计划,要严格遵守团章中关于团员发展的规定和程序,切实把符合入团条件的先进青年吸收到团组织中来。

(一)入团的条件

《中国共产主义青年团章程》规定:"年龄在十四周岁以上,二十八周岁以下的中国青年,承认团的章程,愿意参加团的一个组织并在其中积极工作、执行团的决议和按期交纳团费的,可以申请加入中国共产主义青年团。"这是青年入团必须具备的基本条件。

1. 有关入团年龄的规定。申请入团的青年,年龄必须在 14 周岁到 28 周岁这个年龄段。入团年龄是按周岁计算(如 1985 年 1 月 1 日出生的要申请入团,必须到 1999 年 1 月 1 日后满 14 周岁,团组织才能接受他的入团申请;1985 年 1 月 1 日出生的,到 2013 年 1 月 1 日,已年满 28 周岁,团组织在这之后不能发展他入团)。对于经少先队组织培养推荐和团组织考察已达到入团标准的特别优秀的少先队员,可以在年满 13 周岁后发展他们入团,在 14 周岁以前仍保留队籍。

2. 必须承认团章。申请入团的青年必须承认团章,这是因为团章是团组织指导工作和开展组织生活的准则。所以,每个申请入团的青年,都要首先承认团章。承认团章的含义包括:一是承认中国共产党是中国共产主义青年团的领导者,坚决服从党的领导,拥护党的纲领,执行党的路线,自觉为共产主义事业而奋斗;二是承认马克思列宁主义、毛泽东思想、邓小平理论、"三个代表"重要思想、科学发展观是中国共产主义青年团的行动指南;三是承认民主集中制是团的组织原则,愿意按照这个原则参加团内的生活和活动;四是愿意按照团章的规定,履行团员的义务,行使团员的权利。

3. 申请入团的青年,必须自愿参加团的一个组织并在其中积极工作。入团的每个成员自觉接受团组织关于组织归属的安排,才便于团的组织能够经常对团员进行教育和管理,培养团员的组织性、纪律性,不让组织内的任何个人凌驾于组织之上,保持共青团组织全体成员在政治上、思想上和行动上的一致性。同时,团员是否能够自觉参加团的组织生活、承担团组织分配的工作、遵守团的组织纪律、接受团的组织领导和监督,也是每个共青团员不同于一般青年的重要标志。

4. 申请入团的青年必须执行团的决议。团的决议是根据党的方针、政策,按照民主集中制原则,在充分发挥民主、集中大多数团员意见的基础上,对团内的一些重要问题作出的决定。每个团员都要严格地执行团的决议,只有这样,才不会由于意见分歧而影响团组织的统一、削弱组织的战斗力。每个团员在无条件地执行团的决议前提下,允许保留不同意见,并且允许向上级组织申述自己的意见。

5. 申请入团的青年还必须愿意按期交纳团费。按期交纳团费是团员和团组织保持经常联系的一种形式,是团员在经济上支持团工作的一种表现,同时可以增加团员的组织观念,从而更严格要求自己。

(二)入团的标准

在把握申请加入团组织的基本条件的同时,还必须掌握好青年入团的标准,具体要从以下四方面加以考察。

1. 思想进步。拥护、执行党的路线、方针、政策,响应党的各项号召;认真学习政治理论、科学文化知识;接受并努力完成团组织的工作任务,积极参加团组织的各项活动。

2. 积极参加现代化建设。积极参加改革开放和完善社会主义市场经济体制的实践,掌握和运用先进的科学技术,学习和适应现代管理方式,诚实劳动,勇于创新,在学习、劳动、工作及其他社会活动中发挥模范作用。

3. 具有良好的共产主义品德。遵守团的纪律及党和国家的各项政策法令;热爱集体,维护国家和人民的利益;积极践行社会主义核心价值观,勇于同坏人坏事作斗争。

4. 开展批评与自我批评,虚心向群众学习,能团结周围的青年一道进步。

需要指出的是,具体到一条战线、一个单位,由于客观环境和工作性质差别,对入团标准的掌握也要从实际出发,从团的工作需要出发使团员标准具体化。

目前,基层团组织在把握入团标准的时候,需要防止和克服两种偏向:一是降低团员的标准,不注意团员的质量,搞突击发展;二是随意提高入团标准,把要求进步的青年拒之团的大门之外,使团的组织越来越小,脱离广大青年群众。这两种做法都是错误的,必须予以纠正。正确掌握团员标准重要的一条,就是对申请入团的青年作全面、历史的分析,把政治表现和工作表现统一起来考察,不求全责备。

二、团员发展的程序和必须履行的手续

团员发展工作政策性强、牵涉面广，是一项十分严肃的工作，必须认真执行《中国共产主义青年团章程》和《中国共产主义青年团发展团员工作细则》规定，做到程序完备，手续齐全。

（一）发展团员工作的程序

1. 确定入团积极分子。

团组织要主动了解青年，及时发现那些积极要求进步、各方面表现较好的青年，鼓励他们申请入团。团组织收到入团申请书后，应当在 1 个月内派人同入团申请人谈话，了解基本情况。在入团申请人中确定入团积极分子，应采取团员推荐、少先队组织推优等方式，由支部委员会（不设支部委员会的由支部大会，下同）研究决定，并报上级团组织备案。

2. 加强教育培养和考察。

团组织要高度重视对入团积极分子的教育、培养和考察，形成集中教育和日常培养考察相结合的工作机制。对入团积极分子须进行 3 个月以上的培养教育。未经团组织培养考察的青年，一般不得发展入团。做好这项工作，应从以下五个方面入手。

（1）入团积极分子在发展入团之前要参加不少于 8 学时的团课学习。团组织应当对入团积极分子开展党的理论教育、中国特色社会主义和中国梦教育、社会主义核心价值观教育，开展党史、国史和社会主义发展史教育，开展团章教育和团的优良传统教育，教唱团歌，帮助他们提高思想觉悟、端正入团动机，确立为共产主义事业而奋斗的信念。团组织要利用团课等形式，对要求入团的积极分子进行马克思列宁主义、毛泽东思想、邓小平理论、"三个代表"重要思想和科学发展观教育，组织他们认真学习习近平总书记系列重要讲话精神，对他们进行党的基础知识、团的基本知识以及团的优良传统教育，帮助他们提高思想觉悟、端正入团动机、牢固树立共产主义信念。

（2）团组织应当指定 1～2 名团员作入团积极分子的培养联系人。培养联系人的主要任务是：向入团积极分子介绍团的基本知识；了解入团积极分子的思想觉悟、道德品质和现实表现等，做好培养教育工作，引导入团积极分子端正

入团动机；及时向团支部汇报入团积极分子情况；向团支部提出能否将入团积极分子列为发展对象的意见。

（3）团组织要吸收入团积极分子参加团的有关活动，给他们分配适当的社会工作，鼓励他们努力学习、立足本职、争创一流，使他们在实践中受教育、起作用、长才干。应当鼓励入团积极分子成为注册志愿者，积极参与志愿服务。将入团积极分子是否是注册志愿者、是否参加过一定时间的志愿服务活动作为入团的重要考察内容。入团时，积极推动新团员成为注册志愿者。

（4）团支部要及时对入团积极分子进行考察，在经过规定时间的培养教育之后，团支部委员会应听取联系人和团内外群众的意见，从思想觉悟和政治素质、在本职岗位上的一贯表现和道德品质等方面对他们进行考察，并为已具备团员条件的申请人办理入团手续。

入团积极分子工作、学习所在单位（居住地）发生变动，应当及时报告原单位（居住地）团组织。原单位（居住地）团组织应当及时将入团申请书、参加团的活动记录、培养教育情况、志愿服务记录等有关材料转交现单位（居住地）团组织。现单位（居住地）团组织应当对有关材料进行认真审查，并接续做好培养教育工作。培养教育时间可连续计算。

（5）完善推荐优秀少先队员作团的发展对象的工作制度。中学团组织应当重视发挥少先队组织的作用，办好"少年团校"，提高少先队员的思想政治素质，支持、帮助和指导少先队推荐优秀少先队员作团的发展对象。

少先队组织推优，由少先队中队委员会讨论，提出推荐对象，填写推荐表，报大队委员会；少先队大队委员会对推荐对象进行审核后，签署意见向具有发展团员审批权限的团组织推荐。少先队组织推优工作一般每年开展一次。

3. 接收申请人入团。发展对象培养成熟、具备入团条件、达到入团标准时，培养人应主动向团支部介绍情况，建议团支部大会讨论发展。团支部要本着成熟一个发展一个的原则，及时做好接收新团员的工作。

（二）接收新团员必须履行的手续

按团章规定，接收新团员必须经过以下程序。

1. 申请入团的青年要有本支部两名团员作介绍人。入团介绍人一般由培养联系人担任，也可以由申请入团的青年自己约请，或由团组织指定。受留团察看处分尚未恢复团员权利或尚在缓期注册期间的团员，不能作入团介绍人。

入团介绍人的主要任务是：向被介绍人解释团的章程，说明团员的条件、义务和权利；认真了解被介绍人的入团动机、政治觉悟、道德品质、工作学习经历、现实表现等情况，如实向团组织汇报；指导被介绍人填写《中国共产主义青年团入团志愿书》，并认真填写自己的意见；向支部大会负责地介绍被介绍人的情况。

2. 团支部委员会应在入团积极分子中讨论确定发展对象，报具有审批权限的基层团委预审。基层团委对发展对象的条件、培养教育情况等进行预审。预审结果以书面形式通知团支部委员会，并向预审合格的发展对象发放《中国共产主义青年团入团志愿书》。发展对象要认真如实填写《中国共产主义青年团入团志愿书》。《中国共产主义青年团入团志愿书》经支委会检查合格后，再提交支部大会讨论。

3. 青年入团必须经团支部大会讨论通过。讨论青年入团的支部大会有表决权的到会人数必须超过应到会有表决权的人数的半数才能举行。表决时，赞成人数超过到会有表决权团员的半数才能通过接收新团员的决议。因故不能到会的有表决权的团员，在支部大会召开前正式向团支部提出书面意见的，应当统计在票数内。支部大会讨论两名以上青年入团时，必须逐个讨论和表决。

接收青年入团的支部大会的程序一般是：

第一，申请人汇报个人简历、家庭情况和对团的认识、入团动机以及需向团组织说明的问题；

第二，入团介绍人报告被介绍人的情况及自己的意见，并对其能否入团表明意见；

第三，支委会报告对申请人的审议意见；

第四，与会团员就申请人能否入团进行充分讨论，并采取无记名投票的方式进行表决；

第五，在支部讨论通过后，申请人发表感想；

第六，入团积极分子参会的，还可以让他们谈自己对团的理解以及今后的努力方向。

4. 团支部大会讨论通过接收青年入团后，支委会应当及时将支部大会的决议写入《中国共产主义青年团入团志愿书》，连同本人入团申请书一并报送上级团组织审批。接收新团员由基层团委审批。团总支一般不能审批接收新团员，但应当对新团员情况进行审议。县以上团委直接领导的独立单位的团总支和大型企业、大专院校直属的分厂、分校团总支，经县以上团委授权，可以审批接收新团员，但需要在审批意见中注明是授权审批。基层团委审批接收新团员，必须召开委员会，集体审议，表决决定。审议的主要内容是申请人是否具备团员条件，入团手续是否完备等。审批意见写入《中国共产主义青年团入团申请书》，并通知报批的团支部。团支部应通过支部书记或委员谈话的郑重方式及时将上级团组织批准青年入团的决定通知本人，并在团员大会上宣布。对于未被批准入团的青年，团支部也应将情况及时通知本人，帮助其认识自己的不足，鼓励其继续努力。

基层团委对团支部上报的接收新团员的决议，必须在 3 个月内审批，并报上级团委基层组织建设部门。凡无故超过规定时间而未予审批的，应追究有关人员的责任。被批准入团的青年，从支部大会通过之日起取得团籍、计算团龄并交纳团费。

5. 新团员应当参加入团仪式。入团仪式可以由团的基层委员会、总支部委员会或支部委员会组织。在入团仪式上，由上级团组织的代表或本级团组织的负责人带领新团员宣誓，并向新团员颁发团员证和团徽。团员证需由团的县级委员会或其授权办理颁发团员证具体事宜的基层团委加盖钢印。入团仪式可以邀请同级党组织的负责人参加。

入团仪式的基本程序如下。① 奏（唱）国歌。② 主持人说明举行入团仪式的意义，宣布新团员名单。③ 向新团员颁发团章、团员证和团徽，团徽佩戴在左胸前。④ 上级团组织的代表或本级团组织负责人带领新团员宣誓：宣誓人面向团旗立正,右手握拳,举过右肩;领誓人逐句领读入团誓词,宣誓人跟读;当领誓人念到"宣誓人"时,宣誓人应分别报出自己的姓名。⑤ 入团介绍人代表宣读《中国共产主义青年团章程》中有关团员的义务和权利的条款。⑥ 新团员代表发言。⑦ 老团员代表发言。⑧ 党组织负责人、上级团组织的代表或本级团组织负责人讲话,对新团员提出希望和要求。⑨ 唱团歌。在严格履行基本程序的基础上,可对入团仪式内容和形式进一步充实和创新。

三、发展新团员程序图(参考)

①
申请人向团支部提出书面申请
1. 凡年龄在 14 周岁以上、28 周岁以下的中国青年,承认团的章程,愿意参加团的一个组织,并在其中积极工作,执行团的决议和按期交纳团费的,可提出申请。 2. 经少先队组织培养推荐和团组织考察已达到入团标准的特别优秀的少先队员,可以在年满 13 周岁后提出入团申请。 3. 申请内容包括本人简历、本人对团组织的认识、入团动机和努力方向等。
②
团支部确定入团积极分子
1. 同入团申请人谈话,了解基本情况。 2. 采取团员推荐、少先队组织推优等方式,研究确定为入团积极分子。
③
团支部教育培养考察
1. 建立联系人制度。指定本支部 1~2 名团员作入团积极分子的培养联系人,有针对性地对入团积极分子开展思想教育工作。 2. 对入团积极分子进行 3 个月以上的培养教育。 3. 通过业余团校、团课,学习小组等多种形式,组织入团积极分子进行党团教育,不断端正入团动机。入团积极分子接受的团课培训不得少于 8 课时。 4. 组织申请人参加团的有关会议和活动,以便在实际中考察。 5. 培养考察期为 3 个月以上。
④
团支部广泛征求意见
可采用个别谈话及召开座谈会的形式,广泛征求团员及党支部对发展工作的意见。

（续表）

⑤
团支部确定发展对象
1. 入团积极分子培养成熟，具备入团条件，达到入团标准，联系人应主动向团支部介绍情况。 2. 根据发展计划和培养考察情况，召开支委会讨论确定发展对象。 3. 基层团委对发展对象进行预审。
⑥
团支部下发《中国共产主义青年团入团志愿书》
团支部书记（委员）下发全国统一编号的《中国共产主义青年团入团申请书》，当面了解发展对象的思想动态，并向其提出团组织的要求。
⑦
申请人、介绍人填写《中国共产主义青年团入团志愿书》
1. 申请人要认真、实事求是地填写。 2. 必须由本团支部两名团员做介绍人。介绍人可由申请人自己约请，也可由团支部指定。介绍人应在《中国共产主义青年团入团申请书》上填写自己的意见。
⑧
团支部召开接收新团员的支部大会
按接收新团员的支部大会程序进行（详见接收新团员支部大会程序）。
⑨
团支部填写支部大会决议
支部大会决议主要包括申请人的主要表现，应到会和实际到会有表决权的团员人数，表决结果，通过决议的日期，支部书记签名。
⑩
上级团委审议表决
上级团委会对支部决议进行审议表决，并在《中国共产主义青年团入团志愿书》上予以批复。独立团总支经上级团委授权后，可以审批接收新团员。
⑪
团支部张榜公布、通知本人
在张榜公布前，由团支部书记或委员和该同志谈话，说明有关事项，提出要求和希望。
⑫
择机举行入团宣誓仪式
《中国共产主义青年团入团志愿书》存入档案

接收新团员的支部大会程序图(参考)

①
组织委员报告到会情况
会前由组织委员清点人数,有表决权的到会团员超过整个支部有表决权的团员的半数以上,大会方能举行。
②
组织委员或团支部书记主持支部大会
1. 全体起立,唱中国共产主义青年团团歌。 2. 宣布被发展人名单,报告对申请人的审查情况。
③
申请人宣读《中国共产主义青年团入团志愿书》
申请人应本着认真诚恳的态度汇报本人的简历、家庭情况和对团的认识、入团动机。
④
介绍人发表意见
介绍人应本着认真负责的态度报告对被介绍人的意见。
⑤
到会团员发表意见并进行表决
围绕申请人是否具备入团条件进行讨论,然后以无记名投票方式进行表决。表决时,赞成票超过实到会有选举权的团员的半数方能通过。
⑥
团支部书记宣读大会决议
宣读支部大会决议草案,经支部大会修改后鼓掌通过。
⑦
申请人发表意见
谈参加大会的体会和今后努力的方向。
⑧
团支部、团员提出希望
团支部、团员对申请人提出希望和要求。
⑨
全体团员
起立,唱《国际歌》

第二节　团员管理

一、团员组织关系接转

团员在工作、学习单位或居住地区变更时，须持团员证及时转接组织关系。如果没有正当理由，超过半年未转接组织关系的，应按自行脱团处理。

在全国范围内，各机关、企业、乡（镇）、村、学校等基层团委以及地方各级团委、人民解放军、武装警察部队团以上政治机关均通过团员证，转接组织关系。

转接组织关系程序图（参考）

①
转出单位团委做好转出登记，办理转出手续
1. 开具团员组织关系转接介绍信，并加盖公章。 2. 在团员证"组织关系转接"栏内填写团员转出组织关系时间，注明团费收缴情况，并加盖公章。

②	
转入单位团委办理转入手续	**转入单位团总支（支部）接收团员组织关系**
1. 在团员证"组织关系转接"栏内填写转入组织关系时间，并加盖公章。 2. 接收团员后一个月内将填写好的组织关系介绍信回执联，加盖公章后，邮寄或传真至团员原所在基层团委。	在团员证"组织关系转接"栏内填写转入组织关系时间，连同组织关系介绍信上交上级团委。
	③
	上级团委办理转入手续
	1. 在团员证"接收组织关系团委"上盖章。 2. 接收团员后一个月内将填写好的组织关系介绍信回执联，加盖公章后，邮寄或传真至团员原所在基层团委。

即使上级团委已授权审批发展新团员的独立总支（支部）也不能在全国范围内直接转接组织关系。

①
转出单位独立团总支（支部）做好转出登记
在团员证"组织关系转接"栏内填写团员转出组织关系时间，注明团费收缴情况。

（续表）

②
上级团委办理转出手续
1. 在团员证转出组织关系团委上加盖公章。 2. 开具团员组织关系转接介绍信，并加盖公章。

③	
转入单位团委办理转入手续	**转入单位团总支、团支部接收团员组织关系**
1. 在团员证"组织关系转接"栏内填写转入组织关系时间，并加盖公章。 2. 接收团员后一个月内将填写好的组织关系介绍信回执联，加盖公章后，邮寄或传真至团员原所在基层团委。	在团员证"组织关系转接"栏内填写转入组织关系时间，连同组织关系介绍信上交上级团委。
	④
	上级团委办理转入手续
	1. 在团员证"接收组织关系团委"上盖章。 2. 接收团员后一个月内将填写好的组织关系介绍信回执联，加盖公章后，邮寄或传真至团员原所在基层团委。

在县级行政区域内，基层独立团总支、团支部均可以通过团员证直接相互转组织关系。

①
转出单位独立团总支、团支部做好转出登记
在团员证"组织关系转接"栏内填写团员转出组织关系时间，注明团费收缴情况，并加盖公章。
②
转入单位团委、独立团总支、团支部办理转入手续
在团员证"组织关系转接"栏内填写转入组织关系时间，并加盖公章。

二、团员的奖励与处分

（一）团员的奖励

《中国共产主义青年团章程》第七条规定："对于模范履行团员义务、在社会主义现代化建设和保卫祖国的事业中有显著成绩的团员，团的组织应当给以奖励。奖励分为通报表扬,由团的中央、省、市(地)、县级委员会和基层团委授予优秀共青团员称号。"

对团员的奖励,都必须经团员所在的团支部讨论通过,由授奖的该级团委批准决定。受通报表扬以上奖励的,还必须经团员所在单位的党组织审查同意。

团员奖励的程序一般为支委会讨论确定初步名单,根据团员事迹整理典型材料并提出推荐意见,支部大会讨论通过后填写上报表格,党(总)支部审查并加注意见,然后报上级团委审查批准,批准后授奖并登记归档。

(二)团员的处分

《中国共产主义青年团章程》第八条规定:"对于不执行团的决议、违反团章的团员,团的组织应当本着惩前毖后、治病救人的精神进行批评和帮助,情节严重的,给以纪律处分。处分分为:警告,严重警告,撤销团内职务,留团察看,开除团籍。留团察看的时间为六个月或一年。团员在留团察看期间没有选举权、被选举权和表决权,不得作青年入团的介绍人。留团察看期满,改正了错误的,应当及时恢复其团员的上述权利;坚持错误不改的,应当开除团籍。"

对团员进行处分,必须符合程序。《中国共产主义青年团章程》第九条规定:"对团员的纪律处分,必须经支部大会讨论通过,报上级委员会批准。对团员给以开除团籍的处分,必须经县级委员会或被县级以上团的委员会授权的团的基层委员会批准。"

三、团员离团、退团、脱团

(一)团员离团

《中国共产主义青年团章程》规定:"团员年满二十八周岁,没有担任团内职务,应该办理离团手续。团员加入共产党以后仍保留团籍,年满二十八周岁,没有在团内担任职务,不再保留团籍。"

团员超龄离团程序一般为:

1. 由本人提出离团申请并上交团员证,团支部召开团员大会宣布其超龄离团,报上级团委审核备案。

2. 上级团委在超龄团员团员证离团栏目盖章,注销备案,将团员证发还给本人作为永久纪念,同时在入团志愿书或团员登记表上注明离团日期。

3. 团支部也可召开离团人员欢送会。

团员离团可以举行一定的仪式,以增进广大团员的光荣感和责任感,激发团员的上进心和使命感。

(二)团员退团

《中国共产主义青年团章程》规定:"团员有退团的自由。团员要求退团应向支部委员会递交书面报告,由支部大会决定除名,并报上级委员会备案。"

对理想信念不坚定、不履行团员义务、不符合团员标准的团员,团组织应对其进行教育,要求其限期改正;经教育仍无转变的,应当劝其退团。

团员退团后,团组织应在其入团志愿书或团员登记表备注栏中说明情况并写明退团日期,收回团员证。

(三)团员脱团

《中国共产主义青年团章程》规定:"团员没有正当理由,连续六个月不交纳团费、不过团的组织生活,或连续六个月不做团组织分配的工作,均被认为是自行脱团。团员自行脱团,应由支部大会决定除名,并报上级委员会批准。"

团员自行脱团后,团组织应在其入团志愿书和团员登记表的备注栏中注明情况和脱团日期,收回团员证。

四、团费的收缴与管理使用

共青团员按照《中国共产主义青年团章程》规定向团组织交纳团费,不仅是为团的活动提供部分经费,而且是保持与团组织的经常联系,增强组织观念和履行团员义务的一项重要内容。团中央《关于中国共产主义青年团团费收缴、使用和管理的规定》(2016 年 7 月 13 日印发)对团费的交纳及管理使用作出了明确规定。

(一)团费收缴

团中央《关于中国共产主义青年团团费收缴、使用和管理的规定》对团员交纳团费的标准进行了修订,作出如下规定。

1. 按月领取工资的团员,每月以工资总额中相对固定的、经常性的工资收入(税后)为计算基数,分档交纳团费。工资总额中相对固定的、经常性的工资收入包括:机关工作人员(不含工人)的职务工资、级别工资、津贴补贴;事业单位工作人员的岗位工资、薪级工资、绩效工资、津贴补贴;机关工人的岗位工资、技术等级(职务)工资、津贴补贴;企业人员工资收入中的固定部分(基本工资、岗位工资)和活的部分(奖金)。

2. 各收入档次的团员每月交纳的团费为:每月工资收入(税后)在2 000元以下(不含2 000元)者,交纳3元;2 000元以上(含2 000元)者,交纳数为收入数乘以2‰后按去尾法取整(即直接去掉小数点后的数值。如:工资收入为5 000元~5 499元者,交纳10元)。最高交纳20元。

3. 实行年薪制人员中的团员,每月以当月实际领取的薪酬收入为计算基数,参照第一条、第二条规定交纳团费。

4. 不按月取得收入的个体经营者等人员中的团员,每月以个人上季度月平均纯收入为计算基数,参照第一条、第二条规定交纳团费。

5. 农民团员每月交纳团费0.2元~1元,具体数额由省级团委根据实际情况确定。学生团员、下岗失业的团员、依靠抚恤或救济生活的团员、领取当地最低生活保障金的团员,每月交纳团费0.2元。

6. 交纳团费确有困难的团员,经团支部研究,报上一级团委批准后,可以少交或免交团费。

7. 团员从支部大会通过其为团员之日起交纳团费。保留团籍的共产党员,从取得预备党员资格起,应交纳党费,可不交纳团费,自愿交纳团费者不限。

8. 团员一般应当向其正式组织关系所在的团支部交纳团费。流动团员外出期间可向流入地团组织交纳团费,流入地团组织出具收据。

9. 团员工资收入发生变化后,从按新工资标准领取工资的当月起,以新的工资收入为基数,按照规定标准交纳团费。

10. 团员自愿多交团费不限。自愿一次多交纳1 000元以上的团费,全部上缴团中央。具体办法是:由所在基层团委代收,并提供该团员的简要情况,通过各省、自治区、直辖市团委组织部门,中央军委政治工作部组织局群团处,全国铁道团委组织部门,全国民航团委组织部门,中直机关团工委组织部门,中央国家机关团工委组织部门,中央金融团工委组织部门,中央企业团工委组织部门转交团中央基层组织建设部。团中央基层组织建设部给本人出具收据。

11. 团员应当增强团员意识，主动按月交纳团费。遇到特殊情况，经团支部同意，可以每季度交纳一次团费，也可以委托其亲属或者其他团员代为交纳或者补交团费。补交团费的时间一般不得超过 6 个月。不得预交团费。

12. 对不按照规定交纳团费的团员，其所在团组织应及时对其进行批评教育，限期改正。对无正当理由，连续 6 个月不交纳团费的团员，按自行脱团处理。

13. 团组织应当按照规定收缴团员团费，不得垫交或扣缴团员团费，不得要求团员交纳规定以外的各种名目的"特殊团费"。如遇重大自然灾害等特殊情况需要收取"特殊团费"，须经团中央批准。

（二）团费的管理和使用

团支部和团总支收取的团费，全部上交，不得留用。

各级团委在收到下级团组织上缴的团费时，应出具团费收据，并加盖公章。

请求下拨团费的请示，应当向上一级团组织提出，不得越级申请。上级团组织下拨的团费，必须专款专用，不得挪作他用。

五、团员教育评议

团员教育评议制度是团的组织生活的重要组成部分，是加强团员队伍思想建设、严格团的纪律、规范团员管理的重要措施。教育评议的对象为全体团员。保留团籍的共产党员应积极参加党的组织生活，可不参加团员教育评议和年度团籍注册，自愿参加者不限。

团员教育评议工作应当与团员年度团籍注册工作相结合，一般每年进行一次。开展团员教育评议工作一般应召开支部大会。团员人数较多的支部，可先由各团小组会议开展评议并提出初步评议意见后，提交支部大会研究确定。到会团员超过应到会团员总数的三分之二方可进行评议。

团员教育评议的主要内容和流程为：团支部组织团员开展学习教育，每名团员围绕在评议年度内的个人表现和发挥团员作用情况等撰写自我评价材料；召开支部大会或团小组会议，每名团员根据学习教育情况和所准备材料进行自我评价；其他团员对其进行评议，肯定成绩、指出不足；以支部为单位对所有团员进行测评投票;支部委员会综合个人自评、团员互评和测评投票结果,结合团员日常表现,研究提出每名团员的建议评议等次,报上级委员会批准;做好评议结果的运用。

团员评议等次分为优秀、合格、基本合格、不合格四个等次,其中优秀等次团员数量应控制在参加评议团员人数的30%以内。优秀团员的主要条件为:理想信念坚定,拥护党的领导,热爱祖国、热爱人民、热爱社会主义;政治意识、大局意识、核心意识、看齐意识强,自觉维护以习近平总书记为核心的党中央的权威;积极践行社会主义核心价值观,遵纪守法,品格高尚;自觉遵守团章,模范履行团员义务,积极参加团的组织生活和活动,有强烈的团员意识和荣誉感;学习成绩优秀,工作本领过硬,善于创新创造,具有艰苦奋斗精神,在本职岗位上业绩突出,能够发挥模范带头作用;成为注册志愿者,积极参加公益活动;在团员青年中有较高威信。合格团员的主要条件为:拥护党的领导,执行党的路线、方针、政策;能够遵守政治纪律和政治规矩,自觉维护以习近平总书记为核心的党中央的权威;能够践行社会主义核心价值观,遵守国家法律法规和团的纪律;能够执行团的决议,完成团组织交给的任务,参加团的组织生活和活动;能够在学习、生产、工作及其他社会生活中发挥积极作用;关心集体,乐于助人,热心帮助青年进步,积极参加志愿服务活动。基本合格团员的主要表现为:在评议年度内受过警告、严重警告或撤销团内职务处分,但尚没有不合格团员的各种表现的。不合格团员的主要表现为:理想信念动摇;严重违反政治纪律、政治规矩和组织纪律;团的组织意识淡漠,不能履行团员义务、不执行团的决议,长期无故不参加团的组织生活和活动;有违法违纪行为;道德水平低下,行为失当,造成不良影响;在评议年度内受过留团察看处分或行政处分且无明显改进。

对评议等次为优秀的团员,可在一定范围内进行公示,团组织应结合实际予以奖励。每年各级团组织评选表彰的优秀团员,一般应从上一年度评议为优秀的团员中产生。对于表现突出并积极要求入党的优秀团员,团支部应按照推荐优秀团员作入党积极分子的有关规定,及时向上级委员会推荐。对评议等次为基本合格的团员,应由支部书记进行谈话,予以教育帮助。对评议等次为不合格的团员,团组织要对其进行教育帮助,限期改正。3～6个月后,对能够接受团组织批评教育,反省自身错误,有明显改进的团员,再次进行团员评议;对不接受教育帮助或经教育帮助仍不改进的团员,应当劝其退团,劝而不退的由支部大会决定除名,并报上级委员会批准。处置不合格团员要严肃慎重、实事求是,做到事实清楚、理由充分、处理恰当、手续完备、不定比例、不下指标。支部大会在讨论决定对不合格团员的处置时,除特殊情况外,应当吸收本人参加,认真听取本人的意见。决定后如果本人不服,可以提出申诉,有关团组织应及时处理或迅速转递,不得扣压。

六、推荐优秀团员入党

(一)"推优入党"工作的原则

1. 自下而上的原则。团支部是推优工作的基本单位。团支部的推优工作应该按照团员大会评议、支部考察上报、团委审核推荐这样一个顺序进行。团支部的推优工作要能真正体现广大团员意志,推选出的优秀团员要有群众基础。

2. 集体决定的原则。团支部根据支部大会的评议,形成考察意见和提出推荐决定时,应经过委员会集体讨论通过,不能搞"一言堂",更不能以个别交换意见的方式取代支部委员会的讨论。

3. 动态培养的原则。团支部对已经确定的推优对象要落实培养教育措施,并指定联系人。团支部要组织被推选的优秀团员参加党章学习,每半年对其考察一次,及时提出帮教意见,以使被推荐人达到入党的要求和标准。

4. 党团衔接的原则。抓好三个方面的工作:一是要在党组织的指导下,对团员进行党的基本知识、光荣历史和优良传统教育,引导团员自觉用党员标准要求自己,靠近党组织,积极要求进步;二是要主动协助党组织搞好对团员中入党积极分子的培养考察,并将考察情况及时向党组织汇报;三是对已经考察具备条件的积极分子,应以团支部为单位,履行"推优"程序,有计划地向党组织推荐,一般一年推荐一次,或按党组织的要求推荐。

(二)"推优入党"工作的主要程序

1. 团支部召开团员大会。会上由联系人介绍培养考察期满的团员的情况,进行民主评议,提出推荐对象。

2. 确定推荐名单。团支部在对推荐对象进行认真考察的基础上讨论确定推荐名单，填写《优秀团员入党推荐表》。

3. 报上级团组织。填写《优秀团员入党推荐表》后，要报上级团组织审定。上级团组织对推荐对象做进一步考察审核，签署意见后向党支部推荐，同时向团支部反馈结果。

在履行"推优"工作程序时，团支部和上级团组织在形成推荐决定时必须经过委员会集体讨论。对推荐对象不能形成一致意见时，不要匆忙做出决定，应在对推荐对象做进一步培养考察之后，再进行讨论。

（三）"推优入党"工作的主要步骤

1. 团支部要对推荐对象在政治思想、道德品质、工作学习、家庭和社会关系等方面进行全面考察，指定专人负责培养，并填写《优秀团员培养考察表》。

2. 团支部要对考察意见进行综合分析，在支部委员会中讨论通过后，形成团的支委会意见，并向全体团员宣布。团支部在签署审查意见后要反馈给有关党支部和团支部。

3. 团支部要填写《优秀团员入党推荐表》，说明推荐理由，并报上级团组织审核签署意见。

4. 上级团组织在进行集体讨论同意并签署意见后，由推荐的团支部正式向同级党组织推荐。如果上级团组织对推荐工作提出不同意见或补充意见，团支部应按照上级团组织要求加以改进并重新报上级团组织审核并签署意见，然后再向党组织进行汇报。

七、推动团员成为注册志愿者

（一）推动团员成为注册志愿者的重要意义

1. 推动团员成为注册志愿者，是加强基层服务型团组织建设的迫切需要。它能够促进团员权利和义务的有机结合，强化团员对团组织和社会的责任，增强团员意识，培养青年骨干队伍，更好地发挥团员在青年中的模范作用，进而推进基层服务型团组织建设。

2. 推动团员成为注册志愿者，是培育和践行社会主义核心价值观的重要载体。推动团员成为注册志愿者,组织化动员广大团员参与志愿服务,既有利于调动团员参与志愿服务的热情、畅通参与渠道,又能够发挥团员示范带动作用,带动更多的普通青年和社会公众参与志愿服务,从而把在广大青年中培育和践行社会主义核心价值观的要求落细、落小、落实。

3. 推动团员成为注册志愿者,是促进志愿服务事业科学发展的内在要求。它有利于引导和鼓励青年参与志愿服务,完善注册制度,拓展服务领域,健全组织网络,完善政策措施,加强机制建设,壮大志愿者队伍,进一步深化中国青年志愿者行动。

（二）推动团员成为注册志愿者的工作要求

1. 加强教育,积极发动。组织团员积极参加志愿服务是团组织的一项经常性工作。各级团组织要坚持组织化推动与激发团员内在动力相结合,在入团积极分子和团员中做好志愿服务宣传、意识培养和教育培训工作,把志愿服务作为入团教育和团员日常教育的重要内容,把参与志愿服务作为团的组织生活的重要内容,引导入团积极分子和团员逐步认同志愿服务理念,积极参与志愿服务实践。

2. 规范注册,壮大队伍。要按照共青团中央、中国青年志愿者协会于2013年修订的《中国注册志愿者管理办法》的有关要求,积极推动团员成为注册志愿者。入团前,要将是否是注册志愿者、是否参加过一定时间的志愿服务活动作为考察内容;入团时,要积极同步推动新团员同时成为注册志愿者。在开展"推优入党"工作时,要将是否在注册志愿者中发挥骨干作用作为考察内容。

3. 开展服务,发挥作用。推动团员成为注册志愿者,关键要发挥团员在注册志愿者中的骨干作用。坚持以需求导向,设计组织好志愿服务内容,努力为注册志愿者提供丰富的志愿服务项目和载体,鼓励注册志愿者采取灵活方式开展志愿服务。组织动员团员围绕重点领域和项目开展志愿服务。引导团员注册志愿者围绕扶贫济困、助老助残、社区服务、生态建设、大型活动、抢险救灾、网络文明、社会管理、文化建设、西部开发、海外服务等领域开展志愿服务。积极动员广大团员加入网络文明志愿者队伍,争当好网民,发出好声音,传播正能量,把团员的先进性延伸到网络空间。倡导和支持团员发挥模范和骨干作用,以多种形式带动更多青年奉献社会,服务他人,共同进步。

4. 建立机制,提供保障。要把团员成为注册志愿者情况纳入基础团务工作内容列入团务工作统计和相关考核。规范团员成为注册志愿者的工作机制,完善认证、培训、考核、激励和保障机制。加强志愿服务项目和载体的建设,加强与街道社区、学校、企事业单位、社会组织的联系对接,发挥好青少年综合服务平台的作用,完善供需对接机制。加强对注册成为志愿者的团员进行志愿服务理念、技能等方面的培训,不断提高服务能力。全面推广注册志愿者星级认证制度,将志愿服务经历作为开展团内评选表彰和选拔志愿服务重点项目志愿者的重要条件。建立健全团员参与志愿服务的档案管理、权益保障、服务时间认定等机制。有条件的团组织要为注册志愿者提供人身意外伤害等相应保险。

5. 健全组织,加强管理。各级团组织要以推动团员成为注册志愿者工作为契机,切实加强志愿服务组织体系建设,健全各级志愿者协会,鼓励以团支部为单位成立志愿服务队,高校要普遍建立青年志愿者协会,中学要成立服务总队,广泛推动网络文明志愿者队伍建设,逐步实现县有协会、基层建队。要按照《中国注册志愿者管理办法》,结合各地实际情况,加强对注册工作和志愿服务活动的管理。

八、党建带团建

(一)党建带团建的目标要求

根据把团的建设纳入党组织第一责任人的工作日程、团建目标纳入党建目标管理体系、团干部队伍建设纳入党的干部队伍建设整体规划、"推优"工作纳入党员发展工作制度、团的阵地建设纳入党的阵地建设"五个纳入"的要求,大力推进基层党建带团建工作的制度化、规范化、科学化。进一步优化基层团组织工作环境,努力使共青团基层组织更加巩固,组织设置更加灵活、合理,运行机制更加有效,团员队伍活力更加旺盛,团的基层干部队伍更加优化。

(二)党建带团建的主要任务

1. 带思想建设,把握正确的政治方向。各级党组织要切实加强对基层团组织的思想政治领导,坚持用中国特色社会主义理论体系武装团员青年,带领团组织和广大团员青年坚定不移地贯彻执行党的路线、方针、政策。

2. 带组织建设,扩大团的组织和工作覆盖。要主动适应社会经济结构、组织形式、就业方式和青年流向变化的新特点,创新基层党、团组织设置,探索党、团组织共建的有效办法,努力构建网络健全、覆盖全面、工作活跃、作用显著的基层团组织体系。

3. 带队伍建设,提升团干部素质和职业化水平。各级党组织要把团干部队伍建设纳入干部队伍建设整体规划,严格要求,严格教育,严格管理,严格监督,努力建设一支让党放心、让青年满意的高素质干部队伍。

思考练习题

一、判断题

1. 申请入团的青年,年龄必须在 16 周岁到 28 周岁这个年龄段。　　（　　）

2. 申请入团的青年要有本支部两名团员作介绍人。　　（　　）

3. 对团员的奖励,都必须经团员所在的团支部讨论通过,由授奖的该级团委批准决定。　　（　　）

4. 留团察看的时间为 6 个月或 1 年。　　（　　）

5. 团员加入共产党以后仍保留团籍,年满 28 周岁,没有在团内担任职务,不再保留团籍。　　（　　）

6. 团支部和团总支收取的团费,全部上交,不得留用。　　（　　）

7. 团员外出工作时间超过半年的,可持团员证到所在单位参加团员教育评议活动和团籍注册。　　（　　）

二、选择题

1. 入团积极分子在发展入团之前要参加不少于(　　)学时的团课学习。

　A. 4　　　　　　B. 6　　　　　　C. 8　　　　　　D. 10

2. 如果没有正当理由,超过(　　)未转接组织关系的,应按自行脱团处理。

　A. 四个月　　　　B. 半年　　　　C. 九个月　　　　D. 一年

三、简答题

1. 《中国共产主义青年团章程》中对入团基本条件的规定是什么?

2. 发展团员工作的程序大体可分为哪几步?

3. 《中国共产主义青年团章程》规定,对团员的处分有哪些?

思考练习题答案

一、判断题

1. 错 2. 对 3. 对 4. 对 5. 对 6. 对 7. 对

二、选择题

1. C 2. B

三、简答题

1. 《中国共产主义青年团章程》中对入团基本条件的规定是什么?

年龄在 14 周岁以上,28 周岁以下的中国青年,承认团的章程,愿意参加团的一个组织并在其中积极工作、执行团的决议和按期交纳团费的,可以申请加入中国共产主义青年团。

2. 发展团员工作的程序大体可分为哪几步?

(1)确定入团积极分子;

(2)加强教育培养和考察;

(3)接收申请人入团。

3. 《中国共产主义青年团章程》规定,对团员的处分有哪些?

警告,严重警告,撤销团内职务,留团察看,开除团籍。

第六章

团支部的思想引领工作

引导青年是共青团的四项职能之一,与组织青年、服务青年、维护青少年合法权益之间相互促进。引导青年是共青团的根本任务,也是党对共青团的一贯要求,是党赋予共青团的光荣任务。习近平总书记对当代青年提出了"坚定理想信念、练就过硬本领、勇于创新创造、矢志艰苦奋斗、锤炼高尚品格"的希望,共青团要站在理想信念的制高点上,按照培育和践行社会主义核心价值观的要求,努力塑造青年新一代。团支部书记要充分认识到青年思想引领是一项意义重大、久久为功的工作,认真把握青年思想发展的规律,分层次、有针对性、创造性地做好青年思想引领工作,把团支部的青年思想引领工作落到实处。

第一节 思想引领原则

一、方向原则

方向原则就是要求团支部具有明确的政治方向,并始终坚持思想引领的目标。方向原则是思想引领的根本原则,也是思想引领的本质。当前,思想引领的方向原则就是要体现坚定的理想信念、对中国梦和社会主义核心价值观的认同和践行。思想引领工作处在一个互联网高度融合的环境中,必然受各种思潮的影响而出现一些复杂情况和种种困难,因此,团支部要认识到思想引领坚持方向原则的重要性和必要性。首先,要保证团支部成员具有正确的政治方向,只有这样才能引领团员青年;其次,在引领过程中要始终把方向原则贯彻于其中才能引领团员青年认同中国特色社会主义理论和制度,坚定地跟党走中国特色社会主义道路。

二、渗透原则

渗透原则就是团支部在引领团员青年过程中,要遵循人的思想受"综合影响"形成与"渐次发展"的规律,把思想引领渗透到工作、学习、生活当中,与各种具体的学习和工作有机结合起来,融合各种教育因素,通过潜移默化的形式循序进行。团员青年的思想来源于学习、生活和工作,思想引领与学习、工作、生活结合起来才会更有生命力。渗透原则要求全团抓思想政治引领。这意味着不是哪一个人、哪一个部门负责思想引领,而是统筹引领,形成引领合力。在团支部的工作和活动中,要有渗透意识,要互相协调配合,要真正与工作、生活充分结合,寓教于无形。比如"寻找乡村好青年"活动,农村团支部不仅仅要配合团组织挖掘和宣传优秀青年,还要在整个活动当中渗透着核心价值观和优秀传统文化,渗透团对广大团员青年的思想凝聚力。

三、层次原则

层次原则就是团支部根据团员青年的身心特点、成长经历、工作情况、思想状况进行分类分层,有针对性地进行思想引领的原则。社会的进步、网络的普及使团员青年的思想更趋多元化,引领的多层次能更适应思想多元化的现状。这就要从实际情况出发,防止引领的内容超越团员青年的思想觉悟水平,实现有效的思想引领性。"一刀切""一锅煮"的方式不仅完全不能适应当前青年思想变化的要求,而且还会使得团员青年产生反感,造成负面影响。首先,团支部需要调查研究,结合工作、生活、家庭以及团员青年自身素质等主客观因素进行比较,摸清团员青年的类别和层次。其次,按照分好的群体和层次,选择合适的引领方法。最后,坚持鼓励先进、照顾多数的原则,把团组织的先进性和群众性结合起来,促使不同层次的团员青年经过团支部的思想引领能不断地进步。

四、激励原则

激励原则就是团支部善于利用物质手段和精神手段通过外在激励引发团

员青年思想动机的变化,增加他们内在动力,调动他们的积极性,使他们将思想引领的目标和内容转化为自己的目标并不断地努力。坚持激励原则,要把激励目标与思想引领目标结合起来,要把激励对象的特点和需求考虑进来,把物质鼓励和精神鼓励结合起来,只有这样才能不断地引领团员青年调整自我的思想及行为方式。团中央开展的"最美青工"评选活动,就是用青年最喜欢的方式以精神激励为主,结合物质激励的一种激励方式。这样的活动既能够实现团的思想引领目标,又能满足团员青年的需求,是激励原则很好的体现。

五、示范原则

示范原则就是团支部充分发挥先进典型的榜样作用,影响和感染团员青年,以促进他们思想认识与觉悟不断提高的工作准则。把国家选树的青年典型甚至是本单位的青年典型宣传出来,通过他们的言行,把社会主义核心价值观、中国优秀传统文化、道德规范以及中国梦等人格化、具体化,能够使思想引领更富有形象性和感染性。团支部在日常的工作中贯彻示范原则,要做到以下几点。第一,团支部成员言行一致,以身作则,起到模范带头作用。思想引领的成功就在于团干部受到团员青年的信任、服膺以及效仿。团员青年对价值和思想的相信程度取决于宣讲这些东西的人对其的执行程度。邓小平同志说过:"过去我们党的威力为什么那么大?……就是党员打仗冲锋在前,退却在后,生活上吃苦在先、享受在后。这样他们就成了群众的模范,群众的核心。"第二,要善于发现和树立青年先进典型,以先进青年的思想、品质和行为来教育和激励团员青年。

第二节　思想引领内容

一、理想信念

理想信念是思想引领的重点。新常态下所讲的理想信念包括马克思列宁主义、毛泽东思想、邓小平理论、"三个代表"重要思想、科学发展观和习近平系列重要讲话精神。特别是中国梦和社会主义核心价值观的教育引导是当前的重中之重。利用团员青年喜闻乐见的方式对他们进行世界观、人生观和价值观的教育引导,通过哲学理论、科学方法论、马克思主义的科学人生观、人民利益高于一切的价值观等教育,可以帮助团员青年运用马克思主义唯物论和辩证法分析问题和解决问题,更加坚定跟党走中国特色社会主义道路的信心。

二、政治意识

政治意识是指政治主体所具有的政治认知、政治态度和政治信仰,它既包括民族和个人的政治心理(政治文化),又包括意识形态。政治文化反映的主要是民众的政治心理,而意识形态则是一种居于统治地位的政治意识。政治意识主要是指政治思想、政治观点,以及对于政治现象的态度和评价。党中央要求领导干部增强政治意识,就是要求领导干部在瞬息万变、错综复杂的形势下,保持清醒的政治头脑,具有正确的政治思想、坚定的政治立场、敏锐的政治观察力和鉴别力。那么,作为助手和后备军的团员青年也应该具有明确而强烈的政治意识。在培育政治意识的过程中,主要把党和国家的政治思想、政治观点传达给团员青年,把对政治现象的一些合理的评价和态度播撒到团员青年的思想中,引领团员青年不仅能了解和认同党和国家的政治思想,而且还能合理合情地评价政治现象,不造谣不传谣,坚决与一些错误的政治思想和评价进行斗争,特别是进行舆论斗争。

三、党团知识

共青团是党的助手和后备军,党是共青团的领导者,共青团在中国共产党领导下开展工作,完成党交给的各项任务,并向党组织提出建议;协助党组织培养接班人的任务,并向党推荐优秀团员入党。只有在党的领导下,才能更好地引领和服务青年。因此,党团知识和革命传统是每个团员青年应知应会的内容,包括中国共产党历史,中国青年运动史,共青团历史,党团的优良传统和作风,党员、团员的权利和义务。

四、道德教育

通过树立可敬、可亲、可学的榜样,引导团员青年弘扬社会主义公德、职业道德和家庭美德,做社会主义核心价值观的带头实践者。社会公德是指在一定社会生活中,为了维持社会的正常生活秩序,全体社会成员应当遵守的公共生活准则,也是评价团员青年文明行为的基本尺度。其主要内容有遵守公共秩序、爱护公共财物、保护环境、热心公益等。职业道德方面,主要教育团员青年倡导爱岗敬业、诚实守信、服务群众,遵循为人民服务、对社会负责的原则,结合团员青年的需求和单位的工作实际,增强团员青年的职业道德素养。家庭美德方面,要引导团员青年做到尊老爱幼、男女平等、夫妻和睦、勤俭持家、邻里团结。

五、民主法治

民主与法治是中国社会主义政治文明和全面依法治国中国建设的目标与基本内容,是实现中国梦的双翼。民主为法治奠定基础,法治为民主提供保障,这也正是现代民主法治所追求的目标。只有民主,才是一个现代国家作出合理、有效的政治判断、政治决策的根本基础和必要途径。因此国家政治必须走向民主;而要真正实现民主,就必须走向法治,以法治取代人治。"民主法治"是我们应有的政治文明。要带领团员青年学习研究《中共中央关于全面推进依法治国若干重大问题的决定》(以下简称《决定》),让团员青年敬畏法律。作为团员青年,更要对法律保持敬畏之心,更要把敬畏法律当成最起码的修养,更要把遵守法律内化为自觉行动,积极成为社会主义法治的忠实崇尚者、自觉遵守者、坚定捍卫者。团支部成员要自觉带头学法懂法,要认真学、经常学、深入学,以此作为厉行法治的行动指南。要牢固树立"法治思维",增强"法治信仰",培养"法治精神"。要与学习党纪条规相结合。作为先进青年,负有特殊的政治职责,必须学习并严格遵守国家的法律法规,必须学习并严格遵守党规党纪,用党纪国法筑牢防微杜渐的"防火墙"。

第三节 思想引领方法

一、分类分层

分类分层引导是团中央的一项试点工作。在这里作为一种引导方法进行介绍。从青年工作需要的视角看,对青年的分层模式目前大致有两种:一是按年龄,二是按类别。即使是同一年龄段的不同类别青年群体,也会因职业背景、社会阅历及思想意识方面的不同而出现差异。因此,分类主要是指团中央对团员青年划分的大学生、企业青年、进城务工青年、农村青年四类青年群体;分层是指对每一类青年根据每个单位和每个团支部的具体情况进行划分。例如,大学生群体可以按照学历分为研究生层、本科层和专科层。再如,企业青年可以按照职业层级划分为经理层、技术人员层、销售层等。层级的划分是为了更有针对性地对青年进行引导。

对于企业团员青年,要引领他们积极参与青工"五小"活动(小发明、小创造、小革新、小设计、小建议)、创建青年文明岗活动、青年创新创效活动,在活动中提升团员青年的工作技能和思想觉悟,从而引导他们把个人成长与企业发展和国家发展结合起来,爱岗敬业,诚实守信。要特别注意结合企业实际和岗位特点,把党团组织的思想政治主张渗透在"最美青工"评选活动中。在开展"奋斗的青春最美丽"的活动中,要多关心一下一线工人和危险岗位的青年;同时,要努力帮助团员青年解决成长发展中遇到的实际困难和问题。

对于进城务工青年,要引导他们学习党、团的政策,组织他们开展社会观察活动,让他们在观察社会发展中去重新认识改革和发展中出现的问题,增强自信心,提高遵纪守法意识,培养创业精神,增强公共文明观念。要注意表达方式的言简意赅、生动形象、通俗易懂。要把思想引导工作揉进帮助务工青年解决学习、就业、文化、婚恋、子女教育和权益维护等方面遇到的实际困难和问题中。毕竟他们从农村来到城市,需要环境的适应,而且大部分还从事着城市中最艰苦的工作,因此,团支部要把资源和奖励多向这类群体倾斜,一封表扬信、一个生日蛋糕、一次务工青年联谊都能让他们感受到组织的温暖。

对于农村青年,引导他们学习党的农村政策和党对新农村建设的新要求,帮助他们树立科技致富、劳动致富的理念,倡导文明的生活方式,在寻找"乡村好青年"中不断引领和凝聚更多的青年。农村团支部要注重运用农村群众的语言和逻辑来交流,不要打官腔,更不能语气生硬,要多用老百姓的语言;同时,要帮助农村青年解决在信息、技术、培训、转移就业、电商培育和创业等方面遇到的实际困难和问题。

对于大学生青年,这更是团员青年思想引导的重点群体,要引导他们把爱国与爱社会主义结合起来、把民族精神和时代精神结合起来、把个人成就和社会责任结合起来。要注重探索系统的、有理论说服力的、有实践支持的结合方式，注重运用历史的、现实的、学术的逻辑开展思想引导，同时特别注意对青年学生个人价值的充分尊重，把教育引导和帮助成长结合起来。团中央学校部组织的"与信仰对话"活动对大学生的思想引领起到了很好的效果，各高校团支部可以把这些好的活动分成小的专题进行讨论交流。

二、说理引导

说理引导是指通过阐述思想理论去说服人和教育人的教育方法。即运用马克思列宁主义、毛泽东思想、邓小平理论、"三个代表"重要思想、科学发展观、习近平新时代中国特色社会主义思想作为自己的行动指南，对团员青年进行正面的宣传、说服、教育。思想引领的根本任务是要解决人们的思想问题和认识问题，而解决思想和认识问题主要靠摆事实、讲道理，引导团员青年分清是非、明辨事理。

说理引领法方式很多，包括讲解、报告、谈话、讨论辩论、阅读书籍和报刊等形式。讲解和报告主要是单向影响。谈话包括集体谈话和个别谈话两种，通过团支书和团员青年的双向交流进行。讨论和辩论是在团支部成员的指导下，教育对象围绕一个主题，通过交流看法、共同分享，探讨问题和通过对不同观点的争辩、论证共同提高认识，这是自我教育的一种形式。阅读书报则是用书面语言进行的个别自我教育。说理教育要讲究针对性、有的放矢，根据团员青年的思想情况、群体类型、层次对症下药，因人制宜地进行说理引导；还要尊重团员青年，把团员青年当作朋友，以平等的态度进行交流，充分发扬民主，以情动人。毛泽东同志在《关于正确处理人民内部矛盾的问题》一文中指出：企图用行政命令的方法，用强制的方法解决思想问题，是非问题，不但没有效力，而且是有害的。思想问题的产生与团员青年所处的环境条件、认识角度及能力等诸多因素有关，因此要综合分析、讲究艺术。

组织学习培训。团支部可通过团课、组织专题研讨等方式，组织好对团员青年的集中培训；还可以根据时代特点和团员青年的特点，结合本单位的实际情况，举办读书交流、知识竞赛、演讲比赛等活动丰富团员青年的学习培训。另外，还可采用网络、手机等多种新技术教育方式，丰富学习和培训的方式。

三、实践锻炼

实践锻炼法是在团组织的指导下,通过有目的、有计划、有组织的实践活动,训练和培养团员青年的优良品德和行为习惯的方法。这是一种使团员青年在改造客观世界的同时改造自己主观世界的方法。这套方法的理论依据是马克思主义实践论,也是坚持思想政治教育求实原则的重要表现。实践是人树立科学的世界观、人生观和道德观的必由之路。人的思想意识归根到底都来源于实践,只有通过团员青年亲身实践的体验,才能实现他们思想意识的转化。同时,实践锻炼的过程是团员青年把理论与实践结合起来的过程,团员青年的思想情感、意志和信念只有在实践过程中才能得到强化。实践锻炼法把团员青年的理性认识逐步转化为处理问题的立场、观点和方法,有利于团员青年个体的社会化,能够增强团员青年的社会适应能力。

实践锻炼的形式丰富多彩,各个行业也有自己行之有效的途径和方法。比较普遍的有组织团员青年进行社会调查、参观访问和社会考察,让他们能通过实践认识理论、政策。如,开展创建文明单位等活动,可以培育团员青年的文明素质,增强爱岗敬业的热情;开展有教育引导意义的社会公益活动和志愿服务活动,可以让团员青年在"有组织的为社会工作"过程中,增强社会主义核心价值观的认同和践行。

运用好实践锻炼应遵循以下的要求。第一,要专人负责,加强领导。实践锻炼是有目的的活动,必须有领导和理论指导,注意检查督促,使实践锻炼向着既定目标有序地发展。第二,实践锻炼形式多样,具体运用时应针对不同对象、不同情况选择适当的形式和方法。实践锻炼的内容和方法也要随社会发展和团员青年的思想发展变化而不断创新。第三,进行实践锻炼时,必须精心组织和计划,力求围绕思想引导的目的进行。团支书要与团员青年一起参加活动,以便及时发现问题加以指导。最后,严格要求,持之以恒,使团员青年在实践锻炼中逐步养成良好的行为习惯。

四、主题教育

团支部可以通过看团史展、访前辈、讲传统、参观纪念馆、阅读革命回忆录等形式,进行革命传统的主题教育,利用各种方式充分发挥共青团组织的动员优势和活动优势,使主题教育成为对团员进行经常性教育的重要手段。

开展"我的中国梦"主题教育实践活动,要与中国特色社会主义宣传教育结合,与社会主义核心价值体系建设相结合,以理想信念教育为核心,以增强当代青少年的责任感、使命感和奋斗精神为重点,引导、激励广大青少年为全面建成小康社会、实现中华民族伟大复兴的中国梦而发奋成才、建功立业。

近期,有的团组织,在"五四""十一"前后集中开展主题团日活动;结合本单位的特点,开展"劳动·创造·奋斗——我的中国梦"青春故事讲述活动、手机报宣传交流、团属媒体集中宣传等新媒体系列活动、在团员青年中广泛开展青春建功实践活动、在专兼职团干部中深入开展"学理论·强党性·铸信仰"活动等。通过活动引导团员青年深刻认识到实现中国梦必须坚持中国道路、弘扬中国精神、凝聚中国力量,深刻认识到中国特色社会主义道路是实现中国梦的唯一正确道路,从而不断地坚定道路自信、理论自信和制度自信。要引导青年自觉把个人梦想融入到中国梦的实现当中去,认识到"国家好,民族好,大家才会好"的道理;把个人前途与国家民族命运结合起来,努力在推动实现中国梦的征程中实现个人梦;引导青年认识到,实现中国梦需要广大青年脚踏实地、努力奋斗、勇于创新,实现中国梦需要青年克服困难、扎实工作。

五、示范带动

积极培养和选树青年典型,积极宣传青年典型的先进事迹,用榜样教育和激励广大团员青年。通过组织青年典型事迹交流、座谈与研讨等形式,扩大青年典型的社会影响,营造崇尚先进、学习先进、争当先进的良好氛围。要改进和创新青年典型的宣传方式,使典型贴近青年、贴近生活,不断提高宣传教育工作的实效。典型引路。以"奋斗的青春最美丽"系列分享活动为牵动,将面对面交流与新媒体互动结合起来,推动各类青年典型的事迹广为传播,激励更多的青少年学习先进、奋斗成才。

坚持正面引导,关键是提高质量和水平,增强吸引力和感染力。一是正面教育(包括正面灌输),主要是理论和方法的正面传授。二是榜样引领。新的历史时期更需要新的青年榜样和典型,而且"榜样引领"需要形成规模效应才能影响更多的青年。"山东好青年"的选树就是很好的案例，在各个区市，各个行业推出青年榜样，经过推选评定之后，在媒体刊物上进行宣传报道，让更多的青年了解这些身边的优秀青年，从而激励青年以崭新的面貌努力奋斗，向好青年的方向发展。团支部可以借鉴这种形式，把所在单位的优秀团员青年挖掘出来，跟进宣传，用他们真实感人的青春事迹来指引其他的团员青年。三是文化时尚，把示范带动跟团员青年的时尚元素结合起来更接地气、强人气。

六、组织生活

要落实"三会两制一课"制度，从基层的工作实际出发，教育引导团员增强政治意识、大局意识、核心意识、看齐意识，更加紧密地团结在以习近平同志为核心的党中央周围，强化团员意识，提升支部凝聚力和战斗力。要加强民主评议，互相查找存在的问题。团支部在召开民主生活会中，要调动每个团员青年的积极性，不是支部书记一手操办，团员青年只作为听众，而是一起讨论、一起谋划，大家各自发表意见和建议，这样才能不断提升团员青年每个人的素养，同时也能推进团支部的作风建设，切实提升团员青年的组织意识，发挥团员青年的模范带头作用。要发扬党团共建的传统，党建带团建，团建促党建。

增强团员意识教育。要以上团课，听团史，戴团徽，唱团歌，重温入团誓词等形式开展活动。共青团有许多优良的传统，每个团员都应该了解；团徽是团员身份的标志，也是责任的象征，更是团员自我约束的动力和倍感荣耀的铭牌；团歌是团员精神风貌的概括，团旗是青春血染的风采，这些都是每一位团员青年必须牢记的。通过活动引导，做到"墙上有团章、身上有团徽、嘴里有团歌、心中有团旗"，这样才能让团员意识在团员青年的心中生根发芽。

科学处理矛盾。这是思想引领工作的一种必要方法，分为缓解矛盾和处理矛盾两个方面。首先要进行正面引导。团支部书记不是简单的矛盾处理者的角色，而应及时准确摸清团员青年共同关注的问题，采取正面引导的方针，引导团员青年认清形势与方向，弄清问题的关键和要害，从而达到识大体、顾大局、协调关系、增加团结的目的，以高境界去化解矛盾。其次后进转化，是指在思想政治工作中纠正团员青年已经存在的某些不正确或者不完全正确的思想、态度、观念或行为，将其引导、转变到正确的轨道上来，促使后进向先进转化。要认识到，在现实生活中由于各种原因，诸如人们认识能力的不完善或者思想意识的不纯洁、受错误思想和错误行为的侵蚀和影响、我们工作的失误等，难免使得团员青年产生这样那样的错误思想和偏差行为甚至犯错。

七、熏陶感染

熏陶感染是指充分利用社会环境因素和团支书等教育者的身教所创设的教育情境，对团员青年进行感染和熏陶，经过潜移默化，培养他们思想政治品德，使之得以升华和提高的方法。它寓理于情，以情动人，表现出非强制性、隐蔽性、愉悦性和无意识性的特点，更容易被团员青年接受，使他们在不知不觉中接受引导和教育。

一般采用的形式有：人格感化，即团支部书记及支部委员以自身的人格、思想、作风和对团员青年深切关怀的态度在感染对方；环境陶冶，即有目的地选择和利用环境对团员青年进行情感陶冶，良好的环境能使人产生积极健康的情感；艺术熏陶，指通过文字、美术、音乐、影视、舞蹈等艺术手段对团员青年进行情感熏陶，使团员青年潜移默化地接受引导。

熏陶感染法对运用该法的人要求很高。首先，要加强团干部自身的修养。团干部的人格、思想和作风等是影响团员青年的重要因素，自觉的、理智的、公正的情感是陶冶感化的基本要素。其次，要注意熏陶感染的环境创设，善于利用积极因素，避免消极因素，有计划地设计、创造好的环境为实现思想引导服务，同时还要与其他的方法结合运用，以取得事半功倍的效果。

八、心理指导

心理指导是指运用心理学知识和技术，通过语言、文字等媒介对咨询者的心理、行为施加影响，使其认知、情感和态度发生变化，解决其在学习、工作、交友、生活、疾病等方面出现的心理问题，以增强心理素质，保证心理健康的方法。现代化的社会，生活节奏加快，人与自然、社会，人与人，人与自身都会出现矛盾，因此，心理紧张和矛盾也随之产生。心理指导是思想引导工作的重要方法，因为很多青年的问题不单纯是思想问题，而是由心理问题引起的思想问题。另外，人的心理对思想的形成和发展有制约作用，在思想引导中运用心理技术会有事半功倍的效果。心理指导有独特的优势,不仅有更强的针对性,而且会为受指导的团员青年提供正常的宣泄方式,减轻其心理压力。

心理指导形式多样,在团员青年群体中可以采取个别指导和团体指导的方式。当然,由于心理指导需要专业的人员进行,所以团支部在利用这一方法时最好要邀请专业心理人员进行指导,以保证指导的科学性。

九、新媒体引领

新媒体引领方法就是运用新媒体(网络媒体和手机媒体)引领团员青年的方式方法。新媒体的服务功能越来越多,也越来越强大,渗透到我们的生活中,逐渐产生了一个虚拟社会。当代青年是与新媒体共同成长的一代,是新媒体的主体,而青年思想引领是一种特定的信息传播工作,而新媒体的信息传播特点决定了它能够为青年思想引导提供新的载体和阵地。新媒体引领最大的优势就是思想传播的快速性、感染性和针对性。团支部要按照《全面深化改革进程中共青团工作五年发展纲要》,以中国特色社会主义和中国梦宣传教育为主线,以社会主义核心价值观教育为重点,强化新媒体在青年思想引导中的突破口作用,推动共青团思想引导活动迈上新台阶。

新媒体是针对传统媒体而言的,这里主要指的是网络媒体、手机媒体、户外传媒(楼宇电视、地铁电视、公交电视)等。随着信息技术迅猛发展,各种新兴媒体形态不断涌现,其发展速度之快、变化频率之高、影响范围之广都远远超过了传统媒体,也对青少年的生活方式、行为模式、思维方式、动员方式产生了广泛而深刻的影响。新媒体已经成为青年发表思想言论的重要社会平台,成为影响青年思想意识的重要渠道,也成为各类意识形态交锋碰撞的重要场所。要紧密结合青少年在学习生活、就业创业、休闲娱乐等方面的需要,积极运用网络游戏、微视频、即时通讯、博客、手机等新媒体手段,为青少年健康成长提供引导、帮助和服务,使新媒体技术成为共青团有效引导青年的重要工具。

信息时代的发展和青年生存方式的新特点要求共青团的思想引领工作要有新的开拓。"全团进军新媒体"的号角已经吹响,新媒体已经成为共青团工作的重大载体和平台。那么,团支部如何利用新媒体做好团员青年的思想引领工作就是目前需要不断创新的课题。

团支部可以利用微博、微信以及一系列新的网络技术手段去创造青年喜闻乐见的文化和艺术产品,把想要传播的正确的思想内容放到新媒体各种产品中,通过团组织的系统发动以及市场的自由引导,全方位地传播给团员青年,真正实现思想引导从"内容供应"向"产品供应"的重大转变。可以结合自己单位以及团支部的实际情况,在重大节点,设计符合单位发展和青年特点的微电影、微视频在微信、优酷等平台上推广,去宣传身边青年的爱国、敬业、诚信、友善,去反映青年最关切的事情。只有这样,才能形成团支部特色的媒体引导形式,也才能实现真正意义上的思想引导。

思考练习题

一、填空题

1. （　　）是共青团的根本任务,也是党对共青团的一贯要求,是党赋予共青团的光荣任务。

2. （　　）是思想引领的根本原则,也是思想引领的本质。

3. 开展"我的中国梦"主题教育实践活动,要与（　　）相结合,与（　　）相结合。

4. 开展"我的中国梦"主题教育实践活动,以（　　）为核心,以增强当代青少年的责任感、使命感和奋斗精神为重点,引导激励广大青少年为（　　）（　　）的中国梦而发奋成才、建功立业。

5. （　　）是实现中国梦的唯一正确道路。

6. （　　）是团员身份的标志,也是责任的象征,更是团员自我约束的动力和倍感荣耀的铭牌。

7. 充分利用社会环境因素和团支书等教育者的身教所创设的教育情境,对团员青年进行感染和熏陶,经过潜移默化,培养他们思想政治品德使之得以升华和提高的方法是（　　）。

8. 运用心理学知识和技术,通过语言、文字等媒介对咨询者的心理、行为施加影响,使其认知、情感和态度发生变化,解决其在学习、工作、交友、生活、疾病等方面出现的心理问题,以增强心理素质,保证心理健康的方法是（　　）。

9. （　　　）已经成为青年发表思想言论的重要社会平台,成为影响青年思想意识的重要渠道,也成为各类意识形态交锋碰撞的重要场所。

10. 示范原则就是团支部充分发挥（　　　）的榜样作用,影响和感染团员青年,以促进他们思想认识与觉悟不断提高的工作准则。

二、选择题（下列选项中,至少有一个正确答案）

1. 习近平总书记对当代青年提出（　　　）的希望。
   A. 坚定理想信念、练就过硬本领、勇于创新创造、矢志艰苦奋斗、锤炼高尚品格
   B. 坚定理想信念、练就过硬本领、勇于创新创造、矢志艰苦奋斗、锤炼优良作风
   C. 坚定理想信念、密切联系群众、勇于创新创造、矢志艰苦奋斗、锤炼优良作风
   D. 坚定理想信念、练就过硬本领、勇于创新创造、坚持舆论斗争、锤炼优良作风

2. 团支部根据团员青年的特点、成长经历、工作情况、思想状况进行分类分层,有针对性地进行引领的原则是（　　　）。
   A. 方向性原则　　　　B. 激励原则　　　　C. 示范原则　　　　D. 层次原则

3. 下列哪些属于说理引领法?（　　　）
   A. 讲解　　　　　　　B. 报告　　　　　　C. 谈话　　　　　　D. 讨论辩论

4. 熏陶感染的特点是（　　　）。
   A. 非强制性　　　　　B. 隐蔽性　　　　　C. 愉悦性　　　　　D. 无意识性

5. 熏陶感染的一般形式为（　　　）。
   A. 人格感化　　　　　B. 环境陶冶　　　　C. 艺术熏陶

6. 新媒体引领最大的优势就是思想传播的（　　　）。
   A. 快速性　　　　　　B. 感染性　　　　　C. 针对性

7. 新媒体是针对传统媒体而言的,这里主要指的是（　　　）。
   A. 网络媒体　　　　　B. 手机媒体　　　　C. 户外传媒

8. 坚持激励原则要把（　　　）。

A. 激励目标与思想引领目标结合起来

B. 要把激励对象的特点和需求考虑进来

C. 把物质鼓励和精神鼓励结合起来

9. 新常态下所讲的理想信念包括（　　）。

　　A. 马克思列宁主义　　　　　　　　B. 毛泽东思想和邓小平理论

　　C. "三个代表"重要思想,科学发展观　D. 习近平系列重要讲话精神

10. 政治意识是指政治主体所具有的（　　）。

　　A. 政治认知　　　　B. 政治态度　　　　C. 政治信仰

三、判断

1. 民主与法治是中国社会主义政治文明和法治中国建设的目标与基本内容,是实现中国梦的双翼。　　　　　　　　　　　　　　　　　　（　　）

2. 说理引导是指通过阐述思想理论去说服人和教育人的教育方法。　　（　　）

3. 实践锻炼法是在团组织的指导下,通过有目的、有计划、有组织的实践活动,训练和培养团员青年的优良品德和行为习惯的方法。　　　（　　）

4. 坚持党团共建的传统,党建带团建,团建促党建。　　　　　　　（　　）

5. 科学处理矛盾分为发现矛盾和处理矛盾两个方面。　　　　　　　（　　）

6. 心理指导是思想引导工作的新思路,因为很多青年的问题不单纯是思想问题,而是由心理问题引起的思想问题。　　　　　　　　　　　（　　）

7. 《全面深化改革进程中共青团工作五年发展纲要》中提出强化新媒体在青年思想引导中的突破口作用,推动共青团思想引导活动迈上新台阶。

　　　　　　　　　　　　　　　　　　　　　　　　　　　　（　　）

8. 团支部书记要充分认识青年思想引领是一项意义重大、久久为功的工作,认真把握青年思想发展的规律,分层次、有针对性、创造性地做好青年思想引领工作,把团支部的青年思想引领工作落到实处。　　　　（　　）

9. 青年对价值和思想的相信程度取决于宣讲这些东西的人对其相信的程度。

　　　　　　　　　　　　　　　　　　　　　　　　　　　　（　　）

10. 中国梦和社会主义核心价值观的教育引导是当前的重中之重。　（　　）

思考练习题答案

一、填空

1. 引导青年

2. 方向原则

3. 中国特色社会主义宣传教育;社会主义核心价值体系建设

4. 理想信念教育;全面建成小康社会;实现中华民族伟大复兴

5. 中国特色社会主义道路

6. 团徽

7. 熏陶感染

8. 心理指导法

9. 新媒体

10. 先进典型

二、选择题(下列选项中,至少有一个正确答案)

1. A　2. D　3. ABCD　4. ABCD　5. ABC　6. ABC　7. ABC

8. ABC　9. ABCD　10. ABC

三、判断

1. 对　2. 对　3. 对　4. 对　5. 错　6. 对　7. 对　8. 对　9. 错　10. 对

第七章

团支部的活动

团的工作不要坐而论道,要搞活动。活动是共青团的生命力所在。团支部应结合青年的特点,开展适合青年特点和需求的活动。一个活动能否具有吸引力和凝聚力,取决于活动的策划。活动策划主要包括主题策划、内容策划、形式策划及其他要素的策划。一个活动能否顺利进行取得预期效果,取决于活动的组织实施。活动的组织实施包括活动准备、活动实施、活动总结。

第一节　团支部活动的意义

一、团支部活动的界定与特征

（一）团支部活动的涵义

共青团活动指共青团组织根据青年的身心特点和特殊利益,围绕党的中心工作和奋斗目标而开展的有组织、有目的、有计划的实践活动。团支部活动是团支部作为活动的设计者和组织者而开展的共青团活动。团支部活动带有鲜明的社会政治性、组织任务性和团员青年发展的特殊利益性。

（二）团支部活动的特征

1. 实践性。这是团支部活动最基本的特征。活动是客观实在的,它总是以某种载体的形式出现,没有载体的活动是不存在的。团支部活动是一种特殊的行为过程,是富含鲜活内容的真切体验过程,即为某种特定目标或任务而进行的实践性的行动。正是通过这种富有动感的特定的系列性行动,才能显示团支部的功能、状态及其存在价值。离开了实践性,团支部活动也就成了纸上谈兵。

2. 感奋性。这是团支部活动的行为特征。感奋性是由团员青年身心特点决定的。团员青年心理的感应性和感受性强、情绪情感的可燃性高、行为的张扬性大,因而在青年活动中往往体现为感奋、激越的群体特征,且能较快出现高原现象,形成一时的热岛效应。团员青年的这一身心特点是团支部活动显得气氛热烈、场面红火的重要原因之一,但同时也较易导致群体行为的盲动性和非理性化。

3. 时代性。这是团支部活动的风貌特征。时代塑造青年,青年创造历史。在社会变迁中,团支部活动带着鲜明的时代印记,尤其是在中国特色社会主义现代化建设的宏观背景下,团支部活动的时代性更为显著,具体表现在:在价值取向上,求真务实、开拓进取,以服务社会和促进青年全面发展为依归;在内容取向上,配合时政形势和抓住青年热点,发挥青年组织的政治功能和社会功能;在形式取向上,适应青年身心特点,注重创意,标新立异,追逐和更新社会时尚,满足青年精神需求。

4. 发展性。这是团支部活动的运行特征。社会变迁和青年进步,决定了团支部活动具有显著的发展性。发展是团支部活动永恒的主题,团支部活动是在开放发展的社会大背景下行进的。这种与时俱进性主要表现在:在工作理念上,从组织为本向青年为本的方向转变,注重团员青年人格的全面发展;在活动风格上,显示强烈的社会责任意识的同时,体现人本性、世俗化,展示人性美和人情美;在活动样式上,借助新媒体,放大和增添信息化的元素和分量。

二、团支部开展共青团活动的意义

胡耀邦同志说过,团的工作不要坐而论道,要搞活动。一年不搞一两项有影响、有实效的活动,青年团的威力就不行,就没有生气。这一思想,是对几十年来共青团工作的经验总结,辩证地阐明了团的活动与团的战斗力的关系,也说明了团的活动在共青团工作中的重要作用。对于直接面对广大青年的团支部来说,活动就是共青团的生命。具体说来共青团活动的重要作用表现在以下四个方面。

（一）团活动是团支部完成共青团基本任务的主要途径

团支部活动是团支部发挥社会职能、完成时代重任的现实载体。《中国共产主义青年团章程》明确规定了共青团的性质。"共青团是广大青年在实践中学习共产主义的学校"决定了它不是以直接传授系统的科学理论为主要手段的，而是以各种实践性质的活动为第一课堂，通过活动来教育组织青年、引导青年、服务青年、维护青年的合法权益，从而达到既定的工作目标。在努力实现中国梦的新的历史时期，共青团要在经济建设中起推动作用，在思想教育中起引导作用，在服务青年中起积极作用，在稳定社会中起促进作用，促使广大青年坚定理想信念、练就过硬本领、勇于创新创造、矢志艰苦奋斗、锤炼高尚品格，这都需要通过各种生动活泼、丰富多彩的活动来实现。离开了活动，共青团的一切工作就无法展开，要完成共青团的基本任务只能是一句空话。实践性是共青团工作的最显著最基本的特征。共青团的发展历史证明，正是凭借活动这一重要途径，共青团才能很好地完成或正在完成各个历史阶段的工作任务。

（二）团活动是团支部充满活力的不竭源泉

任何一个政党和团体，都离不开活动。作为共青团组织最基本细胞的团支部，活动是其工作的主要内容，是体现其是否具有生命活力的根本所在。一个团支部活动常搞常新，深受领导支持和团员青年欢迎，这无疑是自转能力强、生命力旺盛的表现；如果一个团支部基本没有活动，一年四季沉寂冷清，那么其存在价值和作用发挥也就可想而知了。可以说，没有哪一个优秀的团支部不是从活动中获取生命源泉的，也没有哪一个松瘫和半松瘫的团支部是经常置于活动之中的。因此，活动也是衡量团的工作合格和先进与否的主要标准。

正因为活动如此重要，一个团支部一年至少要搞一两次有影响、有实效的活动。通过活动，带动团的整个工作，加强团的自身建设，使团组织充满不竭而蓬勃的生命活力。

（三）团活动是团干部锻炼成长的极好舞台

共青团工作不是一种适应性的单纯事务，而是一项开创性的复杂工程。在千头万绪的工作中，关键是抓活动，活动是团务操作的纲绳，抓住了它，整个共青团工作就会纲举目张且满盘皆活。

但如何抓好它，却实实在在是一门领导艺术，可以综合反映出一个团干部的知识和能力素养。共青团作为一个群众性组织，在实施各项工作任务时，大多不是像行政机构和经济组织那样，采取权力型和命令式的方法，而是凭借团干部个人影响力，以青年喜闻乐见的活动形式来进行。这是共青团活动区别于其他活动的重要一点。从共青团活动的设计到实施，直至结束的总结和宣传，都无不是对团干部的口才、文笔、组织协调能力、社交能力等多方面的锻炼。在现实中，无数团干部就是在一次次的各种类型的共青团活动中得到磨炼而迅速成长起来的。当他们离开共青团岗位时，留下的是对活动的美好记忆，培养成的是多种多样的实际能力。

第二节　团支部活动的策划

一个共青团的活动分为策划与实施两个阶段。理想的策划是成功实施的前提。共青团活动的策划指活动组织者在调查研究基础上，以独创性的见解和新颖的表现形式，为吸引和调动活动对象，并以效益最大化为终极目标而对整个活动进行艺术化筹划的过程。它既是活动组织者主要的工作内容，又是一种独特的领导行为，更是一种动态发展的领导艺术。

主题、内容、形式这三大要素是共青团活动策划中不可分割、有机统一的整体。三大要素的统筹策划，体现出设计者对活动的总体规划。一般活动的主题要素设计在先，其次为活动内容要素，二者确定后，选择适当的形式要素。除了三大要素外，共青团活动的策划还要考虑时间、地点、人员和经费等要素。

一、活动主题的策划

活动的主题是活动的指导思想、宗旨、目的要求最凝练的概括与表述，是统领活动各个环节的"纲"，并贯穿活动始终，是活动最精髓的部分，在一定程度上影响着活动内容的安排、活动形式的选择和其他要素的策划。

团支部活动因其内容和形式的不同而有各自的主题，但无论何种活动主题，其基本属性和共同标志，应是社会和谐发展和团员青年全面进步的统一，这是任何一种共青团活动所应贯穿的思想主线。

（一）主题定位

共青团作为党的助手和后备军，其开展的活动必须紧紧围绕党在一定历史时期的中心任务，全面服务于社会主义现代化建设，这是根本原则。同时，共青团作为先进青年的群众组织，必须为团员青年的成长、成才做出实实在在的服务，这是共青团活动的主要出发点和落脚点。因此，共青团活动主题的确立，应寻求党的中心工作与青年需求的结合点，以准确而全面地体现共青团的本质，使主题具有鲜明的时代特征和青年特色。例如，企业团组织开展的青年文明号等活动，既为企业带来显著的经济效益，又取得良好的人才效益和一定的社会效益，力争实现组织满意、青年高兴、社会赞扬的多赢局面。

如何使这两大要素有机结合并得到最佳体现，是酝酿、确立团活动主题的核心思想，是对主题进行锤炼提升的首要工作。共青团活动的主题，折射了组织者的理论水平和思想高度。

（二）主题口号的设计

主题一旦确定，其外在的表现，需要用艺术化的语言来高度概括，以很好地表达活动的意图，这就是经过锤炼而形成的口号。主题口号不仅是活动的形象符号，更是活动主题的集中反映，具有强烈的鼓动和明显的昭示作用。活动的策划者不仅要认识口号的作用、树立口号意识，更要群策群力潜心设计优秀的口号语言。口号设计的忽略，必然是活动的一个缺失；口号设计的随意，也将带来活动的一种缺憾。其要求是简洁明快，响亮动听，上口易记，如"岗位学雷锋，行业树新风"、"奋斗的青春最美丽"等等都是主题口号设计较好的实例。

二、活动内容的策划

（一）活动内容的选定

活动内容的选定，大致有三方面的考虑。

1. 党在一定历史时期的中心工作。共青团作为党的助手和后备军，决定了共青团的工作必须服务于党在一定历史时期的中心工作。因此，团支部在选定活动内容时，要深入研究党在一定历史时期的路线、方针、政策，充分注意形势发展的要求，充分考虑国情、党情、民情。党的中心工作给团的工作开辟了更为广阔的活动领域,也为活动内容的选定提供了许多素材和先例。所以要不断研究新事物,丰富团的活动内容,使团支部的活动内容更具有时代气息。

2. 本组织、本部门近、远期工作目标。共青团开展活动,要服务于经济建设,面向经济建设,根本体现在于配合完成本组织、本部门的工作目标。共青团开展活动要紧紧围绕所在组织的总体工作,积极参与所在组织的各项工作,完成本组织急、难、新、重的工作任务。所以,团的活动要选定这些方面作为重点内容,这也是共青团工作获得党、政支持最为重要的因素。

3. 满足青年需要,捕捉青年"兴奋点"。满足青年需要,是基层团组织开展团的活动,让团员青年满意、团结教育团员青年的基本途径。只有急团员青年之所急,想团员青年之所想,才能代表青年利益,为团员青年服务,才能吸引、凝聚团员青年参加共青团活动。因此,选定团的活动内容首先要从满足青年需求的角度出发。

团支部在选定活动内容时还要注意青年在一段时间内的"兴奋点",这也是选定活动内容的一个重要参考。团的活动内容触及青年热点问题是有针对性地开展青年工作的一个重要表现。只有针对他们的热点问题来选定活动内容,才能使团支部的活动内容不断变化、多彩纷呈。

(二)活动类型

共青团的活动的内容是非常丰富的,不同时间、不同地区、不同行业、不同支部都可以有自己不同的活动内容。一般而言,共青团活动按照内容的不同,大致可以分为以下七类。

一是教育活动。这类活动以马列主义、毛泽东思想、邓小平理论、"三个代表"重要思想、科学发展观和习近平总书记系列重要讲话精神学习以及党的方针、政策学习为中心,包括理论教育、形势政策教育、理想教育、道德教育、纪律教育、爱国主义和革命传统教育等在内的各种思想教育。

二是生产活动。这类活动以在各条战线的生产劳动中发挥各种突击作用的活动作为内容,包括在本职岗位上创一流成绩和组成突击队完成急、难、新等突击任务,承包生产工程等。

三是科技活动。以学习科技知识,进行发明、技术革新为内容的活动,包括生产过程中的科技活动和非生产过程的科技活动。

四是公益活动。以绿化祖国、美化生活、服务人民、方便社会为宗旨的不计报酬的社会公益活动和志愿服务活动。

五是组织活动。以团的组织建设和思想建设为主要内容的活动,包括发展组织、整顿组织和组织生活会等。组织活动不同于一般的思想教育活动。

六是文娱活动。以文化娱乐为目的的活动,如唱歌、跳舞、知识竞赛、读书、演讲、旅游、书法、绘画等均属此类活动。

七是体育活动。就是组织青年因地制宜地开展体育活动,帮助青年增强体质。

三、活动形式的策划

一个团活动要有吸引力,就要有理想的表现形式。形式本身既受制于主题和内容,又对其具有直接的反作用。如何为主题和内容寻找一个完美的表达方式,是团活动设计极富艺术性的一个问题,其基本思路就是要突出青年特点。青年是团活动的主体和对象,在进行活动形式设计时,就要充分考虑青年身心特点和特殊利益,符合青年的审美趣味。

(一)活动要适合青年生理特点

人生进入青年期会发生一系列变化,他们在生理上身体强健、活泼好动、精力充沛,那些运动性强的活动就较受他们的喜爱。例如,某市组织"重走长征路"的活动,不仅政治内容好,而且其形式十分切合青年对远途跋涉的向往,所以报名参加皆非常踊跃。再如,海外青年组织经常搞的"生存能力锻炼"活动,也值得团活动设计者们借鉴参考。

(二)活动要适合青年心理特点

1. 新潮、弄潮。

青年总是感社会风气之先,引社会风尚之变。首先,青年热衷追逐新潮时尚。在共青团活动中,突出新潮色彩和放大时尚元素,是迎合青年心理需求、吸引青年踊跃参与的必要选择。例如,青年使用新媒体比例较高,团组织可以利用新媒体开展线上线下的活动,以有效地吸引青年参与。其次,青年的弄潮心理,即争强好胜、热衷比试和敢冒风险等,这也是青年活动应着力体现的重要方面。当代青年具有强烈的自我意识,个性张扬。因此,在活动中,强化竞争因素,突出青年的表现欲,借助竞赛、PK 等形式吸引和刺激青年,以其强烈的荣誉感为诱导调动其参与活动的热情,是活动化平淡为神奇的重要方法。

2. 喜新、喜短。

青年在时间形式上具有展望性,在空间形式上具有开放性,在社会活动上具有灵活性。这些特性决定了青年具有喜新厌旧、标新立异、不断求变的心理特点。因此,共青团活动在整体面目和活动细节上都要以创新的思维精心构建、力图突破。活动组织者必须有前瞻意识、广泛的信息,要从多方面进行学习借鉴和思想碰撞。共青团活动整体过程宜短不宜长,各项内容的设定务必精悍、紧凑。在活动实施过程中可进行必要调节,以便将活动集中于高潮的营造。高潮过后,戛然而止,给人以余音绕梁、回味无穷之感,使活动参与者对未来新的活动有所期盼和向往。

四、活动的其他要素作用发挥

共青团活动的策划,除了上述三大要素外,还要注重活动的其他要素。这些要素的作用发挥是一个完整的共青团活动的有机组成部分。

(一)人的要素

1. 强化活动的主体意识。

团员青年是活动的主体,是共青团的工作对象,是共青团活动的主要参加者和实施对象。在活动中,强化活动的主体意识,就是让广大团员青年清楚地认识到,他们是活动的主体,是美好活动的创造者。让他们都来设计团的活动方案并积极参与活动的具体实施,使团的活动有更多的参加者,以此来扩大团组织活动的覆盖面和影响力,达到最大限度地团结、教育青年的目的。团的活动应该避免一味迎合,只对上负责,不对青年负责的现象出现。团干部应该有这样的认识:广大团员青年之所以积极参加团的活动,是因为他们能在活动中直接受益。在不断给予不断受益的关系中,团的活动才能接续不断地开展下去。所以,团的活动要最大限度地立足于团员青年、面向团员青年。还应当指出,团干部如果真正把团员青年视为主体,在设立团的活动时就应该把他们的思想状况、年龄特点、兴趣爱好等作为设计活动方案的重要依据和要考虑的重要因素,认真对待,充分调动团员青年参加活动的积极性。当代青年参与意识十分强烈。他们参加企业和单位的管理、经营,参与青年之间的横向联系,参与社会的各类活动,对团的活动更有较大兴趣。因此,团支部应该把这种参与意识转化为参加团的活动的积极性加以保护和充分调动,为团员青年提供参与机会和展示舞台,并使他们得到锻炼,促其成长。

2. 培养、选拔一批骨干分子。团的活动光靠几个团干部"独立作战"是不行的,要特别注重培养和选拔一批骨干分子作为共青团活动的基本力量。这些骨干分子应热心于团的活动并各有专长,能够有效地组织和实施团的各类活动。团组织可以动员有特长的青年骨干组建青年兴趣小组,由青年兴趣小组承办团组织的活动,这样既可以丰富团员青年的工作生活,又可以搭建平台助推青年骨干脱颖而出。

(二)时间要素

什么时间开展什么样的活动,不同种类的活动怎样选择活动时间等都是团支部进行活动策划时要重点考虑的问题。

1. 按照时间的自然顺序开展活动。经过长期的共青团活动实践,对于什么时间适合开展什么类型的的活动已经形成一定的规律。要充分利用这一规律,在不同的时间节点安排各类不同活动,全方位地活跃团的活动。在按照时间顺序开展活动时,一定要考虑到当前党政中心工作对共青团工作的新要求和青年的新变化,不能沿用旧的传统的做法。

2. 按照活动种类的时间要求选择开展活动。团的活动有不同种类,那么时间的选择应有所区别。生产突击活动和团的业务活动等要多选择八小时以内的团的法定活动时间。在这段时间内,应配合各部门的生产任务来搞技术比武、劳动竞赛活动,还可安排团员的组织生活、学习及组织发展等活动。团的文化娱乐活动可多利用团员青年的闲暇时间,举办联谊会,小型联欢会,开展棋类、球类活动,旨在丰富团员青年的业余文化生活。

3. 团的活动安排要与本单位的总体工作的时间部署同步。团的工作应是本单位总体工作的有机组成部分。团的工作要服务于单位总体工作,因而在活动时间的安排上要与本单位的总体工作时间部署同步。本单位一定时期的工作重点,就应该成为那一时期共青团活动的重点。然而,只是简单地配合还不够,还要求我们善于把握有利时机主动出击。要在本单位面临急、难、新、重的生产任务和工作的时候,把团的队伍拉上去,开展团的活动,为本单位排忧解难。有作为才有地位。共青团在单位中发挥了有效作用,单位领导就会在今后的共青团活动中给予不同程度的人力、物力、财力支持,这又会促进共青团活动产生更好的效果。这是良性互动的关系。

(三)地点要素

活动地点的选择也是设计团的活动的重要因素之一。

在挑选活动地点时,首先应注意人数的多少。团小组开展小型活动,要安排一个较小的活动空间,便于形成较好的活动气氛。其次,地点的选择还应注意季节性,如春季可以安排郊外踏青拓展、冬季多选择室内活动。

同时,我们还应该看到,由于团的活动领域的不断拓展,团的活动质量要求越来越高,活动内容也日益丰富,使得团的活动的空间迅速扩大。目前团的活动在地点的选择上更具时代性和开放性。单位的党团活动室、社区活动中心、青年中心、各类青少年服务站,以及区域共建委员会各成员单位的共享阵地等,都成了共青团的活动的重要阵地和依托,在积极地发挥着作用。

五、团支部活动方案

当一个团活动经过周密的设计,从主题思想到内容、形式及其要素都已定位,将要付诸实施时,就要把这些既定的要素化为具体的方案,即形成一定格式的文字材料。一般而言,团支部活动方案的书写格式大体如下:

1. 活动题目:有时可用主题语言点题。

2. 目的要求:点明开展活动的依据及所要达到的目标。

3. 经费:说明经费来源,匡算活动所需的费用额度。

4. 时间:确定准备时间和正式进行时间。

5. 地点:确定正常地点和应变地点。

6. 人员：写明活动对象，预计共有多少人参加，确定主持人，还有活动骨干的具体分工。

7. 活动准备：写明活动阶段所要做的主要事情。

8. 活动内容与步骤：可按具体情况分条目来写，也可用全景式的描述，把活动将要开展的全过程用艺术化的语言表现出来。

9. 注意事项。

10. 活动结果预测。

第三节 团支部活动的组织实施

俗话说："谋事在人，成事在天。"如果剔除其唯心主义的色彩，这其中恐怕还有些主观与客观、必然与偶然之间的辩证关系的道理。要使团支部组织的每一项活动都能富有成效，必须注意主观能动性与客观规律性的关系。

活动的准备，无非是物质准备和精神准备两方面。活动的准备、活动的进行和活动的总结是统一的活动过程前后相继的三个阶段，而其中每一阶段的具体实施都有较强的操作性和技巧性。正是由于这种特别突出的实践性特点，基层共青团活动的组织者和参与者能够从各自具有的素质和条件出发，组织出不同特色、不同风格、不同亮点的共青团活动，从而使团的活动色彩纷呈、琳琅满目。

一、活动的准备

这里所说的活动准备，主要是指在落实活动计划的过程中所做的舆论准备和物质准备等。

（一）活动的舆论准备

开展任何一种类型的活动，都需要在活动开展之前，利用各种传播方式让参加者了解活动的目的和要求、内容和形式、时间和地点、仪式和步骤等情况，其目的在于上下一心、步调一致地搞好活动。

开展学习教育性活动之前和活动进行之中，可利用宣传栏、墙报、微信公众号等宣传手段，宣传活动的意义，也可利用座谈会、工作会了解群众的反映和存在的问题,利用一切可以宣讲的机会宣传活动的内容和要求。

开展生产活动和公益活动时,除了利用宣传栏、QQ 群、微信群等宣传手段外,还可以通过张贴标语口号、美化环境等方式烘托活动气氛,使活动有一定声势和影响。

开展文化体育娱乐活动时,则可通过鼓励报名参赛或组织各种练习和备赛活动,自下而上地营造一种青年跃跃欲试、兴致渐浓的氛围。

活动实施之前的舆论准备工作,不是可有可无,而是必有环节。舆论准备工作扎实、充分,活动效果就会事半功倍。舆论宣传造势,有助于团员青年提前了解活动意义和内容,形成良好的心理准备,在活动进行中能快速进入角色,调高活动效果。

(二)活动的物质准备

活动的物质准备,包括开展活动所必需的经费、工具、器材、学习资料、音响设备、场地等物质条件的准备。

开展学习教育类活动,应准备好学习资料、文件,需要课件展示的还要准备好电脑、投影仪等器材。对于参加人员较多的讲座或辅导报告,要落实好会场和音响设备,同时音响设备最好安排专人负责调控。对于参加人数较少的小型学习或讨论会,要选择较小的房间,以使氛围轻松随意。对于知识竞赛活动,事先要准备好会场和包括音响设备、抢答器、赛台、记分牌等在内的各种器材。

开展生产劳动类活动,如劳动技能竞赛或技能培训,需要准备必要的工具和设备。

开展社会公益类活动,可根据服务对象的不同需求,准备必要的器材或工具;对于户外志愿服务活动,还可以准备志愿服务旗帜、帽子或其他带有标志性的服饰。

开展文化娱乐类活动时,对于棋牌比赛、书法比赛、体育比赛、文艺晚会、联谊会、红歌会、艺术节或校园文化节等,除了准备必要的文体用品和音响器材外,还特别要搞好环境的美化和进行必要的服饰准备。对于外出参观考察活动,则要事先派人联系接洽,路途较远的活动要落实好交通工具和食宿问题。对于户外拓展活动,要落实安全措施,备好医药用品,避免出现事故。

开展活动所需物质准备,要从实际出发,厉行节约。经费的来源一方面依靠领导支持,另一方面依靠整合资源,因陋就简,力争少花钱多办事,不花钱也能办事。活动的物质准备过程,也是对团干部办事能力的培养和锻炼过程。

二、活动的实施

活动方案制订出来以后,就要实施方案。实施方案的过程是活动的组织者和活动的参加者共同运作的过程。

活动的实施包括:有正确的工作方法;恰当的组织形式及工作团队;严格按照布置、检查、反馈、调整、总结等一系列程序落实方案的工作流程。

(一)活动实施的指导方针

正确的活动组织指导方针应当是目标明确、责任落实、程序合理、讲求效率。

目标明确,是指要严格按照计划去实施,已经约定下来的事情,不要随意改变,否则会造成重复劳动或无效劳动。责任落实,是指实施计划的每一步骤必须明确责任、落实到人,抓而不紧等于不抓。程序合理,是指按照主次、轻重缓急的顺序,合理地安排活动落实的日程表,讲究科学运筹的工作方式。讲求效率,是指按时完成预定计划的要求,使活动的组织富有节奏感和时效性,用较少的活动投入去获得较大的工作效益。

(二)活动的实施形式

依开展活动的性质、内容的不同,其组织形式和人员结构也不尽相同。

学习教育类活动,依对象的层次、范围的不同以及学习内容的不同,其组织方式灵活多样:可以是集中学习、报告辅导,也可以是分组讨论、分专题研讨;可搞热点问题的座谈,也可搞专题的辩论会。在活动形式上要注意发挥组织者的权威性,提出明确的时间要求,注意集中与分散相结合、普遍号召与具体指导相结合。

生产劳动类活动,一般以行政部门和生产班组的自然形式组织活动。活动要注意围绕单位的生产经营和根本任务来开展。利用班前、工后或业余时间选准适宜发挥集体力量的突击性任务,组织团员青年打硬仗,发挥生产突击队的作用;还可以组织创新创效活动,搞好"五小"活动,即小发明、小创造、小革新、小设计和小建议活动。窗口单位还可以开展青年文明号活动,推动单位实现经济效益、社会效益和人才效益的统一。

社会公益类活动的形式更加灵活多样。团支部可以发动团员青年集中力量进行一些有利集体、方便群众、造福社会的公益活动或志愿服务活动,如生态环保、敬老助残、义务咨询、助学助困等。开展社会公益类活动,要注意积极引导与自愿参加相结合,注重发挥团员青年的积极性和主动性。

文化娱乐类活动是最能贴近青年,最能活跃青年生活和调动青年热情的活动。开展此类活动,特别要注意尊重青年的特点和需求,立足于群众性、多样性、教育性和愉悦性这四个特点,因地制宜,见缝插针。活动实施中,要注重有特长的青年骨干的发现、培养和使用,发挥青年骨干的带动和辐射作用。

(三)活动的指导与参与

团干部作为活动的具体领导者和组织者,要做好活动的指导和参与工作。

1. 强化主体意识。团干部既是活动组织者,又是活动参与者。在活动设计与实施中,要注重站在活动普通参与者的角度审视活动的各个步骤和环节,使活动设计和实施更加贴近广大普通团员青年。

2. 做好宣传发动。活动的组织者要通过各种渠道将活动的目的、要求、程序和注意事项告知参与者。伴随着新媒体的普及应用,应注重线上宣传和线下宣传的有机结合。

3. 做好过程掌控。活动进展中的每一个阶段,随时注意问题的反馈,及时做好总结,必要时对活动进行适当调整。这对大型系列活动尤为重要。第一,及时检查方案执行和实施的进展情况,保证按预期目标活动。第二,及时修正方案中的不足部分,使方案更贴近实际。第三,及时掌握青年情绪,调动青年参与热情。第四,及时创造下一步活动所需条件,调整工作顺序,保证活动取得最佳效果。同时,团干部要积极参与活动,在活动中发挥潜在的示范和引领作用。

三、活动的总结

活动要善始善终,不能虎头蛇尾,因而做好活动总结非常必要。总结的方式可以根据活动的内容与形式的特点灵活运用。

学习教育类活动,可以用上下结合的方式进行总结。对于此类活动,通常由党支部领导部署总结学习收获和集中讨论结果,统一思想认识。活动的参加者,通过口头总结或书面总结两种方式交流学习收获和感想。

生产劳动竞赛类活动,小型活动结束后,一般由领导总结活动情况,表扬先进事迹或业绩突出者。大型活动结束之后,通常召开表彰大会,对在活动中做出突出成绩的团员青年进行表彰,颁发奖品、奖状,或由这些先进模范人物宣讲个人事迹。

志愿服务活动,一般在活动结束后,要及时对参与者进行表扬,对团员青年的公益精神给予肯定。

文化娱乐类活动,可以通过向比赛优胜者颁奖、优秀节目汇报演出、举办小型成绩汇报展等方式总结。

活动总结的目的,在于充分展示成果,肯定成绩,总结经验,查找问题和不足,表彰先进和优胜者,鼓励团员青年以更大的热情投入今后的活动。

思考练习题

一、判断题

1. 共青团活动指共青团组织根据青年的身心特点和特殊利益,围绕党的中心工作和奋斗目标而开展的有组织、有目的、有计划的实践活动。　　（　　）

2. 活动的主题是活动的指导思想、宗旨、目的要求最凝练的概括与表述,是统领活动各个环节的"纲"。　　（　　）

3. 活动形式策划要考虑青年的生理和心理特点。　　（　　）

4. 活动的主题口号不仅是活动的形象符号,更是活动主题的集中反映,具有强烈的鼓动和明显的昭示作用。　　（　　）

5. 团支部活动安排要与本单位的总体工作的时间部署同步。　　（　　）

二、选择题（下列选项中,至少有一个正确答案）

1. 团支部活动最基本的特征是（　　　）。

A. 实践性　　　　　B. 感奋性　　　　C. 时代性　　　　D. 发展性

2. 正确的活动组织指导方针应当是(　　　)。

A. 目标明确　　　　B. 责任落实　　　C. 程序合理　　　D. 讲求效率

三、简答题

1. 团支部开展活动的意义是什么?

2. 团支部活动策划的要素有哪些?

3. 团支部活动内容的选定主要应考虑哪些方面?

4. 团支部活动方案的书写格式是什么?

思考练习题答案

一、判断题

1. 对　2. 对　3. 对　4. 对　5. 对

二、选择题

1. ABCD　2. ABCD

三、简答题

1. 团支部开展活动的意义是什么?

共青团活动是团支部完成共青团基本任务的主要途径;

共青团活动是团支部充满活力的重要源泉;

共青团活动是团干部锻炼成长的极好舞台;

共青团活动是团员青年展示风采和成长、成才的重要舞台。

2. 团支部活动策划的要素有哪些?

活动主题、内容、形式、时间、地点、人员。

3. 团支部活动内容的选定主要应考虑哪些方面?

党在一定历史时期的中心工作;本单位、本部门近远期工作目标;满足青年需要,捕捉青年"兴奋点"。

4. 团支部活动方案的书写格式是什么?

第一,活动题目。有时可用主题语言点题。

第二,目的要求。点明开展活动的依据,以及所要达到的目标。

第三,经费。说明经费来源,匡算活动所需的额度。

第四,时间。确定准备时间和正式进行时间。

第五,地点。确定正常地点和应变地点。

第六,人员。写明活动对象,预计共有多少人参加,确定主持人,还有活动骨干的具体分工。

第七,活动准备。写明活动阶段所要做的主要事情。

第八,活动内容与步骤。可按具体情况分条目来写,也可用全景式的描述,把活动将要开展的全过程用艺术化的语言表现出来。

第九,注意事项。

第十,活动结果预测。

第八章

团干部作风建设

　　《中国共产主义青年团章程》明确提出："团的各级领导干部要做团员和青年的表率，模范地履行团员的各项义务，刻苦学习，勤奋工作，勇于创造，自觉奉献，做党放心、青年满意的干部。"让党放心、让青年满意是我们党历代领导集体对共青团的一贯要求。团干部队伍是共青团工作的骨干力量。要推动共青团工作再上新台阶，关键是建设一支高素质的团干部队伍。能否有一支高素质的干部队伍尤其是基层团干部队伍，直接关系到团的基层组织和基层工作能否把团的根本职责和各项职能落到实处。肩负重任的基层团干部一定要认真对照习近平总书记提出的20字"好干部"标准和对团干部提出的"坚定理想信念、心系广大青年、提高工作能力、锤炼优良作风"重要要求，积极适应新时期青年群体的思想和需求多元化的特点，全面提高自身各项素质，刻苦学习，苦干实干，严格自律，走好人生每一步；既有干事创业的激情，更有脚踏实地的作为，为做好团的各项工作提供坚强作风保证，真正做到"党放心、青年满意"。

　　讲作风建设，先要明确什么是作风。作风最早的意思是指文艺作家在一系列创作中所表现出来的特有的手法、技巧和风格；后来演变的另一个意思指的就是思想上、工作上和生活上一贯表现出来的态度、行为，如作风正派、官僚作风等。对于一个政党来说，一个政党和它的成员在政治、思想、组织、工作、学习、生活等方面表现出来的一贯态度和行为就是党风。党风反映着党和党员的政治立场、思想原则以及道德行为，它来源于思想，形成于实践，表现于行动。党风既是党的整体或大多数党员共同作风的体现，又是党员个人意识的表现，它是外在的,是通过党的组织和党员个人的行动表现出来的,可以直接观察到、感受到;一旦形成某种风气,不管是优良作风还是不正之风,都会在一定时间内相对稳定下来,并且会在党内流行开来,表现在党的整体、党的各级组织和党员活动的各个方面。所以一个政党的作风建设是个永恒的课题,常抓常新。中国共产党的历代领导集体都高度重视作风建设,并致力于抓好作风建设尤其是领导干部的作风建设。历史和实践反复证明,什么时候党的作风建设得好,我们党的事业就兴旺发达,我们就能战胜比我们强大得多的敌人和种种艰难险阻,领导人民取得一个又一个胜利;什么时候党的作风建设得不好,我们的事业发展就会受到影响,就会出现各种各样的问题。共青团是执政党的青年组织,是我们党联系青年的桥梁;团干部是党的干部,团干部的作风建设直接关系着团的作风建设。党的要求和青年的使命决定了团干部的作风建设必须贯彻党的作风建设的要求,同时结合团的组织、干部队伍和工作的实际情况,创造、丰富和发展团的作风建设。

共青团十七届六中全会明确提出,深化共青团改革,大力推进从严治团,这既是做好新形势下党的青年群众工作的应有之义,更是共青团组织担当好党的助手和后备军、巩固和扩大党执政的青年群众基础、永葆共青团生机活力的必然要求。广大团干部必须始终坚持党的领导,坚决听从党的指挥,坚定向党中央看齐,从巩固和扩大党执政的青年群众基础的战略高度,充分认识经济社会变革对团的基层组织和基层工作带来的新挑战,按照党的要求自觉加强思想作风、工作作风、学习作风和生活作风建设,这样才能在团的岗位上打好"底色"、筑牢"地基"、立足岗位、建功成才。作风建设常抓不懈、常抓常新。广大团干部应切实加强作风建设,完成历史赋予的带领广大青年实现为中华民族伟大复兴的中国梦而奋斗的使命。

第一节　思想作风建设

用什么样的思维方式研究问题,认识世界,这是思想作风建设的问题。思想是总开关。相对于学风、工作作风和生活作风,思想作风具有前提性、基础性、根本性、支配性。作风建设首要是思想作风建设。团干部都是党的青年干部,青年又是可塑性极强的群体,人生观、世界观、价值观以及事业观、政绩观尚处在树立、完善的时期,因此加强和改进思想作风对团干部来说是第一位任务。

共青团工作涉及社会生活各个方面,共青团工作面对的青少年群体分布在各行各业每一个领域,在这个青少年群体背后涉及的是千千万万户家庭,可以说共青团工作跨度大,涉及面广,思想性、政治性强。要做"党放心、青年满意"的团干部,思想政治不过硬是完成不好党交给我们的使命的。因此党中央一直以来强调要坚持不懈地加强团干部的思想作风建设。作为新时期的团干部必须坚定向党中央看齐,"高扬理想主义旗帜,坚持用科学的理论武装头脑、指导实践、推进工作,自觉为理想去奋斗、去拼搏、去奉献,努力在广大青年中树立威信、形成号召力"。

一、理想信念必须坚定

坚定的理想信念是我们战胜艰难险阻、赢得胜利的强大精神支柱。

邓小平同志说:"我们这么大一个国家,怎样才能团结起来、组织起来?一靠理想,二靠纪律。"党的十八大报告指出:"共产党人必须坚定理想信念,坚守共产党人精神追求。对马克思主义的信仰,对社会主义和共产主义的信念,是共产党人的政治灵魂,是共产党人经受住任何考验的精神支柱。"坚定的理想信念,是我们党强大的政治优势,是我们战胜各种艰难险阻夺取胜利的重要法宝,是每个党员干部包括团干部的终身必修课。把理想信念挺在前面,是全面从严治党要求在共青团的集中体现,是从严治团必须坚持的目标方向,是共青团保持和增强政治性、先进性、群众性的思想基础,是共青团与党同心同德、同向同行的精神力量。

(一)理想信念是立身之"基"

理想信念看不见摸不着,但和人的才能、力量相比,它不能不占首位。它决定着人的价值观念、精神状况、作风行动,关系着我们党的纯洁性、先进性,关系着党的凝聚力、战斗力,是我们的立身之本。理想信念的坚定,是根本的坚定;理想信念的动摇,则是根本的动摇。理想信念应该是我们团干部的灵魂和特质,是我们的精气神。打铁先得自身硬。共青团干部硬就硬在我们有着坚定的理想信念。团干部要成为新时期坚定的青年马克思主义者,要锤炼绝对忠诚的政治品格,把对马克思主义的信仰、对中国特色社会主义和共产主义的信念作为安身立命之本,保持对远大理想和奋斗目标的执着追求。

（二）理想信念是精神之"钙"

坚定对马克思主义的信仰,坚定对社会主义和共产主义的信念,坚定我们的革命理想不动摇,是因为理想信念是我们共产党人精神上的"钙"。理想信念缺失或者动摇,精神上就会"缺钙",就会得"软骨病",就会政治上变质、经济上贪婪、道德上堕落、生活上腐化,就会出这样那样的问题。共青团事业是党的事业的重要组成部分,没有对党和人民事业的坚定信念和追求,是做不好共青团工作的。政治上的坚定源于思想上的清醒,团的干部要始终忠于党、忠于人民,坚持用中国特色社会主义理论体系武装头脑,坚定走中国特色社会主义道路的人生信念。有了坚定的理想信念,树立起正确的世界观、人生观、价值观,才会有正确的行动,才能站稳政治立场,把握正确方向,始终牢记巩固和扩大党执政的青年群众基础这个根本职责,自觉地把党的要求贯彻到团的各项工作之中。

（三）理想信念是方向之"舵"

理想信念的坚定有赖于理论上的清醒,也有赖于实践斗争的磨炼。理想信念建立在对科学理论深刻理解的基础上,才能在心里牢固扎根。要不断强化科学理论武装,增强道路自信、理论自信、制度自信、文化自信。作为年轻干部,团干部成长的道路有很多条,根本的一条是要始终高扬理想信念的风帆,把握理想信念这个成长的方向之舵,坚持磨砺人生,做中国特色社会主义事业的建设者、推动者、捍卫者。

二、政治追求必须执着

执着的政治追求是我们战胜艰难险阻、赢得胜利的力量源泉。

习近平总书记在同中央办公厅各单位班子成员和干部职工代表座谈时的重要讲话,明确提出"五个坚持"的要求,第一位的就是"坚持绝对忠诚的政治品格"。强化党性原则,把牢政治方向,坚定理想信念,严守党的纪律,始终在思想上政治上行动上同以习近平总书记为核心的党中央保持高度一致,始终做到对党绝对忠诚,是机关工作的生命线,也是青年工作的生命线,是团干部思想作风建设的前进方向。

(一)政治品格要经得起考验

历史早已证明,坚定正确的政治方向始终是共青团工作第一重要的。面对全面建成小康社会、实现中国梦的艰巨任务,坚定的政治追求更加重要。现在世界正处于大发展大变革大调整时期,我们党面临的执政考验、改革开放考验、市场经济考验、外部环境考验都是长期的和十分复杂的,共青团的工作也同样面临更加艰巨的挑战。团干部必须经得起各种风浪考验,必须始终坚持中国共产党的领导,坚定不移地走中国特色社会主义道路,带领广大青年实现中国梦、为人民利益不懈奋斗。

(二)政治头脑时刻保持清醒

理论是行动的指南,是管思想管方向的,不掌握党的基本理论,就不可能保持清醒的头脑和正确的政治方向。理论成熟是政治成熟的表现。基层团支部是全团工作的桥头堡。基层团干部必须坚持正确的政治方向,牢固树立政治意识、大局意识、核心意识、看齐意识,自觉地向党中央看齐、向习近平总书记看齐;必须时时站在讲政治讲党性的高度不断反省自己在贯彻执行党的路线、方针、政策和决议过程中是否有失误和偏差,深刻审思自己在政策理论修养中是否有惰性和不足;必须在广大团员青年中坚持不懈地积极传播党的声音、传播党的政策主张,积极参与网络舆论引导,在互联网上弘扬主旋律、传播正能量,理直气壮地亮剑发声,澄清模糊认识,驳斥错误言论,旗帜鲜明地开展正面宣传,教育、引导广大团员青年坚定"四个自信",增进对党的政治认同、思想认同和情感认同。

(三)崇高理想应始终坚定坚守

哲学家萨特曾经说过,世界上有两种东西是亘古不变的:一个是高悬于我们头顶的日月星辰,另一个就是每个人心底深藏的崇高信仰。共青团干部应该始终坚持这样的信念:坚持党的领导,牢牢把握正确的政治方向,始终坚持以社会主义核心价值观为引领,全面提高青年的素质,引导青年牢固树立崇高理想和坚定信念,树立正确的世界观、人生观和价值观,投身中华民族复兴的伟大事业。

三、大局意识必须自觉

自觉的大局意识是我们战胜艰难险阻、赢得胜利的思想保证。

"坚持高度自觉的大局意识"应该成为团干部工作的重大基本原则。《中国共产主义青年团章程》就十分明确地规定:"团干部要认真了解党组织工作全局,主动汇报团的工作情况,积极负责地发表意见,结合团的工作实际,创造性地完成党组织交给的任务。"只有了解了组织工作全局,才能坚定思想自觉,牢固树立大局意识,从大局出发,以大局为重,把青年群众工作放到党的工作大局中去思考、定位、摆布,做到正确认识大局、自觉服从大局、坚决维护大局,确保各项决策部署贯彻执行、落地生根。

(一)有大局意识才能把握好工作方向

历史证明,重视并善于从整体、大局、全局上考虑问题,在工作中坚决做到着眼大局、把握大局、服从大局、服务大局,一直是我们党夺取胜利的根本保证,也是我们在长期革命、建设和改革实践中形成的优良传统。团的工作是党的工作的一部分,偏离党的工作大局,共青团工作会迷失方向。做团的工作要能议大事、懂全局、管本行,这是党对共青团提出的要求,指明了正确处理围绕党的中心任务和开展团的独立活动之间的关系,是团干部把握工作方向、提高政治素质、积极做好本职工作的理论依据。团干部要关心党和国家的大事,善于纵观全局、懂得全局,这样才能真正与党中央保持一致,做称职的助手;才能按照党和国家的大事要求做好本职工作,在中国特色社会主义建设事业中更好地动员、组织、引导广大团员青年,发挥青年的突击队作用。

(二)有大局意识敢于担当历史使命

党的十八大和十八届三中全会以来,改革正进入深水区,摆在我们面前的任务都是难啃的"硬骨头"。在这种形势下,遵照习近平总书记的要求,增强大局观念,提高在大局下行动的自觉性,无疑是我们应该高度重视的问题。心中有了大局,不仅可以明确前进方向,而且能够看清具体工作的意义,激发起强大的精神动力。服从大局不是空洞的政治表态。当前,实现"两个一百年"奋斗目标和中华民族伟大复兴的中国梦,是全党全国工作的大局。从总体上说,我们就要在这一大局下行动,扎扎实实地做好共青团的各项工作。

（三）有大局意识就要找准工作结合点

有了高度自觉的大局意识，团干部就要立足当前、着眼长远，把团的工作融于党的工作大局中，联系整个党的工作大局去观察、分析、处理、安排各种事务；要把服务大局、服务青年作为开展工作的出发点和落脚点，认真研究共青团工作面临的新情况、新问题，认真思考共青团工作中的重大问题和基础问题，从党政工作大局出发谋划和推进工作，从根本上、全局上把握共青团工作的方向；要经常关心国内外大事和本地区本单位的大事，了解带有全局性质的政治、经济、教育、文化等方面的形势、情况和问题，从中找准团工作的主攻方向，确定开展团工作的目标、内容和形式。团干部还必须要学会整合社会各方面的资源，统筹协调，形成合力，为共青团的工作营造良好的社会氛围，从而推进团的工作社会化发展。

第二节　工作作风建设

用什么样的精神投身事业、提高工作质量，这是工作作风建设的问题。

一个人是否理想信念坚定，就要看他是否愿意并且能够在现实工作中、艰苦环境下接受考验和锻炼，是否能够真正做到吃苦在前、享受在后、大公无私、锐意进取，时时处处发挥先锋模范作用。基层团干部处在共青团基层建设的最前沿，团干部的工作作风建设就是要树立为人民服务的宗旨意识，坚持以青年为本；要树立问题意识，深入研究本地区本部门青年成长的新特点和新规律，了解他们的思想意识状况、职业分布及就业状况、具体需求情况，掌握第一手资料，有针对性地开展工作，创造性地研究习近平总书记对共青团工作提出的"提高团的吸引力和凝聚力""扩大团的工作有效覆盖面"这两大战略性课题，克服形式主义，办实事，说实话，求实效，克服官僚主义，深入基层，走进青年，服务青年，做青年的知心朋友。2017年1月共青团第十七届中央委员会第六次全体会议通过的《关于新形势下推进从严治团的规定》明确要求，"坚持团内互称同志，不称职务。团支部书记每年要向全体团员述职并接受团员测评"。基层团干部必须严格执行团章要求和各项团内制度规定，必须不折不扣地贯彻落实团中央决策部署，树立强烈的管团、治团意识，坚持原则，勇于担当，严明组织纪律,强化监督问责,确保工作落实到位、制度执行到位。

一、强化实干精神

习近平总书记指出:"真抓才能攻坚克难,实干才能梦想成真。我们要在全社会大力弘扬真抓实干、埋头苦干的良好风尚。"真抓实干、埋头苦干是一种价值观念、实践精神、领导品格、人才标准。真抓实干,埋头苦干,就要抓落实、动真格。抓落实是领导工作中一个极为重要的环节,是党的思想路线和群众路线的根本要求,也是衡量一名党员干部世界观正确与否和党性强不强的一个重要标志。抓落实不是一次性的,要有钉钉子的精神,持之以恒,锲而不舍,善始善终,防止虎头蛇尾。落实就是解决矛盾、克服困难,对实践中存在的突出矛盾和问题不能视而不见、不能回避、不能文过饰非,必须动真格的;不论哪方面的问题,都要抓住不放、深入分析、对症下药,着力加以解决。

(一)谋事要实

邓小平同志强调,任何事情都是人干的。不干,半点马克思主义也没有。团干部是年轻干部,工作热情高,干劲大,要善于抓大事、谋全局、使巧劲,把有限的资金、资源用在刀刃上,把创新的思想火花迸发在岗位上,不断提高工作科学化水平。作为年轻干部应脚踏实地,把"小事"做实,把"虚功"做实,力戒浮躁,切实做到实干、苦干加巧干,坚决克服工作抓而不实、缺乏实干和抓而不长、缺乏韧劲的问题。实干就是团员青年关心的问题,扑下身子干;决策部署的事情,雷厉风行地干;工作中的难点焦点,百折不挠地干。苦干就是要到条件艰苦的一线去,多到矛盾集中、环境复杂的地方去,靠走基层掌握一手情况,靠打基础扭转工作局面,靠接地气赢得群众口碑。巧干就是要坚决反对办事拖拉、敷衍推诿和滥用权力。

(二)坚持群众路线

空谈误国,实干兴邦。我们党经过了几代人艰苦卓绝的奋斗,才带领全国各族人民走上了独立自主、繁荣富强的中国特色社会主义道路。青年需要的是真正心系青年、能干事、干实事的团干部,做好团的基层工作,实现群众组织的政治性、先进性。团干部要把心思放在干事创业上,把工作重点放在抓好落实上;要站在青年的角度想问题,要诚心诚意地和青年做朋友,向青年请教,真切感受青年的所思、所想、所盼;要宣传与贯彻党的方针政策,反映青年的意见呼声与要求,维护青年的合法利益;开展团的活动等各项工作时,不能拍脑袋、想当然,必须从实际出发,充分考虑青年的实际情况和现实需求,切忌主观性和片面性。党的全心全意为人民服务的宗旨不是喊出来的,而是踏踏实实干出来的。团干部要坚决摒弃"官本位"意识,坚决当好"青年友"、坚决不当"青年官",转变思想观念和行为习惯,让直接联系、直接服务和直接引导青年成为团干部的行动自觉和工作常态。

(三)提高执行力

强化实干精神,首先要养成热心为青年服务,帮助青年健康成长、建功立业,与青年同甘共苦的作风。习近平总书记强调,扩大团的工作有效覆盖面,关键是要把工作延伸到广大青年最需要的地方去。强化实干精神一定要深入到团员青年中,经常与广大团员青年面对面交流,了解青年思想,倾听他们的呼声,把握他们的脉搏,服务他们的需求,关心青年进步,维护青年合法权益,为青年排忧解难。习近平总书记要求团干部努力做广大青年的"贴心人""助梦人"和"代言人",使团组织成为广大青年遇到困难时想得起、找得到、靠得住的力量。强化实干精神最关键的还是要提高执行力。提高执行力是加强工作作风建设的切入点。团干部不能只追求表面的轰轰烈烈,要狠抓工作落实,定下来的事就要持之以恒、一抓到底,件件抓落实;要少说空话、多干实事,从大处着眼,从小处入手,不贪多,不求大,不敷衍了事,不做表面文章,不搞没有实际意义的形式和活动,在解决难点、热点、重点问题上下工夫,以扎扎实实的努力换来实实在在的业绩,把党的要求、团的职责扎扎实实地落实到基层、落实到广大青年中,更好地发挥团作为党联系青年的桥梁作用,一步一个脚印地推进团的事业发展。所以说,执行力是检验团干部做人、做事的试金石,是促进团干部想干事、能干事、干成事的助推器。"天下大事必做于细,天下大事必做于实。"吼破嗓子不如甩开膀子,实干不是一种呼喊的口号,它更要装进广大团干部的心里。实干是历史的选择,是共青团事业阔步前进的无穷动力。"不当青年官,争做青年友"是团干部永远需要牢记的实干准则,是团干部做好工作的行动指南。

二、强化责任意识

改革开放以来团的工作历程充分证明,团的广大干部如果没有一种敢于担当和锐意进取的责任意识,如果缺乏一种敢于走前人没有走过的路的信心和勇气,团的工作就很难适应发展变化的社会现实的要求。加强党性修养、增强责任意识是对青年干部的基本要求。古人说:"不患无策,只怕无心。"有责任心的干部,知识不够会主动去学习,经验不够会主动去积累,能力不足会主动去提升。因此,当好团干部,必须要有很强的责任意识。

(一)遇事迎难而上

工作中不会总是一帆风顺,总要遇到一些棘手的问题。面对问题往往有两种态度:一种是尽职尽责,积极作为,迎难而上,敢于担当,认真分析,妥善解决;另一种则是敷衍塞责,马马虎虎,知难而退,推卸责任,得过且过,应付了事。持哪一种态度,反映和体现了一名团干部的责任感和思想境界。团的基层组织和基层工作恰好处于团组织与广大青年的边界,是共青团履行根本职责的主要载体,是实现团的各项功能的基本途径,是团的全部活力的根本标志,决定着共青团最本质的影响力、战斗力和生命力,同时也是当前共青团工作的薄弱环节,共青团事业发展面临的新挑战在此表现得最为集中。团干部相对比较年轻,一般来说缺少工作经验和办法,面对工作中的困难容易产生畏难情绪。这时,更是对团干部的一种考验。遇到困难,不能胆怯怕事、躲闪逃避,而要迎难而上,积极想办法解决。积极进取,攻坚克难,实际上也是团干部处理问题解决问题综合能力的重要表现。基层团干部要紧紧抓住改革机遇,将基层团的工作主动融入基层党建工作大格局,增强主动精神、进取意识,开拓思维,破解工作难题。

(二)勇于担当责任

勇于承担责任是中华民族的优良传统。"利居众后、责在人先"是志士仁人薪火相传的思想标杆,也是中华民族生生不息的精神动力。团干部要主动适应时代发展和青年成长的新特点、新规律,以对党负责、对国家负责、对青年负责、对历史负责的态度,勤于思考,大胆实践,在方法、载体上大力创新,努力破解难题。对于工作中出现的问题和失误,要有正确态度。不能因为问题出现了要承担责任而相互推诿,生怕一不小心沾上不是。要主动查明出现失误的原因,从主观、客观上进行分析，该是谁的责任谁就来承担。对于自己的错误敢于承认，不推不躲，不推诿、不扯皮，进行反思总结，推动工作取得更大进步。

三、强化奉献精神

艰苦奋斗是我们党保持同人民群众血肉联系的一个重要法宝。吃大苦、耐大劳的牺牲奉献精神是我们党在长期的革命实践和建设中形成的宝贵传统，依靠它战胜了一个又一个艰难险阻，创造了一个又一个辉煌成就。这种吃苦奉献精神永不过时。基层团的工作是一项基础性工作，任务重，标准高，要求严，责任大，而且很多基层团干部都是兼职于共青团岗位，除了要圆满地完成自己的本职工作外，还要做好团的各项工作。基层团干部直接面对团员青年，是团的各项工作的执行者和落实者。这一特殊的工作性质，要求基层团干部在团的工作中能够发扬共产党人甘于奉献的优良传统，艰苦奋斗，拼搏奉献，淡泊名利，坚守精神高地，牢固树立大情怀、大胸襟、大境界，自觉弘扬绿叶精神，始终坚持无怨无悔的奉献。

（一）树立正确的事业观

强化奉献精神，就要把工作当作事业，把事业当作追求。基层团干部往往兼职过多、工作繁杂，因而"白加黑""五加二"就成了团的工作的常态。工作时间向8小时以外延伸，势必会占用一些休息和娱乐时间。基层团干部要相信一份付出总有一份收获，把团的岗位当作施展才华、干事创业、无私奉献的平台，多比贡献、少比享乐，多比绩效、少比待遇，树立和坚持正确的事业观、工作观、政绩观；努力摒弃个人利益的狭隘考虑，时刻想着党和人民的利益以及青年的需求，把团的岗位作为学习锻炼、成长成才的途径；始终保持艰苦奋斗、甘于奉献的精神和锐意创新、开拓进取的激情，尽职尽责干好工作，以实干实绩回报党的培养和团员青年的支持。

（二）努力成为奉献型干部

努力成长为让党放心、让青年满意的共青团干部，就要努力成为奉献型干部，自觉把个人的追求与党的要求和团的使命紧紧联系在一起，把个人的成长进步与共青团的事业发展紧紧联系在一起，立志奉献团的事业，真诚服务青年成长,在奉献中实现自身价值,推进事业发展。"不待扬鞭自奋蹄。"基层团干部要正确认识共青团工作中苦和乐、得和失的关系,牢固树立奉献精神,养成"计利当计天下利"的胸襟,不谋虚名,不图小利;要想大事、谋大事;要不怕嘲讽,不怕辛苦,敢做敢为,有容人之量,团结广大团员青年;要有容事之量,带领大家做好团的工作,干出好的成绩。

第三节　学习作风建设

学风问题至关重要,是关系到党和国家事业兴衰成败的重大问题。我们党历来重视抓全党特别是领导干部的学习,这是推动党和人民事业发展的一条成功经验。习近平总书记强调好学才能上进。我们的国家、民族要上进,我们的党和党员干部要上进,就必须大兴学习之风,坚持学习、学习再学习,坚持实践、实践再实践。团干部不抓紧学习,就会落后于时代、落后于青年。团干部是党的干部,就必须成为学习型干部,在学习中开阔视野,在学习中思考,在学习中创新,通过勤奋刻苦的学习充实提高自己,切实提高应对挑战和竞争的能力,增强为人民服务的本领,迎接新形势下新的任务、要求和挑战。习近平总书记在同团中央十七届领导班子成员集体谈话时对广大团干部提出,要坚持向书本学习、坚持向青年学习、坚持向实践学习,不断砥砺品质,提高本领。

完成党交给共青团的各项目标任务,应对复杂多变的国际形势,把握改革发展稳定大局,做好方方面面的工作,对我们的工作提出了新的要求。要做好工作,唯一的途径就是增强我们自身本领。增强本领就要加强学习,既把学到的知识运用于实践,又在实践中增长解决问题的新本领。但在实际工作中确实存在缺少学习兴趣和热情,学习不刻苦、不钻研,满足于一知半解,理论与实际脱节,搞教条主义、照抄照搬,实用主义至上、断章取义、把自己不正确的理解说成是理论的原意和上级的精神等不良风气,这些学风将对党的大业、共青团事业的进一步发展带来极大的危害。毛泽东同志早在延安整风运动中就严肃批评过从本本出发的教条主义是不正派的学风,是反科学的、反马克思主义的、主观主义的方法,是共产党的大敌,是工人阶级的大敌,是人民的大敌,是民族的大敌,是党性不纯的一种表现。因此,努力端正学风,是全面加强包括团干部在内的全体领导干部作风建设面临的重要课题。因此,我们要树立勤奋学习、学以致用、终身学习的思想意识,以时不待我的紧迫感和自觉性,坚持学习、学习再学习,不断获得新知识,掌握新技能,在建设学习型社会中走在前列,做好团员青年学习的表率。

一、勤奋学习

知识就是力量,知识就是财富。古今中外,传承知识、创新知识、学习知识、运用知识始终与历史进步相伴、与社会发展共存,是人类提高自己的重要阶梯,是国家发展兴盛的重要基础。党的十八大提出了建设学习型政党的重大任务。把学习放在第一位,是因为学习是前提,学习好才能服务好,学习好才有可能进行创新。团干部是党的干部,担负着党和人民交付的使命,就要不断提高自己、丰富自己,兢兢业业做好工作,不断提高工作水平和质量。在知识经济时代,一个人必须学习一辈子,才能跟上时代前进的脚步。如果我们不努力提高各方面的素养,不自觉学习各种科学文化知识,不主动加快知识更新、优化知识结构、拓宽眼界和视野,那就难以增强本领,也就没有办法赢得主动、赢得优势、赢得未来。因此,团干部要有加强学习的紧迫感。

团的岗位能锻炼团干部综合的政治素质、群众工作能力、社会动员能力、组织协调能力、意识形态工作能力、介入经济工作的能力等。提高能力,归根到底要靠学习和实践。所以团干部的学习应该是全面的、系统的、富有探索精神的,既要抓住学习重点,也要注意拓展学习领域;既要向书本学习,也要向实践学习;既要向人民群众学习、向专家学者学习,也要向国外有益经验学习。习近平总书记强调,要坚持向书本学习、向青年学习,减少不必要的活动和应酬,尽可能多地挤出时间读书学习、钻研业务,在同广大青年的密切交往中提高工作本领,在同他们打成一片中找到做好青年工作的有效办法。

世界急剧变化,知识层出不穷。虽然我们一直奉行老一辈无产阶级革命家"活到老、学到老"的至理名言,但人的精力是有限的,尤其作为基层团干部,学习肯定不能面面俱到,应结合自己的工作实际有所取舍。团章规定团的各级领导干部要"带头学习政治、经济、文化、历史、法律、科学技术和现代管理知识,不断提高思想政策水平和实际工作能力"。一般来说,首先要认真学习马克思列宁主义、毛泽东思想经典著作,深刻理解和掌握中国特色社会主义理论的精髓和精神实质,不断提高运用马克思主义立场、观点和方法分析解决问题的能力;其次要认真学习党的路线、方针、政策及决议,深刻领会和把握它的时代特征和重大现实作用,不断提高运用政策理论指导具体工作实践的能力;同时也要认真学习哲学、社会科学与自然科学等现代科学文化知识,深化对理论常识的理解,不断拓展理论视野,牢固理论功底。学习的同时要注意系统性,特别是反复读重要学科的经典著作、教科书,以形成支持共青团工作的理论背景和知识结构;还要结合当代中国国情的学习,放眼世界,抓好古今中外人类一切文明成果的学习,吸收和借鉴人类社会创造的一切文明成果,抵御资本主义和封建主义腐朽思想的侵蚀,不断提高思想道德素质和科学文化素质,用马克思主义中国化的最新成果构筑共青团人强大的精神支柱。

二、学以致用

团干部学习不学习不仅仅是自己的事情,本领大小也不仅仅是自己的事情,可以说是关乎共青团事业发展的大事情。作为年轻干部,团干部处在成长的关键时期,要把勤奋学习当作一种政治责任、一种精神追求,争当学习型干部的排头兵。只有加强学习,才能增强工作的科学性、预见性、主动性,才能使工作决策体现时代性、把握规律性、富于创造性,避免陷入少知而迷、不知而盲、无知而乱的困境,才能克服本领不足、本领恐慌、本领落后的问题。

本领不是天生的,是要通过学习和实践来获得的。学习既不是为了沽名钓誉,也不是为了哗众取宠,更不是孤芳自赏。学习的目的全在于应用。实践是检验真理的唯一标准。一种理论,不管多么正确,至多只是指出基本的、一般的东西,只能大体上概括实际生活中的复杂情况。因此,需要在实践中,在实际生活中,在理论联系实际、学以致用的过程中反复进行检验。学以致用是所有学习的最终目标。历史经验告诉我们,能否切实做到联系实际、学以致用,决定着学风建设的成败。

作为党的干部,团干部一定不能抽象地学习,要坚持读原著、学原文、悟原理,真正做到学而信、学而用、学而行。要学用结合,知行合一。要弘扬理论联系实际的马克思主义学风,带着问题学,把工作摆进去。通过学习不断提高用科学理论指导青年工作、解决实际问题的能力；通过学习将自己的专业背景、兴趣爱好和共青团工作需要结合起来，在实际工作中认真思考、总结经验、挖掘规律，不断形成共青团工作的理论根基和知识结构；通过学习，真正把学习转化为分析问题、解决问题的实际本领，转化为改造主观世界和客观世界的实际效果，推动共青团工作再上新台阶。

群众路线是我们党的优良传统和政治优势，一切依靠群众，一切为了群众，从群众中来，到群众中去。我们学习的理论都是来自于实践，来自于广大人民群众的长期实践。要达到学以致用的目标，最根本的方法还是实践，深入实际，加强调查研究。对于共青团干部来说，就是要从青年中来到青年中去。在马克思主义理论的指导下，对基层实际情况、青年的真实思想等了解得越清楚，就越能从实践中抽象出新理论，这就是在"事实"中求"是"（即规律性）。习近平总书记强调，团干部要坚持向实践学习，要敢于到条件艰苦、情况复杂的地方，在躬身实践的体验思考中深化认识、砥砺品质、提高本领。只有深入实际，不断研究新情况，总结经验，把握规律，解决新问题，才能更加有效地指导实践，才能不断推动工作思路、工作方式和自身建设的创新。

三、终身学习

学习应该是持续的，常学常新的。今天我们处在互联网时代，知识更新周期大大缩短，各种新生事物层出不穷，古人所讲的"半部《论语》治天下"的时代一去不复返了！要跟上时代和社会前进的步伐，团干部必须要树立终身学习的理念，始终把学习作为一种责任、一种追求、一种境界，珍惜宝贵时光，坚持不懈、持之以恒地学习，不断丰富自己、充实自己。博学才能多识，厚积才能薄发。

学习始终伴随每个人的一生并影响人的发展。实践无止境，学习也无止境。今天的青年，是未来推动国家发展、参与国际竞争的主力军。作为一名中青年领导干部，学习是一种政治责任、历史使命和重要任务，是加强党性修养、坚定理想信念、提高精神境界的重要手段，是获取知识、提升能力、增长本领的必经之路。团干部要为广大青年作表率，更应当端正学习态度，以面向现代化、面向世界、面向未来的姿态，坚持学习，勇于实践，练就过硬本领，争做栋梁之才。

共青团岗位的政治性、思想性都很强，跨度很大，涉及社会生活各个领域。

而网络时代,各种知识以前所未有的速度进行更新,过去所学的知识很快就过时,只有终其一生地对自己的知识库进行翻新,才能赶上知识变化的步伐。与此同时,身处这样一个飞速发展变化的时代,无疑对团干部各方面的知识结构、能力素质以及解决复杂问题的能力均提出了严峻的挑战,因此必须主动地、随时随地地不断进行学习,加快知识更新,优化知识结构,不断丰富做好基层工作的知识武装和知识储备,这样才不至于在共青团的工作岗位上出现"本领恐慌"。

在互联网发展已经深入人类生活各个领域并成为经济社会发展驱动力的时代,移动互联技术的迅猛发展及应用,对青年一代的思想及生活方式产生了深远的影响,也给新时期共青团工作带来了新的机遇与挑战。基层团干部直接面对团员青年,除了要坚定服务青年的意识,更要增强为青年服务的本领,要做青年群众工作的行家里手,自省自励,加强学习,补充知识,补强能力,补齐短板,善于通过网络走群众路线,提高网上群众工作的能力水平。尤其是基层团干部更要有沉得下心的学习精神,常怀知识恐慌,常找能力差距,常思本领不足,在不断学习中升华精神境界,提高自己的工作能力。只有这样,才能够在移动互联网时代的青年工作中做到不落伍、不失位,才能有丰厚的知识底蕴和牢固的能力根基,才能有宽广的眼界和优良的文化素养,才能形成自己独特的人格魅力。

第四节　生活作风建设

树立什么样的形象,这是加强生活作风建设的问题。"修德"是习近平总书记对广大青年的期望,"锤炼高尚品格"是习近平总书记对团干部的要求。坚持廉洁自律的道德操守就应当是青年干部们的价值取向和必守底线。树立廉洁自律的团干部形象,自觉践行"三严三实",严格执行中央八项规定精神,慎始慎终,慎独慎微,对于思想上行为上的一切形式主义、官僚主义、享乐主义和奢靡之风的东西都要清扫干净,在年轻时打牢拒腐防变的堤坝。要牢固树立以工作业绩支撑个人发展的意识,脚踏实地,迎难而上,锐意进取,全身心投入党的青年群众工作,为做好团的工作提供坚强作风保证。树立廉洁自律的团干部形象,就要加强人格修养、强化自律精神、坚持自省意识。要从严要求,防微杜渐,经得住诱惑,管得住小节,常怀感激之情,常葆进取之心,切实走好人生的每一步。要克服共青团不直接管钱、管物不会犯大错误的麻痹思想,严守道德防线,于细微处规范自己的言行,防微杜渐,从思想观念的源头防起,从行为方式的源头防起,构筑起拒腐防变的长城,为今后走向新的岗位打下良好的思想基础、行为基础、素质基础。

一、加强修养

(一)要严于律己

"严字当头""严于律己"是立身之本、从政之基,是坚定理想信念的根本保障。纪律上要守得严,严格执行党的政治纪律、组织纪律、经济工作纪律、群众工作纪律等各项纪律,守住信念防线、道德防线和法纪防线,在任何情况下都应稳得住心神、管得住行为、守得住清白。要始终牢记"两个务必",加强党性修养和党性锻炼,培养健康的生活情趣,保持高尚的精神追求,自觉抵制拜金主义、享乐主义和奢靡之风。要常思为政之德,常思贪欲之害,常怀律己之心,自重,自省,自警,自励,把党的先进性和纯洁性体现在工作中、落实在行动上,做一个政治坚定、经济清白、作风正派的人,永葆共青团的蓬勃朝气,永葆共产党人的先进本色。

(二)要勇于干事创业

共青团岗位很不容易干,也很锻炼人。在这个岗位上干了什么、留下什么,很值得认真思考。习近平总书记在兰考重要讲话中指出:"焦裕禄同志在兰考工作只有一年多,但在群众心中铸就了一座永恒的丰碑。大家要深入思考这样一个问题:焦裕禄同志给我们留下了那么多,我们能为后人留下些什么?"这启迪我们对实现什么样的人生价值应该有个要求,那就是要努力留下良好的政绩、良好的道德、良好的形象。基层团干部事务性工作多、业务繁忙,容易疲惫拖沓、敷衍塞责,因此更要有宽阔胸襟,把共青团岗位当作施展才华、干事创业、无私奉献的平台,多比贡献、少比享乐,多比绩效、少比待遇,树立干事创业的正确追求。

（三）要弘扬吃苦奉献精神

基层团干部应当正确对待组织，始终忠诚党的事业，热爱团的岗位，心怀感恩之情，以更强的责任感和事业心投入工作，以优异的业绩回报组织的关心与培养。只有时刻铭记组织培养之恩，才能不忘肩负的责任，才能经受住个人利益关系调整的考验，才能始终保持旺盛的工作动力和积极进取的精神状态。要正确对待自己，多从自身找不足、找差距，把心思和努力扑在锤炼品德、增长才干上，矢志成长为德才兼备的干部。要正确对待他人，善于发现身边同志的长处，向身边的同志学习，和身边的同志比奉献、比吃苦、比工作。正确认识自我和他人，会使平庸变为优秀，使自卑变为自强，使消沉变为进取，使自满变为谦逊。

二、自律要严

团干部作为青年工作的领导者和团员青年的表率，应当具备良好的道德品质修养，严于律己、谦虚谨慎、公道正派、清正廉洁。严于律己，对团干部来说至关重要。只有严格要求自己、认真磨炼自己，才能始终保持扎实的作风，才能不断提高自己的思想水平和工作能力。反之，不仅自身无法进步，还会对团的工作造成不小的影响。习近平同志特别强调，团干部大多比较年轻时就担任了一定职务，受到来自社会方方面面的关注多一些。越是这样，越不能放松对自己的要求，越要做到防微杜渐，守得住做人、处事、用权、交友的底线。要养成慎始、慎独、慎微的意识，经得住诱惑，管得住小节，走好人生每一步。

（一）要严格遵纪守法

团干部也是党的干部，一定要自觉遵守党的纪律和国家的法律法规，严格执行党和国家对领导干部的各项规定，养成遵纪守法、清正廉洁的好习惯。要防微杜渐、警钟长鸣，在任何情况下都要顶得住歪风、经得起诱惑、管得住小节。要始终保持谦虚谨慎、戒骄戒躁的好作风，始终做到谨言慎行，不张扬，不自大，多找差距，多补欠缺。要严肃工作纪律，把艰苦奋斗作为一种精神追求，始终保持甘于奉献、不计得失、淡泊名利的境界，保持一种做人做事的敬畏之心，克己慎行，踏实做事。要注意培养健康的生活情趣，保持高尚的精神追求，讲操守、重品行,明是非,辨美丑,正确选择个人爱好,慎重对待交友,坚决抵御腐朽没落思想观念和生活方式的侵蚀,坚决抵制低级趣味。

(二)要有自我批评精神

无论有多大本事、做出什么样的成绩,都要经常反问自省,回头看看自己的工作和责任,查找有哪些可取之处和不足之点,虚心接受批评,自觉接受团员和青年的监督。因为工作和进步的取得离不开党的培养、青年的组织的帮助和青年的支持,所以团干部应当时刻想着党的利益、人民的利益和青年的利益及需求,正确处理个人与组织、个人与集体的关系,努力摒弃个人利益的狭隘考虑,做到国家利益第一、人民利益第一、青年利益第一。要有坚强的党性原则,敢于说真话,敢于排除各种不正之风的干扰,严于律己,以身作则,接受组织考验,接受群众和青年的监督,虚心向群众学习。

三、坚持自省

(一)要有敬畏意识

团干部身处各种人情世故的交汇处,如果不能树立正确的事业观、政绩观,不能理性面对各种利益,思想稍有放松和懈怠,就可能在人情世故的纠缠中丧失原则、沾上污垢,滑向错误的泥潭。有句话说得好:心有敬畏,行有所止。在任何时候任何情况下都不逾越制度这条"红线",不碰纪律这条"警戒线",不触法律这条"高压线";要严格贯彻执行党纪国法和中央关于廉洁从政的一系列要求,从思想上敬畏国家法律、党的纪律,始终做到遵纪守法,时刻恪守权力的边界;从思想上敬畏社会舆论,始终关注青年群众对共青团工作的评论和反映,时刻准备接受青年的批评和纠正工作中的缺点错误,真正做到警钟长鸣、防微杜渐。要经常反思理想信念牢不牢,把党性锻炼作为日常必修课,时刻警醒和检视;经常自问宗旨观念强不强、遇事问心里是否有群众、做事问是否站在群众立场上、政绩问是否体现在群众身上;经常审视遵守纪律严不严,是否做到敬畏党纪、敬畏法律、敬畏组织、敬畏百姓;经常掂量责任履行够不够,是否以寝食不安的态度对待一权一事、以夙夜在公的精神尽到一职一责;经常内省道德操守过不过硬,是否坚持不懈地修身润德、不断追求人格的健全完善。

（二）做人要实

习近平总书记发出的"三严三实"作风建设新的动员令，其中最后一点就是"做人要实"。做人要实，是党员干部为人处世的基本准则，务必贯穿于工作、学习和生活始终。必须知德守正、坚持原则；必须加强修养，敢负责，有担当，讲操守。要经常自我约束，经常自我反省，敢于亮出心灵深处的东西。中华民族是一个高度注重克己修身的民族，在这方面我们的祖先留下了大量宝贵的思想遗产，如"与人不求备，检身若不及""吾日三省吾身""见贤思齐焉，见不贤而内自省也""祸莫大于不知足，咎莫大于欲得"等。这些思想在今天仍然具有现实意义。团干部应当结合时代要求继承和发扬中华民族优秀文化传统，自重，自省，自警，自励，慎权，慎独，慎微，慎友。唯有做人实，方能做好人、谋实事、干成事。

作风建设是团干部队伍建设的重要内容。当前共青团改革正在向纵深发展，共青团事业处在一个新的历史起点上。在全面建成小康社会决胜阶段、努力开创中国特色社会主义新局面的伟大历史进程中，党对共青团更好地发挥作用寄予了殷切希望，青年对共青团工作也提出了更高的要求。如果在新的形势、新的要求面前没有一种奋发有为的精神状态，没有一种求真务实的扎实作风，不能把握新形势对我们的要求，不能把握当代青年的新变化，就不能很好地肩负起党赋予我们的光荣使命。广大团干部要把作风建设放在更重要的位置上，坚持脚踏实地，把"小事"做实，把"虚功"做实，努力在团的岗位上留下坚实的足迹。

"作风建设永远在路上，永远没有休止符。"习近平总书记这样说。作风建设是一项基础性、根本性和长期性的工程。团干部是广大青年的中坚力量，既是教育者又是受教育者，既要自己成长成才又要引领青年成长成才，既不能脱离青年又不能按一般青年的标准要求自己。每位团干部都要认真思考自己的素质与作风是否与团的岗位相适应、是否与社会和青年需求相适应，以积极的态度加强自身作风建设，认认真真学习，老老实实做人，干干净净做事，始终保持一名共青团干部的良好形象，真正做到"党放心、青年满意"，用好的作风推动共青团各项工作实现更好的发展。

思考练习题

一、填空题

1. 习近平总书记在同团中央十七届领导班子成员集体谈话时对团干部提出了四项要求：（　　）（　　）（　　）（　　）。

2. 《中国共产主义青年团章程》明确提出："团的各级领导干部要做团员和青年的表率，模范的履行团员的各项义务，刻苦学习、勤奋工作，勇于创造、自觉奉献，做（　　）、（　　）的干部。"

3. "四风"是指（　　）（　　）（　　）和（　　）。习总书记要求团干部深刻领会中央八项规定的精神实质，养成（　　）的意识，走好人生每一步。

4. 党的十八大报告指出："共产党人必须坚定（　　），坚守共产党人精神追求，对（　　）的信仰，对（　　）的信念是共产党人的政治灵魂，是共产党人经受住任何考验的精神支柱。"

5. 共青团的根本任务是（　　　　　　）。

6. 共青团的政治责任是（　　　　　　）。

7. 共青团的工作主线是（　　）、（　　）。

8. 团十七大以来，习近平总书记对共青团工作提出了两大战略课题：（　　　　）（　　　　）。

9. 习近平总书记强调，要提高团的吸引力和凝聚力，关键是要（　　）。各级团组织要充分认识到，只有思想上精神上的吸引力和凝聚力，才是内在的强大的持久的。

10. 习近平总书记强调，扩大团的工作有效覆盖面，关键是（　　）。

二、单项选择题

1. 团十七大报告强调要坚持党建带团建，以改革创新精神加强团的自身建设，努力建设（　　）马克思主义青年组织，切实增强党对青年的凝聚力、青年对党的向心力、共青团的影响力。

   A. 学习型、创新型、服务型

　　B. 学习型、服务型、创新型

　　C. 创新型、学习型、服务型

2. "四个意识"是(　　　)。

　　A. 政治意识、大局意识、核心意识、看齐意识

　　B. 政治意识、核心意识、大局意识、看齐意识

　　C. 政治意识、大局意识、看齐意识、核心意识

3. 以下说法不正确的是(　　　)。

　　A. 全团抓思想政治引领,共同种好责任田

　　B. "三创"是指创新创业创效

　　C. 共青团的工作队伍包括团干部、团员、青年志愿者、青年社会工作者、大学生村官等

4. 以下哪组词语不是社会主义核心价值观的基本内容?(　　　)

　　A. 富强、民主、文明、和谐　　　　　B. 诚信、友善、爱国、敬业

　　C. 公正、法治、自由、平等　　　　　D. 公平、民主、自由、平等

5. 以下说法不正确的是(　　　)。

　　A. 中国共产党的三大优良作风是理论联系实际、密切联系群众、批评与自我批评

　　B.《中国共产主义青年团章程》规定:团的各级领导干部要做青年的表率,模范地履行团员的各项义务,刻苦学习、勤奋工作、勇于创造、自觉奉献,做党放心、青年满意的干部

　　C. 艰苦奋斗是使我们党保持同人民群众血肉联系的一个重要法宝

6. 以下说法正确的是(　　　)。

　　A.《中国共产主义青年团章程》规定:团干部要认真了解党组织工作全局,主动汇报团的工作情况,积极负责地发表意见,结合团的工作实际,创造性地完成党组织交给的任务。

　　B.《中国共产主义青年团章程》规定:团的各级领导干部要做团员和青年的表率,履行团员的各项义务,刻苦学习,勤奋工作,勇于创造,自觉奉献,做党放心、青年满意的干部。

　　C.《中国共产主义青年团章程》规定:团的各级领导干部,学习要刻苦,带

头学习政治、经济、文化、历史、法律、科学技术和现代管理知识,不断提高思想政策水平。

7. 国家富强、民族振兴、人民幸福是(　　)的具体表现。

A. 中国特色社会主义道路

B. 社会主义核心价值观

C. 中国梦

8. 团十七大以来,习近平总书记对共青团工作提出了两大战略课题,下列哪个说法不是?(　　)

A. 提高团的吸引力和凝聚力

B. 加强对广大青年的思想政治引领

C. 扩大团的工作有效覆盖面

9. 习近平总书记要求团干部坚决反对"四风",着力解决广大青年反映强烈的突出问题,为做好团的工作提供坚强作风保证。下列不是"四风"的是(　　)

A. 享乐主义　　　　B. 形式主义　　　　C. 浮躁之风　　　　D. 官僚主义

10. 作风建设是一项(　　)的工程。

A. 基础性、整体性和长期性

B. 基础性、根本性和长期性

C. 基础性、系统性和长期性

三、判断题

1. "理论联系实际""密切联系群众""批评与自我批评"是中国共产党的三大优良作风。　　　　　　　　　　　　　　　　　　　　　　　　(　　)

2. 群众路线是中国共产党的优良传统和政治优势。党的群众路线是一切依靠群众,一切为了群众,从群众中来,到群众中去。　　　　　　　(　　)

3. 邓小平同志说:"我们这么大一个国家,怎样才能团结起来、组织起来? 一靠理想,二靠纪律。"　　　　　　　　　　　　　　　　　　　　(　　)

4. 自我牺牲是我们党的优良传统和作风,使我们党保持同人民群众血肉联系的一个重要法宝。　　　　　　　　　　　　　　　　　　　　　(　　)

5. 2013 年 5 月 4 日习近平总书记在同各界优秀青年代表座谈时对广大青年提出了"勤学、修德、明辨、笃实"的要求。 （　　）

6. 扩大团的工作有效覆盖面，关键是要深入基层，到青年有需求的地方，真心诚意地为他们排忧解难，努力增强党对青年的凝聚力和青年对党的向心力。 （　　）

7. 习近平总书记认为团干部要坚持向书本学习、向青年学习、向前辈学习、向实践学习。 （　　）

8. 爱国、敬业、诚信、友善是社会层面的价值准则。 （　　）

9. 作风建设是一项基础性、根本性和长期性的工程。 （　　）

四、简答题

1. 2013 年 5 月 4 日习近平总书记在同各界优秀青年代表座谈时对广大青年提出了哪五条要求？

2. 习近平总书记认为团干部应如何学习？

3. 应如何扩大团的工作有效覆盖面？

4. 简述"中国梦"的内涵。

5. 简述"社会主义核心价值观"24 字基本内容。

思考练习题答案

一、填空题

1. 坚定理想信念；心系广大青年；提高工作能力；锤炼优良作风

2. 党放心；青年满意

3. 形式主义；官僚主义；享乐主义和奢靡之风；慎始、慎终、慎独、慎微

4. 理想信念；马克思主义；社会主义和共产主义

5. 培养中国特色社会主义事业建设者和接班人

6. 巩固和扩大党执政的青年群众基础

7. 围绕中心；服务大局

8. 提高团的吸引力和凝聚力；扩大团的工作有效覆盖面

9. 高举理想信念的旗帜

10. 要把工作延伸到广大青年最需要的地方去

二、单项选择题

1. B   2. A   3. C   4. D   5. B   6. A   7. C   9. C   10. B

三、判断题

1. 对   2. 错   3. 对   4. 错   5. 错   6. 错   7. 错   8. 错   9. 对

四、简答题

1. 2013年5月4日习近平总书记在同各界优秀青年代表座谈时对广大青年提出了哪五条要求？

   第一，广大青年一定要坚定理想信念。

   第二，广大青年一定要练就过硬本领。

   第三，广大青年一定要勇于创新创造。

   第四，广大青年一定要矢志艰苦奋斗。

   第五，广大青年一定要锤炼高尚品格。

2. 习近平总书记认为团干部应如何学习？

   广大团干部要坚持向书本学习，减少不必要的活动和应酬，尽可能多地挤出时间读书学习、钻研业务。

   坚持向青年学习，在同广大青年的密切交往中提高工作本领，在同他们打成一片中找到做好青年工作的有效办法。

   坚持向实践学习，敢于到条件艰苦、情况复杂的地方，在躬身实践的体验思考中深化认识、砥砺品质、提高本领。

3. 应如何扩大团的工作有效覆盖面？

   扩大团的工作有效覆盖面，关键是要把工作延伸到广大青年最需要的地方去。各级团组织要坚持"青年在哪里，团组织就建在哪里；青年有什么需求，团组织就要开展有针对性的工作"，努力使团组织成为联系和服务青年的坚强堡垒。

要努力做广大青年值得信赖的贴心人,深入青年之中,倾听青年呼声,想青年之所想,急青年之所急,忧青年之所忧,把青年的安危冷暖挂在心上。

要努力做广大青年实现梦想的助梦人,针对上学、就业、创业等迫切需求,面向经济困难学生、新生代农民工及其子女等重点群体,充分发挥组织优势,调动社会资源,千方百计为青年排忧解难。

要努力做广大青少年合法权益的代言人,既注重反映青少年的普遍诉求,又引导青少年在典型个案上理性表达意见,逐步形成维护青少年合法权益的工作机制和体系,成为广大青年遇到困难时想得起、找得到、靠得住的力量。

4. 简述"中国梦"的内涵。

中国梦,是中国共产党召开第十八次全国人民代表大会以来,习近平总书记所提出的重要指导思想和重要执政理念,正式提出于2012年11月29日。

习总书记把"中国梦"定义为"实现中华民族伟大复兴,就是中华民族近代以来最伟大梦想",并且表示这个梦"一定能实现"。

"中国梦"的核心目标也可以概括为"两个一百年"的目标,也就是:到2021年中国共产党成立100周年和2049年中华人民共和国成立100周年时,逐步并最终顺利实现中华民族的伟大复兴,具体表现是国家富强、民族振兴、人民幸福,实现途径是走中国特色的社会主义道路、坚持中国特色社会主义理论体系、弘扬民族精神、凝聚中国力量,实施手段是政治、经济、文化、社会、生态文明五位一体建设。

5. 简述"社会主义核心价值观"24字基本内容。

富强、民主、文明、和谐是国家层面的价值目标,自由、平等、公正、法治是社会层面的价值取向,爱国、敬业、诚信、友善是公民个人层面的价值准则。这24个字是社会主义核心价值观的基本内容。

第九章

团干部能力建设

　　团干部是党的青年工作政策的组织者和实施者,是服务青年成长、成才的践行者和带头人。服务大局、服务社会、服务青年既是共青团在新时期的社会职责,也是共青团根本宗旨的具体体现。大力开展团干部能力建设,提升团干部的整体素养和工作能力,对于赢得广大青年对团组织发自内心的认同,更好地吸引和凝聚广大青年具有十分重要的意义。

　　能力始终是个人成长成才的主导因素,因为它是内因,内因是事物发展变化的根据,它规定了事物发展的基本趋势和方向。机遇等其他因素是外因,必须通过内因——我们的能力来发生作用,才能对个人成长起作用,否则外部机遇起不了作用。这就是我们经常说的"机遇来了能不能抓住""机遇常常给有准备的人"。从另一个方面来讲,当没有机遇的时候,我们能够通过自身的能力来创造机遇。

　　人的能力多种多样,依据人类能力的功能,可以分为认识能力和实践能力等。认识能力是认识问题的能力,其低级形态是敏锐的感觉和观察力,其高级形态是创新思维和创造性思维,包括观察力、记忆力、分析力、想象力、思维能力,其构成逐级递增。实践能力是指实际工作中的能力。当前在工作中所用到的能力主要有科学判断力、决策能力、思想教育能力、整合社会资源能力、沟通协调能力、调查研究能力、应对复杂局面能力、依法行政能力、管理能力、总揽全局能力以及创造力、表达力、理论研究等实践能力。

　　基层团干部直接面对青年,青年群体的复杂性决定了共青团工作的复杂性。从理论上讲,团干部应该是一位"杂家",应该是具备各种能力的青年领袖,但现实往往是需要这些团干部在实践中去探索、总结、提高,不断地攻坚克难,不断创造出有效引领青年、做好青年工作的好思路、好做法。针对基层团干部的工作实际,我们选出四种能力提出团干部能力建设的要求。

第一节　学习能力

一、学习的意义

学习是增长才干、提高能力的主要途径之一。习近平总书记要求,团的干部必须提高工作能力,勤奋学习,向书本学习,向实践学习,向青年学习,在同广大青年的密切交往中提高工作本领,在同他们打成一片中找到做好青年工作的有效办法。

我国目前正处于各方面事业迅猛发展的重要时期,行政体制改革和政府职能转变向纵深推进,社会公共服务领域也正在发生巨大变革,共青团组织作为党领导下的先进青年群团组织,是党的助手和后备军,在国家阔步发展时期承担着重要的历史任务,即共青团组织的发展正处在一个新的历史起点上。在这样的新时期、新形势下,共青团组织各项工作也面临着新的挑战:社会背景变革,形形色色各类组织大量涌现,为广大青年参与社会生活提供了更多的选择和途径;同时,在新的历史条件下,当代青年的生活方式、行为方式、交流方式和聚集方式发生了巨大变化,这也要求共青团组织必须改变以往的工作方式,适应时代发展潮流。竭诚服务广大青年、组织青年紧密围绕在党的周围一直以来都是共青团组织工作的核心内容。

团干部只有牢固树立终身学习的观念,带头用科学理论、市场经济理论、现代文化科技知识丰富自己,不断完善知识结构,养成主动学习、不断学习的习惯,才能提高思想政策水平和在市场经济条件下驾驭共青团工作的能力。

二、学习的原则和要求

团干部的学习主要把握自觉性原则、时代性原则和实效性原则。

中共中央、国务院印发的《中长期青年发展规划(2016—2025 年)》指出

"青年是国家经济社会发展的生力军和中坚力量。党和国家事业要发展,青年首先要发展"。团干部首先是青年,发展既是需要,也是职责;团干部还要承担引领青年的重要职责,必须有学习的自觉。要充分发挥学习主动性,始终成为终身学习的践行者,努力成为全面学习的引领者。

《中长期青年发展规划(2016—2025年)》还指出,"必须清醒认识到,青年发展事业与社会主义现代化建设的新要求、经济社会发展的新形势、广大青年的新期待相比,还存在不少亟待解决的突出问题。主要是:青年思想教育的时代性、实效性有待增强,用共产主义和中国特色社会主义引领青年,用中国梦和社会主义核心价值观凝聚共识、汇聚力量的任务尤为紧迫"。团干部的学习必须充分体现时代性和实效性原则。

学习的内容选择很重要,团干部是青年中的佼佼者,应该自觉把学习重点调整到具有鲜明时代性和实效性的内容上来,努力学习、深刻领会共产主义和中国特色社会主义,用中国梦和社会主义核心价值观凝聚青年共识、汇聚青年力量。

在现阶段,有必要对团干部加强学习提出要求。

党的十六大报告中明确提出了建设全民学习、终身学习的学习型社会的目标。习近平总书记强调,青年一代要"增强知识更新的紧迫感,如饥似渴学习,勇于到条件艰苦的基层、国家建设的一线、项目攻关的前沿去经受锻炼、增长才干,不断提高与时代发展和事业要求相适应的素质和能力"。新时期团干部更要始终把学习作为第一要务,紧跟时代和社会前进的步伐,做勤奋学习的表率。

(一)不断提高自身理论素质

团干部的素质,包括理论素质、思想政治素质、道德素质、业务素质、能力素质和身体素质等若干方面。其中,理论素质是最基本的素质,它是高于其他素质的基础和前提。只有首先着眼于理论素质的提高,才能使思想政治素质、道德素质从根本上得到提高。

理论上的成熟是政治上成熟的基础。政治上的清醒和坚定,来源于理论上的清醒和坚定。团干部只有具备了较高的马克思主义素养,才能认清社会历史的发展规律,牢牢把握世界发展的趋势,不被暂时的挫折所困扰和动摇,始终坚定社会主义信念和共产主义理论；才能树立正确的政治观点，坚持正确的政治方向，站稳正确的政治立场，不管在任何时候、任何情况下，都能保持政治上的清醒和坚定，经受住各种风浪的考验；才能增强政治鉴别力和政治敏锐性，善于见微知著，透过现象看本质，在错综复杂的矛盾和斗争中驾驭全局，在关键时刻把握方向，在重大原则问题上明辨是非；才能牢记党的全心全意为人民服务的宗旨，廉洁奉公，勤政为民，不说空话，多干实事，在改革开放和现代化建设中奋发进取、建功立业。理论上的混乱，必然导致政治上的脆弱乃至动摇。因此，团干部要带头学好理论，牢固树立正确的世界观、人生观、价值观，学会运用理论指导团的各项工作，团结带领广大青年在改革开放和现代化建设中充分发挥突击队作用。

（二）广泛学习科学文化知识和社会知识

当代青年是中国先进生产力的发展者和实践者，也是中国先进文化的生产者和传播者。团干部必须加强自身修养，包括学习各方面的科学文化知识和社会知识。文史知识有助于提高理解问题的能力、语言表达能力，有助于进行工作洽谈和协调、总结活动的经验、提升工作水平；哲学、历史、心理学知识有助于提高分析问题、认识问题的能力，善于处理管理中的各种矛盾，协调各方面关系，掌握公众心理，根据不同对象的特点和要求运用不同的方法开展工作；经济、法律知识有助于掌握经济规律，依法办事，提高办事能力；美学、音乐、绘画知识有助于陶冶情操、净化心灵，使人情趣高雅，充满活力，工作中积极热情、充满自信；各地民俗民情知识有助于广结人缘，应对自如。

（三）刻苦钻研业务知识

团干部要力求使自己成为"通才"，除了广泛学习科学文化知识外，还要加强现代领导科学和管理知识学习，如行政管理知识以及决策科学、领导科学、社会学、公共管理、公共关系学等。此外，还要加强专业知识学习，就是拥有良好的行业背景和优秀的从业经验，准确把握本地区、本单位、本行业的发展状况，把自己培养成专家型团干部。

（四）大胆创新和广泛涉猎

"大胆设想，小心求证。"团的理论要创新，用创新发展的理论指导工作实践,同时在实践中不断丰富、完善和发展团的理论。传统的团干部作风正是将务实和激情完美结合的典范。青年人要敢于梦想,对未来是什么样子一定要有清晰的设想,然后全力以赴把它做到最好。团干部就是要在努力工作中找到位置,让生活变得丰富、生动、成功。

为更好地服务于青年,团干部要刻苦学习外语、文艺、写作、演讲、微机操作及活动策划等方面的新技能,让自己在青年中成为魅力典范,切莫眼高手低被人耻笑,最终失去对青年的号召力。

三、团干部提高学习能力的方法

一个组织的学习能力,是各种竞争能力的核心。当前的团干部对加强学习的重要性、必要性和紧迫性有着深刻体会和认识,而要解决的问题是学习效果不佳、能力提升不快,有的死记硬背、不求甚解,有的思而不学、学用脱节,有的只注重向书本学习、不注重向实践学习和向群众学习,甚至有的团干部学习目的不纯,为捞取文凭而学、为晋升职位而学,学习功利性太强。为此,必须正确认识学习,努力提高学习能力。

(一)学习要有刻苦精神

"书山有路勤为径,学海无涯苦作舟",没有刻苦精神学不到真正的知识。刻苦一定要在兴趣指引下才变得有意义,否则学习效果一定不会太好。有了兴趣就会思考,"学而不思则罔,思而不学则殆";善于思考,善于质疑,学习效果就会很好。刻苦是表象,它其实是在兴趣和求知欲下的一种必然表现。崇拜和羡慕有文化有知识的人是一个很好的诱因,以他们为榜样则是进取的动力。无论如何,要有兴趣作为支撑,要有榜样时时鞭策。

(二)学习要会利用零散时间

一天都是 24 小时,但如何利用则是能否最大限度发挥时间效益的关键。团干部可能很难找到比较长的一段时间集中学习,但是零散时间的总量加起来也不可忽视。比如说作息时间,如果减少应酬时间、每天早起一点,那样每天就可以多学习一段时间,这就是收获;长此以往,就是为成功做积累。善于学习也不仅仅是看书,在工作岗位上学习提高也很关键。基层团干部更多的学习是在本职岗位上,是在和广大青年打交道的过程中,是在组织每一次的共青团活动中,也是在每次的交流和活动结束后的总结归纳中,结合书本知识寻找理论支撑的总结归纳是团干部工作中切切实实的提高。

第二节　沟通能力

一、沟通的概念

本节的沟通特指共青团干部和团员青年通过观念、知识、情感等信息的交换和行为的协调而促成彼此间的理解、友谊与合作,从而使共青团干部能顺利地开展团的思想政治工作的一种有意义的互动历程。

二、沟通的原则

团干部的沟通主要把握目标明确性原则、时间效率原则和人性化原则。

沟通的目标要有明确性。无论和上级沟通还是和团员青年沟通,目标必须明确,即通过交流、沟通,双方就某个问题可以达到共同认识的目的。

强调沟通的时间概念。沟通的时间要简短,频率要增加,在尽量短的时间内完成沟通的目标。

强调人性化作用。沟通要使参与沟通的对象认识到自身的价值,主要包括在和上级沟通时让上级认识到自己的价值,和团员青年沟通时让他们认识到自身的价值。只有心情愉快的沟通才能实现双赢。

三、共青团工作中的主要沟通方式

团干部不仅要学会与上级沟通,及时得到上级的帮助和指导,让有关领导了解团支部的工作情况,便于工作的协调和监督;又要及时与团支部的团员青年进行沟通和协调,得到团员青年的配合与帮助,创造大家相互之间愉快的工作和生活的氛围,争取大家一起成长和成才。

(一)如何与上级沟通

团支部与上级的沟通主要是指与上级团组织、同级党组织和自己所在单位的行政组织之间的沟通。与上级的沟通主要是为了让领导了解掌握本团支部的全面情况，及时指导、监督和支持团支部的工作。团支部在进行这些沟通时要注意以下方式方法：

1. 利用恰当的方式沟通。

恰当的沟通是顺利开展工作的"需要"，也是获得有关领导认可和指导的"需要"，还是自我学习和发展的"需要"，所以要做到以下几点。

（1）定期汇报。及时将自己的工作进度向相关领导反映，一方面可以赢得支持，同时也使相关领导及时了解自己的工作情况，便于领导掌握全面情况。

（2）适时请求帮助和指导。工作中遇到问题和困难时，可以请求上级领导给予帮助和支持。领导的帮助和支持一方面可使工作少走弯路，另一方面也让领导了解和掌握相关情况，及时作出正确的决策，但也要注意选择好与上级沟通的时机和事项。

（3）及时向上级领导提供有效信息。把团员青年的新思想和新动态、工作中遇到的新情况和新问题提供给有关领导，以便领导了解和掌握全面情况，及时作出正确决策。

2. 沟通时注意的问题。

（1）了解上级。了解要进行沟通的有关领导的个性品质、作风、沟通风格、决策风格、兴趣爱好等等，可以更好地选择沟通时机和方式，使沟通更加积极有效。

（2）了解自己。明确沟通要达到的目的，弄清楚自己的风格，充分了解自己的长处和弱点，在进行沟通的时候可以扬长避短，使沟通更加充分有效。

（3）提前准备好沟通内容。基层团干部要善于对每天遇到的信息进行分析、过滤和总结，从中提炼出有价值的准确信息，及时与相关领导沟通交流。

（4）讲究"问"和"听"的技巧 。"问"是指在碰到不得不问的情况时，一定要敢于开口问。要培养和训练问的方法和技巧，做到简短、明确，必须保证自己认识正确、思路清晰，否则就不可能带领团员青年干好工作、干出成绩。

"听"是指在听领导讲话时既要用耳也要用脑，服从但不盲从，不能只点头示意，必要时要认真做好记录，便于正确贯彻领导的意图。

（5）勇敢地提出自己的建议。沟通的目的是为了达成共识，必要时要敢于提出你的建议,以供领导决策。有水平的建议必须配合有技巧的说话方式,做不做决策、怎样决策则是领导的职责。

(二)如何与团员青年沟通

与团员青年沟通的目的是寻求对方的配合与帮助,沟通时一定要谨记:团员青年是工作的依靠力量,要善于尊重他们,特别要尊重他们的人格尊严和进取精神,维护团员青年的积极性和创造性,本着公正、平等、民主、信任的原则,真诚地对待他们。

1. 正确认识本支部的团员青年。

每个人都有不同的个性,作为青年人的"头儿"一定要了解团支部里每个团员青年的优缺点,清楚他们的诉求,然后再有针对性地去考虑:如何发问,如何倾听,如何表扬,如何批评,如何说服等等。

2. 进行良好沟通需要注意的主要问题:

(1)善于把握要点,发现问题;

(2)认真倾听他们的声音,不要剥夺别人的话语权;

(3)营造轻松的沟通气氛;

(4)产生意见分歧时,切勿意气用事;

(5)"站着指挥"不如"做着指挥"——自身的公正严明、身先士卒就是无声的命令;

(6)经常使用"微笑沟通";

(7)不要吝啬使用"赞美语言"等。

第三节　调研能力

一、调研的概念

调研,即调查研究,是指人们运用特定的方法和手段来考察和研究社会的一种自觉的认识活动。具体而言,调查研究指的是采用问卷、访问或观察等方法,系统地收集并分析资料来认识社会的社会研究方式。

根据调查对象和范围,调研可分为全面调查、个案调查、抽样调查。

全面调查也称普查。这种调查具有即时性、全面性特点,人力物力消耗大,一般只适用于关系国计民生和重大战略需要的调研课题,也可以利用日常掌握的基本情况、原始数据做真实的统计汇总。全面调查一般适用于描述性研究。

个案调查是从全体研究对象中选取有代表性的个案进行深入的调查研究。这种调研省时省力,但获得的材料难以程序化、标准化。个案调查一般适用于定性研究,与抽样调查配合使用可以相得益彰。

抽样调查是运用概率论和数理统计原理从研究对象总体中抽取部分样本进行调查,通过对样本的调查分析推论总体情况的一种社会调查方法。这是团内使用相当广泛的方法。抽样调查和全面调查比较,有范围应用广、时效性强,节省人财物力的优势;和个案调查比较,有代表性强、准确性好、误差可以计算控制等优势。其缺陷是全面性不及普查,深刻程度不及个案调查,最好的办法是配合使用。它是团内调研中使用频率最高的。

根据调研工具和手段,可以分为观察法、问卷法、实验法、文献法。这里只谈一下在团内推广最快、应用最广的问卷调查。问卷调查最困难的环节是选择指标和设计问卷。选择指标是解决"调查什么"的问题,设计问卷是把调查指标操作化为调查对象便于回答的具体问题。一份完整的调查问卷包括五个部分:一是明确的标题,让接受调查者对要调查的内容一目了然;二是清楚的填写说明,语言既要简明易懂,又要委婉礼貌;三是主题内容,包括调查对象个人基本情况和调查的全部问题;四是确定每一个问题的编码号,便于计算机进行数据处理;五是问卷末尾的感谢语。同时,在每个调查栏上,还要附调查实施情况备忘录,便于了解调查过程中遇到的问题以做必要的复查。

二、共青团调研工作的原则

(一)客观性原则

社会的发展具有不以人的意志为转移的客观规律性,社会调查研究的目的就在于探究这种规律性的东西。调查研究本身也应该坚持客观性原则,只有手段具有客观性,才能达到目的的客观性。客观性原则是调查研究必须遵守的首要原则。

客观性原则要求研究者必须真正深入实际,进入调查研究的现场,收集第一手资料,并充分占有资料;要求研究者对调查取得的资料采取实事求是的态度,不能带有个人的主观偏见和成见,更不能任意歪曲和虚构事实。

(二)理论和实际相结合的原则

调查研究是在理论的指导下进行的,任何调查课题的提出和调查的开展,都必须以一定的理论为前提和指导。研究者对资料的收集和分析都有其理论预设,如怎样取舍资料、对资料如何判断等都要涉及理论。调查研究目的就在于检验旧的理论,提出新的理论。

为此,要选择科学的、适合具体调查课题的理论作为调查研究的指导。首先是选择理论范式。范式即人们借以观察世界和理解世界的立场、观点和方法。其次要在调查研究的过程中去检验和修正理论,使理论更符合实际。

(三)定性分析和定量分析相结合的原则

定性分析是对调查资料进行归纳、分类、比较,在事物的联系和变化中去把握其特征和性质的分析方法,它无法对不同事物的特征做数量上的比较和统计分析。定量分析是从调查中收集数量化的资料,运用统计学的原理和方法进行分析,从中找出社会现象之间相互关系的一种统计分析方法。

二者各有优缺点:定量分析的标准化和精确化程度高,使科学的社会预测成为可能,大大推进了理论的抽象化和概括化,但是它很难获得事物的深入、广泛的信息,容易忽略事物深层的动机和具体的社会过程,不能抓住事物的本质特征;而定性分析则有助于从总体上把握事物的本质特征,但定性分析缺乏认识事物的准确性和精确性。二者结合才能取长补短,是社会科学研究的科学性的体现。

三、调查研究的方法

没有调查研究就没有发言权,没有调查研究就没有科学决策的依据。调查研究是一切社会工作的逻辑起点,是团干部的基本功,更是基层团干部开展工作的"法宝"。以下着重谈两方面问题:

(一)团的调研工作的一般过程

1. 确定调研课题。确定调研课题通常要考虑它的意义和可行性。团的调研要选择对全局工作有重要意义的调研课题,选择可以操作的调研课题。

2. 做好理论准备。一是调查者应当熟悉与调研课题相关的理论知识并选择适当的研究方法;二是了解相关的文献资料,掌握该课题已有的研究成果,更好地把握调研课题的主体内容。

3. 做出理论假设。理论假设至少应当包括关于调研对象的某些有一定依据的新知识,可以说明或解决某些问题,描述性、解释性、预测性均可;要求必须符合马克思主义的认识论,符合已知的和验证过的客观事实,符合思维逻辑。

4. 制定调研方案。调研人员必须决定如何测量和检验自己的理论假设,决定调查对象的规模和收集研究资料的方法,建立调研的总体框架,设计调查问卷、调查表或拟定调查提纲,制定抽样方案和调研计划等。选择最合适的调研方法是关键。

5. 实施调查计划。实施调查计划包括争取有关机构支持;选择并培训调查人员,让每一个参加调研的人都清楚地了解调查的目的,掌握基本的调查技术;对调查员的工作要进行督察,保证调查质量。

6. 调查数据和材料的分析处理。按照一定的程序和方法,对获取的材料进行编码、聚类、净化。常用的方法有计算机处理调查问卷和手工处理访谈、座谈资料。

7. 撰写调研报告,解释调研结果。全部成果将以研究论文、调查报告、专著等形式得到表达,调研的理论和应用价值得以实现。

(二)调研资料的整理和调研报告的写作

1. 资料整理。对分散的、没有条理的、不系统的事实材料和调查数据进行加工整理,使之成为有用材料;包括对定性资料的分类和简化,也包括对定量资料的统计分析、汇总和分组。

2. 调研报告的类型。调研报告是研究者将所收集到的资料进行系统的加工整理,以书面形式表述调研结果的一种方式。这是调查研究的最后步骤,要求调研者用文字报告准确表述研究结果以及自己的观点与建议。它直接关系到整个调研的质量和价值,一般分为综合报告和专题报告。

3. 调研报告的结构。一篇完整的调研报告应当包括五部分:一是调研的主题及意义;二是该调研课题前人已有的研究成果以及本研究的创新意义;三是介绍研究对象基本情况、调查过程及资料来源;四是介绍对调查资料进行分析研究的方法;五是系统的阐述研究结果,必要时要提出解决问题的对策与建议。

4. 撰写调研报告需要注意的问题。主题必须明确;思路必须清晰,一般要先列出写作提纲,对所有材料的使用做出统筹安排。使用的概念、术语必须准确、规范、前后统一、没有歧义;要考虑读者的具体情况和不同要求,选择恰当的语言风格。

第四节　创新能力

一、创新能力的内涵

创新能力是在创新意识和观念基础上提升的一种综合能力,是个体运用已有的基础知识和可以利用的材料,并掌握相关学科的前沿知识,产生某种新颖、独特的有社会价值或个人价值的思想、观点、方法和产品的能力。它是人们在顺利完成以原有知识、经验为基础的创建新事物的活动过程中表现出来的潜在的心理品质,具有综合独特性、结构优化性的特征,能教人学会创新思维、教人如何进行创新实践以及解决遇到的各种现实问题。

二、团干部创新的原则

团干部创新主要遵循"两个有利于"原则,即有利于党政所需、有利于青年所求。这是由共青团的性质和任务决定的。在此不作赘述。

三、团干部创新的方法

(一)团干部创新的一般方法

1. 培养求知欲。

只有具备勤奋求知精神,不断学习新知识,团干部才能在创新性国家建设中发挥突击队作用,才能适应日新月异的科技变化;没有勤奋求知的精神,必将影响到分析、解决问题的视野和方法。求知的过程是无止境的,团干部要不断发现自身的缺陷和不足，不断学习与积累，大胆开拓与实践。"学而创，创而学"，才能不断开发出自己的创新潜能。

2. 爱护好奇心。

好奇心是求知欲的具体表现，又是潜在的创造性因素。有志在知识社会有所创新、有所发展的团干部，要在实践中去培养和锻炼自己的好奇心，培养问题意识，敢于打破传统与习惯，不敢越雷池半步是阻碍创新的壁障。要善于在自己接触到的现象，特别是在新奇的现象面前提出问题，敢当"出头鸟"。

3. 善于总结。

创新的前提是继承。没有继承，就无所谓创新。任何创新，都是在既有的经验教训基础之上进行的。因此，团干部要学会在实践中不断总结自身的经验教训，并且在此基础之上推陈出新。

除了总结自身的经验教训外，还应善于总结别人的经验与教训，取其所长补己所短，要学会站在"巨人"的肩膀上继续攀登，而不必舍去已有的"楼梯"另行爬高。

4. 不怕挫折。

创新是一种探索性的思维，是在走前人没有走过的路，犯错或者失败是难免的。虽然"失败是成功之母"的道理人人明白，但是"一朝被蛇咬，十年怕草绳"的心理也经常形成条件反射。重大创新一开始往往不被人所理解，也不易通过，并且失败的可能性也大。要想出创新成果，就要有胆量，要冒风险。怕失败就出不来创新。创新需要经过不断总结经验、修正错误、调整方向，这样才有可能取得成功。

（二）团干部创新的具体方法

1. 综合就是创新。

综合就是创新的方法，要求团支部在组织相关活动时博采众长。如果只把一个团支部活动的某一个亮点采用拿来主义的做法，移植在自己支部组织的活动中，是模仿而不是创新；如果把几个团支部活动的亮点采用拿来主义的做法，移植在自己支部组织的活动中，集几个新的点子于一身，则是创新。譬如，有的支部建立了民主决策机制是创新，有的支部建立了民主监督机制是创新，有的支部建立了民主管理机制是创新，如果你所在的支部把民主决策、民主监督和民主管理机制都建立起来了，那么你就建立了团支部的新型民主建设机制，也是创新。

2. 逆向思维。

改变思维定势是创新的一种重要方法。猫捉老鼠是思维定势，而老鼠戏弄猫则是逆向思维。美国的迪士尼公司就是用这种思维方法让猫和老鼠抓住了不同国家、不同年龄和不同文化背景人的眼球。过去多少年的团建工作经验都是在现实世界中建团，如果能根据本单位的实际工作情况，在网络的虚拟世界中建立团组织并很好地发挥了团组织的作用，就是团建方式的创新。

3. 否定性思维。

失败可能是成功之母，也可能是创新之源。如果不是当年那个失意的秀才把豆腐放坏了，有可能我们现在还没有机会品尝到臭豆腐的美味。创新可以在失败和错误中获得重生。团支部要善于观察和研究工作中的失败和错误，发现新的工作方式和方法。

4. 联想性思维。

中国人发明了火药，却没有用火药制造出武器的原因有很多，其中缺少联想也是原因之一。而外国人在看到鸟的飞行时，发明了能带着人飞行的"鸟"——飞机，这其中联想性思维功不可没。团支部在开展工作时，也要经常运用联想性的思维方法，创新团的工作，开创团支部工作的新局面。

还有一些其他的创新性思维方法，如发散性思维方法等。

思考练习题

一、填空题

1. 依据人类能力的功能，能力可以分为认识能力和（　　）能力。

2. 团干部加强学习的主要内容有：不断提高自身（　　）素质，广泛学习（　　）知识和（　　）知识，刻苦钻研（　　）知识，大胆（　　）和广泛涉猎。

3. 团干部和上级沟通时注意的问题主要有了解（　　）、了解（　　）、提前准备好沟通内容、讲究（　　）和（　　）的技巧、勇敢地提出自己的建议。

4. 根据调查研究对象和范围,调研可分为（　　）、（　　）、（　　）。

5. 共青团调研工作的原则有（　　）原则、理论和实际相结合的原则、（　　）分析和（　　）分析相结合的原则。

6. 当代（　　）是中国先进生产力的发展者和实践者,也是中国先进文化的生产者和传播者。

7. 和团员青年沟通时,要本着（　　）、平等、（　　）、信任的原则,真诚地对待他们。

8. （　　）是团干部使用频率最高的调查方法。

9. （　　）是一切社会工作的逻辑起点,是团干部的基本功。

二、选择题（下列选项中,至少有一个正确答案）

1. 团干部素质中,（　　）是最基本的素质,是高于其他素质的基础和前提。
   A. 理论素质　　　　　B. 道德素质　　　　　C. 业务素质　　　　　D. 能力素质

2. 针对基层团干部的工作实际,提出（　　）作为团干部能力建设的要求。
   A. 学习能力　　　　　B. 沟通能力　　　　　C. 调研能力　　　　　D. 创新能力

3. 下列（　　）属于调研报告的结构。
   A. 主题及意义　　　　　　　　　　　B. 前人研究成果
   C. 研究对象基本情况　　　　　　　　D. 本研究的创新意义

4. 团干部创新的具体方法有（　　）。
   A. 集几个点子于一身的综合法　　　　B. 逆向思维
   C. 否定性思维　　　　　　　　　　　D. 联想性思维

5. 刻苦钻研业务知识就是为了使团干部成为（　　）。
   A. 通才　　　　　　　　　　　　　　B. 专家型团干部
   C. 理论型团干部　　　　　　　　　　D. 道德型团干部

6. 制定调研方案时最关键的是（　　）。
   A. 设计调查问卷　　　　　　　　　　B. 组织合适人员
   C. 找好理论依据　　　　　　　　　　D. 选择最合适的调研方法

7. 团内推广最快、应用最广的调查方法是（　　）。
   A. 观察法　　　　　B. 问卷法　　　　　C. 实验法　　　　　D. 文献法

8. 问卷调查最困难的环节是( )。

    A. 选择指标　　　　B. 设计问卷　　　C. 人员安排　　　　D. 资金落实

9. 创新要做到( )。

    A. 培养求知欲　　　B. 爱护好奇心　　C. 善于总结　　　　D. 不怕挫折

10. 调查研究最终要形成( )。

    A. 研究论文　　　　B. 调查报告　　　C. 专著　　　　　　D. 简报

三、判断题

1. 理论上的成熟是政治上成熟的基础。　　　　　　　　　　　　　( )

2. 团干部与上级沟通时,要及时向领导提供有效信息。　　　　　　( )

3. 一篇完整的调研报告应当包括三部分,即调查过程、分析研究方法、对策与
建议。　　　　　　　　　　　　　　　　　　　　　　　　　　　( )

4. 把一个团支部活动的某一个亮点采用拿来主义的做法,移植在自己支部组
织的活动中,这就是创新。　　　　　　　　　　　　　　　　　　( )

5. 团干部善于学习也不仅仅是看书,在工作岗位上学习提高也很关键。
　　　　　　　　　　　　　　　　　　　　　　　　　　　　　　　( )

思考练习题答案

一、填空题

1. 实践

2. 理论;科学文化;社会;业务;创新

3. 上级;自己;问;听

4. 全面调查;个案调查;抽样调查

5. 客观性;定性;定量

6. 青年

7. 公正;民主

8. 抽样调查

9. 调查研究

二、选择题

1. A　2. ABCD　3. ABCD　4. ABCD　5. AB　6. D　7. B
8. AB　9. ABCD　10. ABC

三、判断题

1. 对　2. 对　3. 错　4. 错　5. 对

附　录

附录1

中国共产主义青年团章程

（中国共产主义青年团第十七次全国代表大会部分修改，2013 年 6 月 20 日通过）

总　则

中国共产主义青年团是中国共产党领导的先进青年的群众组织，是广大青年在实践中学习中国特色社会主义和共产主义的学校，是中国共产党的助手和后备军。

中国共产主义青年团坚决拥护中国共产党的纲领，以马克思列宁主义、毛泽东思想、邓小平理论、"三个代表"重要思想和科学发展观为行动指南，解放思想，实事求是，与时俱进，求真务实，团结全国各族青年，为把我国建设成为富强民主文明和谐的社会主义现代化国家，为最终实现共产主义而奋斗。

中国共产主义青年团在中国共产党领导下发展壮大，始终站在革命斗争的前列，有着光荣的历史。在建立新中国，确立和巩固社会主义制度，发展社会主义的经济、政治、文化的进程中发挥了生力军和突击队作用，为党培养、输送了大批新生力量和工作骨干。党的十一届三中全会以来，共青团根据党的工作重心的转移，紧密围绕改革开放和经济建设开展工作，为推进社会主义现代化建设事业作出了重要贡献，促进了青年一代的健康成长。

中国共产主义青年团在现阶段的基本任务是：高举中国特色社会主义伟大旗帜，坚定不移地贯彻党在社会主义初级阶段的基本路线，以经济建设为中心，坚持四项基本原则，坚持改革开放，用社会主义核心价值体系教育青年，在建设中国特色社会主义的伟大实践中，造就有理想、有道德、有文化、有纪律的接班人,不断巩固和扩大党执政的青年群众基础,努力为党输送新鲜血液,为国家培养青年建设人才,团结带领广大青年,自力更生,艰苦创业,积极推动社会主义经济建设、政治建设、文化建设、社会建设、生态文明建设,为全面建成小康社会、加快推进社会主义现代化、实现中华民族伟大复兴的中国梦贡献智慧和力量。

中国共产主义青年团加强思想政治工作,坚持对青年的教育和引导,组织青年学习马克思列宁主义、毛泽东思想、邓小平理论、"三个代表"重要思想和科学发展观,广泛开展党的基本路线教育,爱国主义、集体主义和社会主义思想教育,社会主义道德教育,近代史、现代史教育和国情教育,民主和法制教育,增强青年的民族自尊、自信和自强精神,树立正确的理想、信念和世界观、人生观、价值观,进一步增强对中国特色社会主义的道路自信、理论自信、制度自信。对团员还必须进行中国特色社会主义共同理想和共产主义远大理想教育。努力帮助青年学习现代科学文化知识,吸收和借鉴人类社会创造的一切文明成果,抵御资本主义和封建主义腐朽思想的侵蚀,不断提高青年的思想道德素质和科学文化素质。

中国共产主义青年团带领青年在经济建设中发挥生力军和突击队作用,充分调动和发挥青年的积极性和创造性,组织青年参加改革开放和完善社会主义市场经济体制的实践,促进科教兴国战略、人才强国战略和可持续发展战略的实施,树立科学技术是第一生产力的观念,掌握和运用先进的科学技术,学习和适应现代管理方式,诚实劳动,勇于创新,为发展社会生产力,增强综合国力,提高人民生活水平,实现我国经济发展的战略目标建功立业。

中国共产主义青年团充分发挥党联系青年的桥梁和纽带作用,积极协助政府管理青年事务,在维护国家和人民利益的同时代表和维护青年的具体利益,围绕党的中心任务,开展适合青年特点的独立活动,关心青年的工作、学习和生活,切实为青年服务,向党和政府反映青年的意见和要求,开展社会监督,同各种危害青少年的现象作斗争,保护和促进青少年的健康成长。

中国共产主义青年团高举爱国主义旗帜,坚决维护和发展全国各族青年之间的团结友爱,加强同香港特别行政区青年同胞、澳门特别行政区青年同胞、台湾青年同胞和海外青年侨胞的团结,按照"一国两制"的方针,共同促进香港、澳门长期繁荣稳定和祖国统一大业的完成。

中国共产主义青年团在维护我国的独立和主权，坚持和平友好、独立自主、相互学习、平等合作、共同发展的基础上，积极发展同世界各国青年组织的交往和友好关系，反对霸权主义和强权政治，维护世界和平，促进人类进步。

中国共产主义青年团要完成现阶段的基本任务，必须以改革创新精神全面推进团的建设，不断提高团的建设科学化水平。要发扬优良传统和作风，生动活泼、富于创造性地开展工作，把共青团建设成为团结教育青年的坚强核心。团的建设必须贯彻以下基本要求：

（一）坚持党的基本路线不动摇。全团要用邓小平理论、"三个代表"重要思想、科学发展观和党的基本路线统一思想和行动，团的各项工作都必须服从和服务于经济建设这个中心；必须把坚持改革开放和坚持四项基本原则统一起来，使党的基本路线在团的工作中得到全面贯彻。

（二）坚持党建带团建。把党的要求贯彻落实到团的建设之中，使团的建设纳入党的建设总体规划。

（三）坚持先进性与群众性的统一。教育、引导青年坚定正确的政治方向，发挥团员的模范作用；广泛团结青年，与青年保持密切的联系。

（四）坚持把竭诚服务青年作为团的一切工作的出发点和落脚点，更好地吸引和凝聚青年。

（五）坚持民主集中制。民主集中制是共青团根本的组织原则。要充分发扬民主，尊重团员主体地位，切实保障团员的民主权利。要实行正确的集中，加强组织性和纪律性，保证团的决议得到有效的贯彻执行。

（六）坚持不懈地抓好基层建设。基层组织是团的一切工作的基础。团的领导机关要确立基层第一的观念，发扬务实、求实的作风，深入基层，服务基层，不断增强基层活力。

中国共产主义青年团中央委员会受中国共产党中央委员会领导，团的地方组织和基层组织受同级党的委员会领导，同时受团的上级组织领导。

第一章　团　员

第一条　年龄在十四周岁以上，二十八周岁以下的中国青年，承认团的章程，愿意参加团的一个组织并在其中积极工作、执行团的决议和按期交纳团费的,可以申请加入中国共产主义青年团。

团员年满二十八周岁,没有担任团内职务,应该办理离团手续。

团员加入共产党以后仍保留团籍,年满二十八周岁,没有在团内担任职务,不再保留团籍。

第二条　团员必须履行下列义务:

(一)努力学习马克思列宁主义、毛泽东思想、邓小平理论、"三个代表"重要思想和科学发展观,学习团的基本知识,学习科学、文化、法律和业务知识,不断提高为人民服务的本领。

(二)宣传、执行党的基本路线和各项方针政策,积极参加改革开放和社会主义现代化建设,努力完成团组织交给的任务,在学习、劳动、工作及其他社会活动中起模范作用。

(三)自觉遵守国家的法律法规和团的纪律,执行团的决议,发扬社会主义新风尚,实践社会主义荣辱观,提倡共产主义道德,维护国家和人民的利益,为保护国家财产和人民群众的安全挺身而出,英勇斗争。

(四)接受国防教育,增强国防意识,积极履行保卫祖国的义务。

(五)虚心向人民群众学习,热心帮助青年进步,及时反映青年的意见和要求。

(六)开展批评和自我批评,勇于改正缺点和错误,自觉维护团结。

第三条　团员享有下列权利:

(一)参加团的有关会议和团组织开展的各类活动,接受团组织的教育和培训。

(二)在团内有选举权、被选举权和表决权。

(三)在团的会议和团的媒体上,参加关于团的工作和青年关心的问题的讨论,对团的工作提出建议,监督、批评团的领导机关和团的工作人员。

(四)对团的决议如有不同意见,在坚决执行的前提下,可以保留,并且可以向团的上级组织提出。

(五)参加团组织讨论对自己处分的会议,并且可以申辩,其他团员可以为其作证和辩护。

(六)向团的任何一级组织直至中央委员会提出请求、申诉和控告,并要求有关组织给以负责的答复。

团的任何一级组织或个人都无权剥夺团员的权利。

第四条　接收团员必须严格履行下列手续：

（一）申请入团的青年应有两名团员作介绍人。

（二）介绍人应负责地向被介绍人说明团章，向团的组织说明被介绍人的思想、表现和经历。

（三）要求入团的青年要向支部委员会提出申请，填写入团志愿书，经支部大会讨论通过和上级委员会批准，才能成为团员。被批准入团的青年从支部大会通过之日起取得团籍。

第五条　新团员必须在团旗下进行入团宣誓。誓词如下：我志愿加入中国共产主义青年团，坚决拥护中国共产党的领导，遵守团的章程，执行团的决议，履行团员义务，严守团的纪律，勤奋学习，积极工作，吃苦在前，享受在后，为共产主义事业而奋斗。

第六条　团员由一个基层组织转移到另一个基层组织，必须及时办理组织关系转接手续。

第七条　对于模范履行团员义务、在社会主义现代化建设和保卫祖国的事业中有显著成绩的团员，团的组织应当给以奖励。

奖励分为：通报表扬，由团的中央、省、市（地）、县级委员会和基层团委授予优秀共青团员称号。

第八条　对于不执行团的决议、违反团章的团员，团的组织应当本着惩前毖后、治病救人的精神进行批评和帮助，情节严重的，给以纪律处分。

处分分为：警告，严重警告，撤销团内职务，留团察看，开除团籍。

留团察看的时间为六个月或一年。团员在留团察看期间没有选举权、被选举权和表决权，不得作青年入团的介绍人。留团察看期满，改正了错误的，应当及时恢复其团员的上述权利；坚持错误不改的，应当开除团籍。

第九条　对团员的纪律处分，必须经支部大会讨论通过，报上级委员会批准。

对团员给以开除团籍的处分，必须经县级委员会或被县级以上团的委员会授权的团的基层委员会批准。

第十条　团的组织对团员作出处分决定,必须严肃慎重,实事求是。支部大会在讨论决定对团员的处分时,除特殊情况外,应当吸收本人参加,认真听取他的意见。决定后如果本人不服,可以提出申诉,有关团组织必须负责处理或者迅速转递,不得扣压。

第十一条　团员有退团的自由。团员要求退团应向支部委员会递交书面报告,由支部大会决定除名,并报上级委员会备案。

团员没有正当理由,连续六个月不交纳团费、不过团的组织生活,或连续六个月不做团组织分配的工作,均被认为是自行脱团。团员自行脱团,应由支部大会决定除名,并报上级委员会批准。

第二章　团的组织制度

第十二条　中国共产主义青年团是按照民主集中制组织起来的统一整体。团的民主集中制的基本原则是:

(一)团员个人服从组织,少数服从多数,下级组织服从上级组织。

(二)团的全国领导机关,是团的全国代表大会和它产生的中央委员会。地方各级团的领导机关,是同级团的代表大会和它产生的团的委员会,团的各级委员会向同级代表大会负责并报告工作。

(三)团的各级领导机关,除它们派出的代表机关外,都由选举产生。

(四)团的各级领导机关应当经常听取并认真处理下级组织和团员的意见;团的下级组织既要向上级组织请示、报告工作,又要独立负责地解决自己职责范围内的问题。团的各级组织要使团员对团内事务有更多的了解和参与。

(五)团的各级委员会实行集体领导和个人分工负责相结合的制度。

第十三条　团的各级委员会可以根据工作需要,设立适当的工作部门。团的县级以上各级委员会可以派出代表机关。

在团的各级代表大会闭会期间,同级党的组织和上级团的组织认为有必要时,经过共同研究,取得一致意见,可以调动或指派团组织的负责人。

第十四条　团的各级代表大会的代表和委员会的产生,要体现选举人的意志。选举采用无记名投票的方式。候选人的产生要广泛发扬民主,候选人名单要充分酝酿讨论。可以直接采用候选人数多于应选人数的差额选举办法进行选举,也可以采用差额选举办法进行预选,产生候选人名单,然后进行等额正式选举。选举人有了解候选人情况、要求改变候选人、不选任何一个候选人和另选他人的权利。任何组织和个人不得以任何方式强迫选举人选举或不选举某个人。

团的中央和地方各级委员会委员、候补委员中的专职团干部调离团的岗位,其委员或候补委员的职务自行卸免。委员缺额由候补委员按得票多少依次递补,卸免和递补须经全会确认。

第十五条　团的县级和县级以上委员会在必要时可以召集代表会议,讨论和决定需要由代表大会解决的重大问题。代表会议可以增选委员会的部分成员。增选委员会委员和候补委员的数额,不得超过该级代表大会选出的委员和候补委员总数的三分之一。代表会议代表的名额和产生办法,由召集代表会议的委员会决定。

第十六条　有关全团性的工作,由团的中央委员会作出决定,统一部署。

各级团组织的报刊和其他宣传工具,必须宣传党的路线、方针和政策,宣传团的上级组织和本级组织的决议与工作任务,反映青年的意见和要求。

第三章　团的中央组织

第十七条　团的全国代表大会每五年举行一次,由中央委员会召集,在特殊情况下,可以提前或延期举行。

全国代表大会代表的名额及产生办法,由中央委员会决定。

第十八条　团的全国代表大会的职权是:

(一)审查和批准中央委员会的工作报告;

(二)讨论和决定全团的工作方针、任务和有关重大事项;

(三)修改团的章程;

(四)选举中央委员会。

在全国代表大会闭会期间,中央委员会执行全国代表大会的决议,领导团的全部工作。

第十九条　团的中央委员会全体会议选举常务委员若干人,组成常务委员会;选举第一书记一人和书记若干人,组成书记处。中央委员会全体会议由常务委员会召集,每年至少举行一次。在中央委员会全体会议和常务委员会闭会期间,书记处行使中央委员会的职权。

第四章 团的地方和军队的组织

第二十条 团的省、自治区、直辖市、省辖市、自治州代表大会每五年举行一次。

团的县(市、旗)、自治县、市辖区代表大会每三年举行一次。

团的地方各级代表大会由同级团的委员会召集。在特殊情况下,经同级党的委员会和团的上级委员会批准,可以提前或延期举行。

第二十一条 团的地方各级代表大会的职权是:

(一)审查和批准同级委员会的工作报告;

(二)讨论和决定本地区团的工作任务和有关重要事项;

(三)选举同级委员会;

(四)选举出席上一级团的代表大会的代表。团的地方各级委员会在代表大会闭会期间,执行上级团组织的指示和同级团的代表大会的决议,领导本地方团的工作,定期向上级团的委员会报告工作。

第二十二条 团的地方各级委员会全体会议选举各该级委员会的常务委员会和书记、副书记。团的地方各级委员会全体会议由常务委员会召集,每年至少举行一次。在委员会全体会议闭会期间,由常务委员会行使委员会的职权。

团的地方各级委员会的组成,必须经同级党的委员会和上级团的委员会批准。

第二十三条 中国人民解放军和中国人民武装警察部队中团的工作,是军队和武警部队政治工作的重要组成部分。中国人民解放军和中国人民武装警察部队中团的组织在本单位党组织和政治机关的领导下,根据团的章程和军队有关规定进行工作,由中国人民解放军总政治部负责管理。

第五章 团的基层组织

第二十四条 企业、农村、机关、学校、科研院所、街道社区、社会组织、人民解放军连队、人民武装警察部队中队和其他基层单位,凡是有团员三人以上的,都应当建立团的基层组织。

团的基层组织,根据工作需要和团员人数,经上级团的委员会批准,分别设立团的基层委员会、总支部委员会、支部委员会。

在基层委员会、总支部下建立支部。如果工作需要,在基层委员会下也可以建立总支部。在一个支部内可以分若干个小组。

支部委员会、总支部委员会由团员大会选举产生,每届任期两年或三年,其中大、中学校学生支部委员会每届任期一年。基层委员会由团员大会或代表大会选举产生,每届任期三年至五年。

第二十五条 团的基层组织设置应从实际出发,可以不完全与党组织和行政建制对应。适应街道社区、非公有制经济组织、社会组织等单位和领域的特点,适应团员青年流动和分布聚集的特点,灵活设置团的组织。

第二十六条 团的基层组织是团的工作和活动的基本单位,应该充分发挥团结教育青年的核心作用。它的基本任务是:

(一)组织团员和青年学习马克思列宁主义、毛泽东思想、邓小平理论、"三个代表"重要思想和科学发展观,学习党的路线、方针和政策,学习科学、文化、法律和业务。

(二)宣传、执行党和团组织的指示和决议,参与民主管理和民主监督,充分发挥团员的模范作用,积极创先争优,团结带领青年积极投身改革开放和现代化建设,为社会主义经济建设、政治建设、文化建设、社会建设、生态文明建设作贡献。

(三)教育团员和青年学习革命前辈,继承党的优良传统,发扬社会主义道德风尚,树立与改革开放和社会发展相适应的新观念,自觉抵制不良倾向,坚决同各种违法犯罪行为作斗争。

(四)了解和反映团员与青年的思想、要求,维护他们的权益,关心他们的学习、工作、生活和休息,开展文化、娱乐、体育活动。

(五)对要求入团的青年进行培养教育,做好经常性发展团员工作,收缴团费,办理超龄团员的离团手续。

(六)对团员进行教育、管理和服务,健全团的组织生活,开展批评和自我批评,监督团员切实履行义务,保障团员的权利不受侵犯,表彰先进,执行团的纪律。

(七)对团员进行党的基本知识教育,推荐优秀团员作党的发展对象;发现和培养青年中的优秀人才,推荐他们进入更重要的生产和工作岗位。

第六章　团的干部

第二十七条　团的干部是团的工作的骨干。共青团要按照德才兼备、以德为先的原则，大胆选拔年轻干部，保持团干部队伍年轻化的优势，努力实现团干部队伍的革命化、知识化和专业化，在"保留骨干、以资熟手"的同时，不断为党和国家输送年轻干部。

第二十八条　团的各级领导干部要做团员和青年的表率，模范地履行团员的各项义务，刻苦学习、勤奋工作、勇于创造、自觉奉献，做党放心、青年满意的干部。

（一）政治上要坚强。具有相应的马克思列宁主义、毛泽东思想和邓小平理论的水平，自觉实践"三个代表"重要思想，带头贯彻落实科学发展观，坚持讲学习、讲政治、讲正气，坚决执行党的基本路线和各项方针政策，立志改革开放，献身社会主义现代化建设事业。

（二）学习要刻苦。带头学习政治、经济、文化、历史、法律、科学技术和现代管理知识，不断提高思想政策水平和实际工作能力。

（三）工作要勤奋。有强烈的革命事业心和责任感，勤于思考，勇于创新，知难而进，积极主动地在青年中开展工作，努力做出实绩。

（四）作风要扎实。朝气蓬勃，实事求是，发扬民主，敢想敢干，深入基层，调查研究，讲实话，办实事，求实效，不搞形式主义，不沾染官僚习气，热心为青年服务，做青年的知心朋友。

（五）品德要高尚。顾全大局，公道正派，团结同志，助人为乐，诚实谦虚，清正廉洁，有自我批评精神，自觉接受团员和青年的监督。

第二十九条　团的各级组织负有协助党管理团干部的责任。要加强对团干部的选拔和培养，建立正规的培训制度，办好各级团校和培训班；建立和健全团干部的考核和监督制度；主动向有关党委和团委推荐下级或同级团组织负责人人选，对团干部的调动提出建议。

团的各级组织要关心团干部的工作、学习、生活和休息，努力帮助他们解决实际问题，积极为他们的成长和转业创造条件。

对工作有显著成绩的团干部，团的组织应当给以表扬和奖励。

第三十条　团干部要认真了解党组织工作全局，主动汇报团的工作情况，积极负责地发表意见,结合团的工作实际,创造性地完成党组织交给的任务。

第七章 团旗、团徽、团歌、团员证

第三十一条 中国共产主义青年团团旗旗面为红色,象征革命胜利;左上角缀黄色五角星,周围环绕黄色圆圈,象征中国青年一代紧密团结在中国共产党周围。团的重要会议以及团日活动可以使用团旗。

第三十二条 中国共产主义青年团团徽的内容为团旗、齿轮、麦穗、初升的太阳及其光芒,写有"中国共青团"五字的绶带。它象征着共青团在马克思列宁主义、毛泽东思想的光辉照耀下,团结各族青年,朝着党所指引的方向奋勇前进。团的组织和团员应按规定使用团徽。

第三十三条 中国共产主义青年团团歌为《光荣啊,中国共青团》。

第三十四条 中国共产主义青年团团员证封面为墨绿色,象征着青春和朝气蓬勃的青年运动;封面上方印有红色烫金团徽,象征着共青团是团结教育青年的核心。团的组织和团员应按规定管理和使用团员证。

第八章 团的经费

第三十五条 团的经费来源主要是:团员交纳的团费、党和政府以及企事业单位关于青少年事业的经费和团的工作经费、团属经济实体收益、正当的社会资助和团组织的其它合法收入。

第三十六条 团费的交纳和管理使用办法由中央委员会统一规定。

第三十七条 团属经济实体,必须认真执行国家的有关法律法规和政策,努力为社会经济发展服务,为青少年健康成长服务,为团的事业服务。

第九章 团同少年先锋队的关系

第三十八条 中国少年先锋队是中国少年儿童的群众组织,是少年儿童学习中国特色社会主义和共产主义的学校,是建设社会主义和共产主义的预备队。中国共产主义青年团受中国共产党的委托领导中国少年先锋队的工作。共青团要发扬"全团带队"的传统,健全少先队组织的各级工作机构,支持少先队创造性地开展活动,保护和关心少年儿童的成长,坚持以社会主义思想和共产主义精神教育少年儿童,引导他们听党的话,好好学习,天天向上,爱祖国,爱人民,爱劳动,爱科学,爱护公共财物,锻炼身体,培养能力,努力成长为社会主义现代化建设需要的合格人才,做共产主义事业的接班人。

中学共青团组织应加强对少先队员入团前的培养教育,少先队组织应积极推荐优秀少先队员作团的发展对象。

第三十九条　团的组织选派优秀团员或者聘请思想进步、作风正派、知识丰富、热爱少年儿童的教师、先进人物以及其他人员,担任少年先锋队的辅导员,并从思想上、工作上、生活上关心他们,帮助他们不断提高政治和业务水平。对有显著成绩的辅导员和少先队工作者,应当给以表扬和奖励。

附录 2

中国共产主义青年团基层组织选举规则

（2016 年 7 月 15 日,经共青团中央常委会审议通过）

第一章　总　则

第一条　为了健全民主集中制,完善团内民主选举制度,根据《中国共产主义青年团章程》,制定中国共产主义青年团基层组织选举规则。

第二条　本规则适用于乡、镇、街道、村、社区、企业、机关、学校、科研院所、社会组织和其他基层单位团的基层组织的选举工作。

第三条　团的支部委员会、总支部委员会由团员大会选举产生,每届任期两年或三年,其中大、中学校学生支部委员会每届任期一年。团的基层委员会由团员大会或团的代表大会选举产生,每届任期三年至五年。

第四条　下列人员在团内有表决权、选举权和被选举权。

（一）中国共产主义青年团团员（受留团察看处分尚未恢复团员权利的除外）。

（二）在团内担任领导职务或直接从事团的业务工作的中国共产党党员（受留党察看处分尚未恢复党员权利的除外）。

第五条　党团组织提名为团的委员会成员候选人或团的代表大会代表候选人的中国共产党党员在团内有被选举权。

第六条　团的支部委员会、总支部委员会、基层委员会任期届满应按期进行换届选举。如需提前或延期换届选举,应报同级党组织和上级团组织批准。延长期限不超过一年。

第七条　团的支部委员会、总支部委员会、由团员大会选举产生的基层委员会的负责人不得由任何一级组织或个人指定。由团的代表大会选举产生的基层委员会，在代表大会闭会期间，同级党组织和上级团组织认为有必要时，经过共同研究，取得一致意见，可以调动或指派团组织的负责人。

第八条　团内选举应尊重和保障团员的民主权利，充分发扬民主，体现选举人的意志，任何组织和个人不得以任何方式强迫选举人选举或不选举某个人。

第二章　代表的产生

第九条　团的基层代表大会的代表应能反映本选举单位的意见，代表团员意志。

第十条　代表名额一般为一百至二百人，最多不超过三百人。团员或所辖团组织较少的，可适当减少代表名额。

代表名额由召集代表大会的团的委员会根据所辖团员人数，按照有利于团员了解和直接参与团内事务，有利于讨论和决定问题的原则确定，报同级党组织和上级团组织批准。代表名额的分配由召集代表大会的团的委员会根据团员人数和代表具有广泛性的原则确定。

第十一条　团的基层代表大会的代表一般由下一级团员大会选出，也可以由下一级团的代表大会选出。

团员人数在二千名以上或下设团委的基层团组织，在必要时，经同级党组织和上级团组织批准，可以召集团的代表会议，选举出席上一级团的代表大会的代表。

第十二条　代表候选人数应多于应选人数的百分之二十。

第十三条　代表候选人由各选举单位按分配名额组织团员酝酿提名，根据多数团员的意见确定，在一定范围内以适当方式进行公示后，提交团员大会、团的代表大会或团的代表会议进行选举。

第十四条　上届团的委员会成立代表资格审查小组，负责对代表的产生程序和资格进行审查。

代表资格审查小组由召集代表大会的团的委员会或常务委员会提名并表决产生。其组成人员一般由团的委员会书记或副书记，团委组织部门负责人以及其他熟悉团的工作的同志组成。

代表的产生不符合规定程序的,应责成原选举单位重新进行选举;代表不具备资格的,应责成原选举单位撤换。

代表资格审查小组应向团的代表大会报告代表资格审查情况。经审查通过后的代表,获得正式资格。

第三章　委员会的产生

第十五条　团的支部委员会一般由三至五人组成,设书记一人,必要时可设副书记一人。团的总支部委员会一般由五至七人组成,设书记一人,副书记一至两人。

第十六条　团的基层委员会一般不设常务委员会。

团员人数在二千名以上或下设团委的基层团组织,根据工作需要,经上级团组织批准,可以设立常务委员会。

第十七条　不设常务委员会的团的基层委员会一般由七至九人组成;设常务委员会的团的基层委员会一般由十五至二十一人组成,常务委员五至九人。乡、镇团的委员会可由九至二十一人组成。

团的基层委员会设书记一人、副书记一至三人。

第十八条　团的支部委员会、总支部委员会、基层委员会不设候补委员。

第十九条　团的支部委员会、总支部委员会、基层委员会委员候选人,按照德才兼备和班子结构合理的原则提名。

第二十条　团的支部委员会、总支部委员会、基层委员会委员候选人名额应多于应选名额的百分之二十;常务委员会委员候选人名额应多于应选名额一至二人。

第二十一条　团的支部委员会、总支部委员会委员由全体团员酝酿提名,上届委员会根据多数团员的意见确定候选人,提交团员大会进行选举。

团的支部委员会委员也可以不提候选人,经全体团员充分酝酿后,直接投票选举产生。

第二十二条　团的基层委员会委员,凡召开团员大会选举的,由上届团的委员会在组织团员民主推荐、充分酝酿的基础上,根据多数团员的意见确定候选人预备名单,报同级党组织和上级团组织同意后,提交团员大会进行选举;凡召开团的代表大会选举的,由上届团的委员会广泛征求所属团组织和团员的意见,提出候选人预备名单,报同级党组织和上级团组织同意后,提交大会主席团,经大会主席团初步确认,提交各代表团(小组)酝酿讨论,大会主席团根据酝酿讨论情况确定候选人名单,提交代表大会进行选举。

第二十三条　团的支部委员会、总支部委员会书记、副书记由团员大会从新当选的委员会委员中选举产生。

团的支部委员会、总支部委员会书记、副书记候选人由新选出来的委员会全体会议酝酿提名,也可以由上届团的委员会提名,经同级党组织和上级团组织同意后,根据新选出的委员会多数委员的意见确定。

团的支部委员会书记、副书记的选举,也可以不提候选人,由团员大会直接从新当选的委员会委员中选举产生。

第二十四条　团的基层委员会书记、副书记和常务委员,由团的基层委员会全体会议选举产生。召开团员大会选举的团的基层委员会书记、副书记,也可以由团员大会从新当选的委员会成员中选举产生。

团的基层委员会书记、副书记和常务委员由上届团的委员会提出候选人建议名单,报同级党组织和上级团组织同意后,提交选举人酝酿讨论,确定候选人名单,提交选举。

第二十五条　团的基层委员会书记、副书记、常务委员候选人必须是本届委员会委员,设立常务委员会的团的基层委员会书记、副书记候选人必须是本届委员会常务委员。

第四章　选举的组织领导

第二十六条　团员大会的选举,由上届团的委员会主持。

团的代表大会的选举,由团的代表大会主席团主持。

第二十七条　召开团员大会选举的团的基层委员会第一次会议的选举,由上届团的委员会推荐一名新选出的委员主持。召开团的代表大会选举的团的基层委员会第一次会议的选举,由团的代表大会主席团指定一名新选出的委员主持。

第二十八条　团的代表大会正式举行前,由上届团的委员会主持召开大会预备会议。预备会议的主要任务是:

（一）通过代表资格审查小组的报告；

（二）通过大会主席团名单；

（三）通过大会秘书长、副秘书长名单；

（四）通过代表大会议程；

（五）通过有关确认事项。

第二十九条　团的代表大会的领导机构是团的代表大会主席团。

主席团成员由上届团的委员会与下一级团的委员会协商提名，经各代表团（小组）酝酿讨论后，提交代表大会预备会议表决产生。

主席团一般由各代表团（小组）负责人，团的代表大会筹备机构负责人及各方面的代表组成。主席团成员必须是团的代表大会代表。

主席团设常务主席若干人，由上届团的委员会提名，在大会秘书长主持的主席团第一次会议上表决产生。

第三十条　团的代表大会主席团的任务是：

（一）按照大会议程主持大会；

（二）组织大会的报告和讨论；

（三）组织代表酝酿讨论并确定出席上一级团的代表大会代表和本届团的委员会委员候选人名单，主持大会的选举；

（四）组织代表审议大会的决议；

（五）决定其他人事和有关重要事宜。

第三十一条　团的代表大会设秘书长一人、副秘书长若干人，负责处理团的代表大会召开期间的日常事务。

秘书长、副秘书长由上届团的委员会提名，交团的代表大会预备会议表决产生。

第五章　选举办法

第三十二条　团员大会、团的代表大会和团的基层委员会有选举权的到会人数超过应到会人数的三分之二，方可进行选举。

第三十三条　团的支部委员会、总支部委员会、基层委员会委员，出席上级团的代表大会的代表，可以直接采用候选人数多于应选人数的差额选举办法进行选举，也可以采用差额选举办法进行预选，产生候选人名单，然后进行等额正式选举。

团的支部委员会,总支部委员会,基层委员会书记、副书记一般采用差额选举办法选举产生。经同级党组织和上级团组织批准,也可以采用等额选举办法。

第三十四条　选举前,选举单位的团组织或大会主席团应将候选人的简历、工作实绩和主要优缺点向选举人作出实事求是的介绍,对选举人提出的询问应作出负责的答复。根据选举人的要求,可以组织候选人与选举人见面,由候选人作自我介绍,回答选举人提出的问题。

第三十五条　选举设监票人,负责对选举全过程进行监督。

召开团员大会或团的代表大会进行选举,其监票人由全体团员或各代表团(小组)从不是候选人的团员或代表中推选,经团员大会或团的代表大会表决通过。

召开委员会进行选举,其监票人从不是候选人的委员中推选,经全体委员表决通过。

第三十六条　选举设计票人。计票人的工作接受监票人监督。

第三十七条　选举一律采用无记名投票的方式。选票上的候选人名单以姓氏笔画为序排列。

第三十八条　因故未出席会议者,不能委托他人代为投票。

第三十九条　选举人对候选人可以投赞成票或不赞成票,也可以弃权。投不赞成票时,可以另选他人。

第四十条　每次选举收回的选票,等于或少于投票人数,选举有效;多于投票人数,选举无效,应重新选举。

每一选票所选人数等于或少于应选人数的为有效票,多于应选人数的为无效票。

第四十一条　实行差额预选时,赞成票超过实到会有选举权的人数半数的,方可列为候选人。

正式选举时,被选举人获得的赞成票超过实到会有选举权人数的半数,始得当选。

获得赞成票超过实到会有选举权人数半数的被选举人多于应选名额时,以得票多者当选。如遇被选举人得票数相等不能确定当选人时,应就票数相等的被选举人重新投票，以得票多者当选。

当选人少于应选名额时，应对不足名额再进行选举。仍少于应选名额时，可相应减少应选名额，不再进行选举。当选人接近应选名额时，也可以直接减少应选名额不再进行选举。

第四十二条　投票结束后，监票人、计票人应将投票人数和票数加以核对，作出记录，由监票人签字并公布候选人的得票数字；由会议主持人宣布当选人名单。

第四十三条　团员人数在二千名以上或下设团委的基层团组织，在必要时，经报请同级党组织和上级团组织批准，可以召集团的代表会议，增选委员会的部分成员。增选委员会成员的数额，不得超过该级团的代表大会选出委员总数的三分之一。增选后委员会委员的人数，不得超过该级团员大会或团的代表大会选出的委员总数。

第六章　报批手续

第四十四条　团的基层组织召开团员大会或团的代表大会选举，应事先向同级党组织和上级团组织请示，并取得批准。

请示的内容包括：

（一）召开团员大会或团的代表大会的时间、地点；

（二）会议的主要任务及议程；

（三）代表的名额、构成意向及产生办法；

（四）下一届委员会、常务委员会的组成及产生办法，书记、副书记人数及产生办法；

（五）需要报请同意的有关候选人建议名单；

（六）筹备召开会议的其他重要事项。

第四十五条　团的基层组织的选举结果须报同级党组织和上级团组织批准，并由上级团组织发文公布。属于同级党组织管理的干部职务名称表之列的，应按干部管理权限由同级党的组织部门办理任职手续。

第七章　监督与处理

第四十六条　本规则由上级团组织负责监督实施。

第四十七条　对于违反团章和本规则的行为，必须认真查处，根据问题的性质和情节轻重,对责任者进行批评教育直至给予组织处理。

对于严重违反本规则的选举,上级团组织可以作出选举无效的决定。

第八章　附　则

第四十八条　团的基层组织进行选举,要按本规则制定相应的选举细则(办法),经团员大会、团的代表大会讨论通过后执行。

第四十九条　中国人民解放军和中国人民武装警察部队团的基层组织的选举,由中央军委政治工作部组织局群团处参照本规则另行制定相应的规定。

第五十条　本规则的解释权属共青团中央组织部。

第五十一条　本规则自发布之日起施行。过去的有关规定与本规则不一致的,按本规则执行。

附录3

<h1 style="text-align:center">中国共产主义青年团
基层组织"三会两制一课"实施细则(试行)</h1>

第一章　总　则

第一条　为健全团的组织生活,严格团员教育管理,加强基层团组织建设,根据《中国共产主义青年团章程》和有关规定,制定本细则。

第二条　"三会两制一课"是指支部大会、支部委员会、团小组会、团员教育评议制度、团员年度团籍注册制度和团课,是团的组织生活的基本制度。

第三条　落实"三会两制一课",是共青团保持和增强政治性、先进性、群众性的必然要求,是推进团要管团、从严治团的重要载体,是加强团员思想政治教育和自我教育,强化团员意识,提升基层团组织凝聚力和战斗力的制度保障。

开展好"三会两制一课",对于教育引导团员增强政治意识、大局意识、核心意识、看齐意识,更加紧密地团结在以习近平同志为核心的党中央周围,具有重要意义。

第四条　落实"三会两制一课",要突出思想政治要求,坚持民主集中制,尊重团员主体地位,保障团员民主权利,开展批评与自我批评,注重创新方式方法,切实提高组织生活质量,增强制度的刚性和严肃性,坚决防止表面化、形式化、娱乐化、庸俗化。

第二章　支部大会

第五条　支部大会是指由团的支部委员会召集的支部全体团员参加的会议。支部大会又称支部团员大会,是团支部的最高领导机构,在团支部中享有最高决策权、选举权和监督权。支部大会一般每季度召开一次,根据工作需要可随时召开。

第六条　支部大会的主要任务包括:学习党的理论,学习习近平总书记系列重要讲话精神;传达学习党的路线、方针、政策和团的政策文件、重要会议精神,传达同级党组织、上级团组织的决议、指示等,研究制定贯彻落实的计划和措施;听取和讨论支部委员会的工作报告,对支部委员会的工作进行审议和监督;选举新的支部委员会和出席上级团代会的代表,增补和罢免支部委员;讨论接收新团员;开展团员教育评议工作;研究决定对团员的奖励,推荐优秀团员作入党积极分子;讨论通过对团员的处分;决定除名要求退团和自行脱团的团员;开好团支部组织生活会;研究决定本支部其他重要事项。

第七条　没有选举任务的支部大会程序一般为:确定支部大会议题,提前通知全体团员;会议主持人报告本支部团员出、缺席情况;宣布会议议题,围绕议题进行民主讨论;对需要表决的事项逐个进行表决;宣布表决结果,形成支部大会决议;做好会议记录,会议结束后归档保存。有选举任务的支部大会程序根据有关规定确定。

第八条　支部大会应由支部书记主持,如支部书记空缺或因故缺席,可由支部副书记或支部委员主持。一般情况下,参加会议团员应超过支部团员总数的二分之一。团支部委员会可事先研究提交大会讨论的问题,提出初步意见、方案等,以便团员在大会上讨论研究。

第九条　支部大会进行表决时,本支部到会的有表决权的团员超过应到会团员总数的三分之二,方可进行表决。对需要形成决议的问题,应当发扬民主,在团员充分发表意见的基础上进行表决,做出决议。对多个事项或多个名单进行表决时,应逐一表决。支部大会选举和讨论接收新团员采用无记名投票的方式,其他表决可采取举手或无记名投票的方式,按照少数服从多数的原则作出。表决赞成票数超过到会有表决权团员数的二分之一即为通过。

第十条　根据工作需要,经支部委员会研究决定,支部大会可邀请入团积极分子、优秀青年代表及有关人员列席。列席人员有发言权,没有表决权、选举权和被选举权。

第十一条　支部大会应做好会议记录并长期保存。支部大会结束后,团支部应当及时向上级团组织和同级党组织书面报告会议情况,内容包括大会时间、地点、团员出席情况、主要议程、讨论情况、选举结果、重要事项决议等。

第三章　支部委员会

第十二条　支部委员会由支部大会选举产生,是支部在大会闭会期间的领导机构,在支部工作中发挥核心作用,负责支部的日常工作,向同级党组织、上级团组织和支部大会报告工作,接受审查和监督。支部委员会会议一般每月召开一次,根据工作需要可随时召开。

第十三条　支部委员会会议的主要任务包括:学习党的理论,学习习近平总书记系列重要讲话精神;宣传和执行党的路线、方针、政策,学习团的政策和重要会议精神,执行同级党组织、上级团组织的决议、指示等;贯彻落实支部大会的决议和工作安排;研究制定团支部工作计划,起草工作报告;研究确定提交支部大会审议的议题;研究确定入团积极分子和团员发展对象;研究讨论支部团员教育评议意见,决定对团员奖励,研究提出团员处分意见;讨论检查支部自身建设工作,研究制定支部相关制度;研究解决支部、团员的问题和困难;开好团支部委员会组织生活会;研究其他需要支部委员会讨论决定和贯彻执行的事项。

第十四条　支部委员会会议由支部书记召集,如支部书记空缺或因故缺席,可由支部副书记或支部委员召集。召开支部委员会会议时,到会委员超过支部委员总数的二分之一方可召开。

第十五条　支部委员会会议进行表决时,参加表决的委员超过应到委员总数的三分之二,方可进行表决。对需要形成决议的问题,应当发扬民主,在委员充分发表意见的基础上进行表决,做出决议。对多个事项或多个名单进行表决时,应逐一表决。表决可采取举手、口头、无记名投票或记名投票方式,按照少数服从多数的原则作出。表决赞成票数超过到会委员数的二分之一即为通过。

第十六条　根据工作需要,支部委员会会议可以邀请团小组长或有关团员代表列席。列席人员有发言权,没有表决权、选举权和被选举权。

第十七条　支部委员会会议应做好会议记录并长期保存。记录内容包括会议时间、地点、委员出席情况、会议议题、每位委员发言摘要、通过的决议等。

第四章　团小组会

第十八条　团小组是团支部的组成部分,不是团的一级组织,在支部委员会的领导下开展工作,负责对本小组团员进行教育、管理、监督和服务。团小组会由团小组长负责召集,可根据工作需要随时召开。

第十九条　团小组的划分由团支部委员会根据本支部团员的数量、分布和工作需要等,按照易于集中、便于管理的原则确定。团员人数较少的团支部可不划分团小组,相应增加召开支部大会的次数。

第二十条　团小组长不需经选举产生,可由支部委员会指定或由本小组团员推选,任期一般应与支部委员会任期相同,可根据工作需要进行调整。

第二十一条　团小组会议的主要任务包括:组织团员学习党的理论,学习习近平总书记系列重要讲话精神;组织团员学习党的路线、方针、政策和决议、重要会议精神;贯彻落实上级团组织、支部大会和支部委员会的工作部署;酝酿支部大会有关选举候选人;开展团员教育评议工作;对支部接收新团员、推荐优秀团员作入党积极分子、奖励和处分团员提出意见;听取和反映团员青年的意见和要求;开好团小组组织生活会;研究其他需要团小组会议讨论决定和贯彻执行的事项。

第二十二条　团小组长应做好会议记录并长期保存。会议情况应及时向团支部汇报。

第五章　团员教育评议制度

第二十三条　团员教育评议制度是团的组织生活的重要组成部分,是加强团员队伍思想建设、严格团的纪律、规范团员管理的重要措施。团员教育评议采用学习教育、自我评价和组织评议相结合的方式,对团员的表现和作用发挥情况作出综合评价,并通过评优和处理等方式,达到激励团员、整顿队伍、纯洁组织的目的。

第二十四条　教育评议的对象为全体团员。保留团籍的共产党员应积极参加党的组织生活,可不参加团员教育评议和年度团籍注册,自愿参加者不限。

第二十五条　团员教育评议工作应当与团员年度团籍注册工作相结合，一般每年进行一次。

第二十六条　开展团员教育评议工作一般应召开支部大会，团员人数较多的支部，可先由各团小组会议开展评议并提出初步评议意见后，提交支部大会研究确定。到会团员超过应到会团员总数的三分之二方可进行评议。

第二十七条　团员教育评议的主要内容和流程为：团支部组织团员开展学习教育，每名团员围绕在评议年度内的个人表现和发挥团员作用情况等撰写自我评价材料；召开支部大会或团小组会议，每名团员根据学习教育情况和所准备材料进行自我评价；其他团员对其进行评议，肯定成绩、指出不足；以支部为单位对所有团员进行测评投票；支部委员会综合个人自评、团员互评和测评投票结果，结合团员日常表现，研究提出每名团员的建议评议等次，报上级委员会批准；做好评议结果的运用。

第二十八条　团员评议等次分为：优秀、合格、基本合格、不合格四个等次，其中优秀等次团员数量应控制在参加评议团员人数的30％以内。

第二十九条　优秀团员的主要条件为：理想信念坚定，拥护党的领导，热爱祖国、热爱人民、热爱社会主义；政治意识、大局意识、核心意识、看齐意识强，自觉维护以习近平同志为核心的党中央权威；积极践行社会主义核心价值观，遵纪守法，品格高尚；自觉遵守团章，模范履行团员义务，积极参加团的组织生活和活动，有强烈的团员意识和荣誉感；学习成绩优秀，工作本领过硬，善于创新创造，具有艰苦奋斗精神，在本职岗位上业绩突出，能够发挥模范带头作用；成为注册志愿者，积极参加公益活动；在团员青年中有较高威信。

第三十条　合格团员的主要条件为：拥护党的领导，执行党的路线、方针、政策；能够遵守政治纪律和政治规矩，自觉维护以习近平同志为核心的党中央权威；能够践行社会主义核心价值观，遵守国家法律法规和团的纪律；能够执行团的决议，完成团组织交给的任务，参加团的组织生活和活动；能够在学习、生产、工作及其他社会生活中发挥积极作用；关心集体，乐于助人，热心帮助青年进步，积极参加志愿服务活动。

第三十一条　基本合格团员的主要表现为：在评议年度内受过警告、严重警告或撤销团内职务处分,但尚没有不合格团员的各种表现的。

第三十二条　不合格团员的主要表现为:理想信念动摇;严重违反政治纪律、政治规矩和组织纪律;团的组织意识淡漠,不能履行团员义务、不执行团的决议,长期无故不参加团的组织生活和活动;有违法违纪行为;道德水平低下,行为失当,造成不良影响;在评议年度内受过留团察看处分或行政处分且无明显改进。

第三十三条　对评议等次为优秀的团员,可在一定范围内进行公示,团组织应结合实际予以奖励。每年各级团组织评选表彰的优秀团员,一般应从上一年度评议为优秀的团员中产生。对于表现突出并积极要求入党的优秀团员,团支部应按照推荐优秀团员作入党积极分子的有关规定,及时向上级委员会推荐。

第三十四条　对评议等次为基本合格的团员,应由支部书记进行谈话,予以教育帮助。

第三十五条　对评议等次为不合格的团员,团组织要对其进行教育帮助,限期改正。三至六个月后,对能够接受团组织批评教育,反省自身错误,有明显改进的团员,再次进行团员评议;对不接受教育帮助或经教育帮助仍不改进的团员,应当劝其退团,劝而不退的由支部大会决定除名,并报上级委员会批准。

第三十六条　处置不合格团员要严肃慎重、实事求是,做到事实清楚、理由充分,处理恰当、手续完备,不定比例、不下指标。支部大会在讨论决定对不合格团员的处置时,除特殊情况外,应当吸收本人参加,认真听取本人的意见。决定后如果本人不服,可以提出申诉,有关团组织应及时处理或迅速转递,不得扣压。

第六章　团员年度团籍注册制度

第三十七条　团员年度团籍注册是对团员团籍的连续认定,是团组织掌握和了解团员履行义务、参加活动情况的重要途径,是团员管理的关键环节。

第三十八条　年度团籍注册以团支部为单位进行,团支部一般应在每年1月份,为团员办理年度团籍注册手续。学校团组织一般应在秋季开学后的一个月内完成团员注册工作。超过规定注册时间一年未注册的团员证,即为失效。

第三十九条　团员年度团籍注册应结合团员教育评议工作进行,根据团员评议结果,给予注册、暂缓注册或不予注册。

第四十条　对团员评议等次为基本合格以上的团员,由基层团委在其团员证"团籍注册"栏内填写注册时间、评议等次,并加盖注册印章。

第四十一条　对团员评议等次为不合格的团员,基层团委应当对其暂缓注册三至六个月。暂缓注册期后,对再次评议等次为合格的团员,及时给予注册;评议等次依然为不合格的团员,依照团员教育评议相关规定进行处理,不予注册。

第四十二条　受团内警告、严重警告、撤销团内职务处分的团员,如能正常参加团的活动,按时交纳团费,一般可予以注册;受留团察看处分的团员,留团察看期间,其团员证由团组织收回,留团察看期满后,恢复了团员权利的,将团员证发还本人并及时注册;受开除团籍处分的团员,不再为其注册,其团员证由团组织收回,并将有关情况书面报上级委员会备案。

第四十三条　基层团组织要认真做好流动团员团籍管理工作。流动团员外出时间不满六个月的,应在原团组织参加团员教育评议,进行团籍注册;团员外出地或工作单位相对固定,外出时间六个月以上的,一般应将组织关系转入外出地或工作单位相应的团组织,并参加教育评议,进行团籍注册。

第四十四条　团员年满28周岁,没有担任团内职务,应当办理离团手续。团员加入共产党以后仍保留团籍,年满28周岁,没有在团内担任职务,不再保留团籍。办理超龄离团手续,须在团员证上"离团手续"一栏内注明该同志的离团时间,并加盖团组织公章,转由其本人保存,作为永久性纪念。

第四十五条　年度团籍注册后,团支部要根据注册情况修订团员花名册,并及时将注册情况向上级委员会作出书面报告。

第七章　团　课

第四十六条　团课是团组织对团员进行系统教育,提高团员思想理论水平和政治素质的重要途径,是教育引导团员在本职岗位和社会生活中发挥模范带头作用的重要载体,是团组织的一项经常性重要工作。

第四十七条　坚持团课制度,要突出党性立场,突出党性教育,体现团的特点,注意运用马克思主义的立场、观点和方法,帮助团员解决思想问题,特别是理想、信念、宗旨、作风等方面的问题。要注意开展批评和自我批评,引导团员坚持真理,修正错误,互相帮助,共同提高。

第四十八条　团课的主要内容为:学习马克思列宁主义、毛泽东思想、中国特色社会主义理论体系,学习习近平总书记系列重要讲话精神;开展中国特色社会主义共同理想和共产主义远大理想教育,加强社会主义核心价值观教育和"中国梦"教育;学习党的基础知识、党的光荣历史和传统,宣传党的路线、方针、政策,学习团的基本知识、重要会议精神和重点工作部署;学习中华优秀传统文化、革命文化和社会主义先进文化;广泛开展近代史、现代史教育和国情教育,开展好民主和法制教育。

第四十九条　团课教育分为团前教育和团员教育两个阶段。团前教育以增强入团积极分子和青年对党、团组织的理解和认同,培养团员意识为主;团员教育以提高团员思想政治素质、强化团员先进性,促进团员在本职岗位和社会生活中发挥模范带头作用为主。

第五十条　基层团组织开设团课一般由基层团委或相对独立的团总支、团支部委员会负责组织,也可采取部门、单位联合举办团课的形式。基层团组织每个季度应安排上一次团课,入团积极分子被确定为发展对象之前参加集中团课学习应不少于 8 学时。

第五十一条　参加团课学习的人员范围由开设团课的基层团组织确定,除本组织的团员和入团积极分子外,可扩大至团组织所在单位中积极向团组织靠拢的 28 周岁以下的优秀青年。

第五十二条　团课讲授者可由开设团课的基层团组织的团干部担任,也可邀请党政领导、专家学者担任,还可适当安排先进人物开展座谈交流。基层团委主要负责人每年至少要为团员青年讲授一次团课。授课者要严格遵守党的政治纪律和组织纪律,以自己的模范行为和人格魅力去影响和教育团员青年。

第五十三条　基层团组织开设团课可采用相对灵活的方式,可结合集体学习、专题研讨、团员论坛、集中收看重要会议活动直播和视频资料等方式开展,也可结合主题团日活动组织团员在实践中学习。

第五十四条　团课结束后应以团支部或团小组为单位组织团员进行讨论交流,巩固和深化团课学习效果,并及时向开设团课的团组织汇报讨论情况。

第八章　组织实施

第五十五条　落实"三会两制一课",是严肃团内政治生活的一项基础性工作。各级团的领导机关负有重要领导责任,要切实抓好工作落实和责任落实。每年要对所属团组织落实"三会两制一课"情况进行一次检查,检查结果在一定范围内进行通报。基层团委主要负责人是推动"三会两制一课"落实的第一责任人。团支部要将"三会两制一课"作为基本工作职责,负责具体组织实施。

第五十六条　全体团员要牢记团员身份、增强团员意识,积极参加团的组织生活。团员没有正当理由,连续六个月不参加团的组织生活,严格按照有关规定处理。

第五十七条　没有选举及表决任务的支部大会、支部委员会、团小组会,以及团员教育阶段的团课,可探索适当采用网络新媒体形式开展。要结合工作实际,注重团员参与,突出工作实效,避免形式主义。

第九章　附　则

第五十八条　本细则由团中央基层组织建设部负责解释。

第五十九条　本细则自发布之日起施行。

附录4

中国共产主义青年团
普通中等学校基层组织工作条例(试行)
第一章　总　则

第一条　为规范和加强普通中等学校共青团工作,充分发挥共青团组织在普通中等学校的作用,根据《中国共产主义青年团章程》和《中学共青团改革实施方案》等有关文件规定,制订本条例。

第二条　普通中等学校共青团是中国共产主义青年团在普通中等学校中建立的团组织,在全团具有基础性、战略性、源头性地位和作用。

第三条　普通中等学校共青团工作的指导思想是:在中国共产党领导下,高举中国特色社会主义伟大旗帜,立足保持和增强政治性、先进性、群众性,紧紧围绕"凝聚青年、服务大局、当好桥梁、从严治团"四维工作格局,坚持立德树人,紧扣时代主题,把握青年脉搏,切实发挥思想引领、素质拓展、权益服务、组织提升作用,不断提高普通中等学校共青团的吸引力和凝聚力,不断扩大普通中等学校共青团工作的有效覆盖面,巩固和扩大党执政的青年学生群众基础,积极培养中国特色社会主义事业的合格建设者和可靠接班人,为实现中华民族伟大复兴中国梦贡献力量。

第四条 普通中等学校共青团工作的原则是:坚持党的领导,把准政治方向,落实党建带团建;坚持围绕中心,服务教育大局,加强团教协同;坚持直接联系、直接服务、直接引导学生;坚持加强基层组织建设,着力夯实基层基础,激发基层活力,支持基层创新,发挥基层首创精神;坚持从严治团,做好团员发展和管理工作,注重从源头上从严管好团干部、团员学生、团组织。

第二章 组织设置

第五条 普通中等学校须普遍建立团的组织。根据团员人数和工作需要,经上级团组织批准,普通中等学校可分别设立团的基层委员会、总支部委员会、支部委员会。团员人数三人以上应建立团的支部委员会,团的支部委员会可下设若干个团小组;团员50人以上可建立团的总支部委员会;团员100人以上可建立团的基层委员会。团员人数不足的,因工作需要,经上级团组织批准,也可以设立团的总支部委员会和基层委员会。普通中等学校可根据实际情况探索新型团建模式。

第六条 普通中等学校团的基层委员会由团员大会或团员代表大会选举产生,并报同级党组织和上级团组织批准,每届任期三至五年。团的总支部委员会、支部委员会均由团员大会选举产生,报上级团组织批准,每届任期一年。

第七条 普通中等学校团的支部委员会一般由三至五人组成,团的总支部委员会一般由五至七人组成。普通中等学校团的基层委员会一般由七至九人组成,设书记一人,由教师担任,至少配备一名教师兼职副书记和一名学生兼职副书记,规模较大的学校可酌情增加一名副书记。

第八条 普通中等学校团的委员会要推行班级团支部与班委会一体化运行机制建设,探索实行班长兼任团支部副书记或团支部书记兼任班长的制度,统筹团支部、班委会职位设置,班级内重大事项、重要活动由班团协作开展,促进以团支部为核心的班团集体建设,更好发挥团支部组织动员和自我教育、管理、服务功能。

第九条　普通中等学校团的委员会要建立中学生团校,加强理想信念教育、团员意识教育、形势政策教育和社会实践教育。加强团校组织建设、师资建设和团课建设,强化工作保障。创新团课教育,规范设置教育目标,科学设计活动内容。

第十条　具备条件的普通中等学校应普遍设立青年教职工团总支或团支部,在学校团委的统一领导下加强组织建设,完善保障机制,定期开展团的活动,加强对青年教职工的联系服务引导,做好推优入党工作,充分发挥青年教职工团员作用。

第三章　工作职责

第十一条　普通中等学校校级团的基层委员会基本职责是:

(一)加强思想政治引领。学习党的理论、学习习近平总书记系列重要讲话精神和治国理政新理念新思想新战略,宣传和执行党的路线、方针、政策,学习团的政策和重要会议精神,执行同级党组织、上级团组织的决议、指示等。构建分层分类一体化思想引领工作体系,着眼思想政治引领,充分发挥组织育人、实践育人、文化育人、网络育人、服务育人的作用,充分利用好新媒体,把互联网作为开展学生思想教育的重要阵地,强化网上思想引领,积极引导青少年学生树立和践行社会主义核心价值观,坚持道路自信、理论自信、制度自信、文化自信,加深对中国特色社会主义的思想认同、理论认同、情感认同,努力做中国特色社会主义事业的合格建设者和可靠接班人。

(二)做好团员发展和教育管理。落实从严治团要求,规范团员发展程序。执行"三会两制一课",落实支部大会、支部委员会、团小组会、团员教育评议制度、团员年度团籍注册制度和团课,规范团的组织生活。完善和加强团员档案管理。开展举团旗、学团章、唱团歌、戴团徽、过团日等团员经常性教育活动,开展离队建团仪式、入团仪式、十四岁集体生日、十八岁成人礼等仪式教育活动。推动全体团员成为注册志愿者,组织开展志愿服务,把参加志愿服务情况作为团内考核评价的重要内容。每年开展评优评先活动,积极选树宣传学生身边榜样。严肃团的纪律,对违反团章规定的团员依章及时处理。

(三)加强学校团的组织建设。定期组织召开团代会和学代会,充分发挥团代会、学代会在学校治理中的应有作用。巩固以班级为单位的团建制度,加强以团支部为核心的班团一体化建设。普遍设立青年教职工团总支或团支部,加强对青年教职工的联系服务引导,充分发挥教职工团员作用。探索适应普通高中选课走班等新情况下团建实践。加强中学生团校建设,完善规范教育活动设置,发挥团校教育培训作用。

(四)深化学生素质拓展活动。配合学校教育教学,积极开展科技创新、校园文化、体育活动、志愿服务、社会实践、法治教育、职业规划等活动,培养学生的社会责任感、法治意识、创新精神和实践能力,提高学生体质健康水平,提升学生的综合素质和社会化技能。

(五)做好"团队衔接"。履行"全团带队"职责,指导和帮助普通中等学校少先队开展工作。初中少先队重点抓好少先队员入团前培养教育、推优入团工作。大队辅导员可由初级中学团委书记或副书记兼任。

(六)做好学生权益维护工作。坚持直接联系、直接服务、直接引导学生,加强学生心理健康教育和服务,积极维护学生合法权益,做好困难学生帮助、心理疏导,开展预防校园暴力、抵制校园欺凌等相关工作。

(七)加强对学生会的指导和对社团的管理。巩固和完善党领导下的"一心双环"团学组织格局,即以校级团组织为核心和枢纽,以学生会为党领导下、团指导下的广大同学自我服务、自我管理、自我教育、自我监督的主要学生组织,以学生社团及相关学生组织为外围手臂延伸。支持学生会依法依章程开展工作,加强对学生社团及相关学生组织的归口管理,学生会要配合团组织加强对学生社团的引导、管理和服务。支持和引导学生社团及相关学生组织规范发展。指导学生会依法理性表达学生利益诉求。

(八)指导下级团组织开展工作。开展团干部教育培训,建立团干部激励约束考核评估制度。在学校党组织的领导下,推荐优秀团员作为入党积极分子人选。按照综合素质评价要求,协助做好对学生参与党团活动、社团活动、志愿服务、社会实践、研学旅行等活动情况的评价工作。

第十二条 普通中等学校团的支部委员会基本职责是:

(一)学习党的理论,学习习近平总书记系列重要讲话精神和治国理政新理念新思想新战略,宣传和执行党的路线、方针、政策,学习团的政策和重要会议精神,执行同级党组织、上级团组织的决议、指示等。通过学习教育、仪式教育、主题团日等活动,充分利用网络新媒体等形式,加强对学生的思想政治引领。

（二）做好团员发展、培养教育、团费收缴、档案管理等基础团务工作。

（三）执行落实"三会两制一课",规范团的组织生活,严格团员教育管理。

（四）推动团员成为注册志愿者,积极开展志愿服务。围绕课业学习实践、社会实践、科技创新、身心健康等普遍需求,积极组织开展活动,促进学生健康成长发展。

（五）与每名团员建立经常性联系,了解团员思想动态和学习生活状况,维护团员权益,力所能及地帮助团员解决实际困难。

（六）发挥班级政治核心和领导核心的作用,同班委会研究决定涉及本班学习、生活、建设等需要学生自主决定的重大事项。

第四章　团员发展与管理

第十三条　按照坚持标准、控制规模、提高质量、发挥作用的要求提高发展团员工作科学化水平。严格按照团章程序、有关规定和地市级、县级团委年度计划发展团员,入团积极分子的推荐确定、培养考察,新团员的大会表决、审批、宣誓、教育等各个环节都要做到程序严格、手续完备。新团员的接收必须经过团支部大会讨论并采取无记名投票方式进行表决。严格落实培养联系人制度、团支部考察制度,将是否参加过一定时间的志愿服务活动作为考察内容之一。入团前要参加不少于8学时的集中团课学习。

第十四条　引导团员以团章的基本要求为准则,将思想端正、学习勤奋、勇于实践、向善崇德、自觉奉献作为亮明团员身份、彰显团员特质的重要标准,带头践行社会主义核心价值观,在日常学习生活实践中体现先进意识、先进动力、先进要求和先进表现。团员日常在校期间和参加团的活动时,应当佩戴团徽,增强团员对组织的归属感和团员光荣感。

第十五条　团员转学、毕业或就业,由学校团组织办理组织关系转出手续。团员到新学校、单位报到时须将团员证、团员档案等及时上交新的团组织办理转入手续。借助全团"智慧团建"系统,实现基础团务、团员管理和团的信息统计网络化。

第十六条　学生团员、教师团员按规定定期交纳团费。普通中等学校所收缴团费除上缴上级团组织部分外,应全部用于本校团的工作,并严格按照学校财务管理制度执行。具体团费交纳办法和标准按照《关于中国共产主义青年团团费收缴、使用和管理的规定》(中青发〔2016〕13号)执行。

第十七条　严肃团的纪律,及时处置不合格团员,对违反团章规定的团员依章及时处理。团员没有正当理由,连续六个月不交纳团费、不过团的组织生活,或连续六个月不做团组织分配的工作,均被认为是自行脱团。团员自行脱团,应由支部大会决定除名,并报学校团的基层委员会批准。

第十八条　团员享有团章规定的权利,并须严格履行相应的义务。

第五章　团干部选任、培养与发展

第十九条　各普通中等学校须选好配强学校团委书记,并设一定数量的教师专兼职团干部和学生兼职团干部。团委书记按照学校中层正职干部配备和管理,出席或列席学校党委会、党政联席会议,可根据实际兼任德育部门副职。团委书记应由党团员担任,是党员的应作为学校党委(总支、支部)委员候选人选。团委书记的任免,学校党组织应当事先征求上级团委的意见,相关团委要主动了解情况,认真提出协管意见。调整配备团委书记时,学校党组织要事先邀请上级团组织参加考察,按《中国共产主义青年团基层组织选举规则》(中青发〔2016〕15号)规定履行任免程序,报学校党组织和上级团组织批准。新任团委书记应按干部管理权限由学校党组织相关人事部门办理任职手续,上级团委要定期向相关党组织通报配备情况。

第二十条　普通中等学校团的委员会应选拔和培养好学生团干部。建立学生团干部工作例会制度和考核评价制度,学生团干部开展共青团工作的成果及表现可记入学生本人综合素质档案。

第二十一条　普通中等学校团干部职称评定时,团的工作按一定比例折算成相应的工作量。团干部的考核以共青团工作为主要内容,考核结果和工作成果作为评聘职务和工资分配的重要依据。

第二十二条　专任团干部任职不唯年龄,任职年限等同于担任班主任的工作年限。团干部获得的共青团有关荣誉和研究成果享受与教育行政部门评选的同等待遇。

第二十三条　省市县团委应协同同级教育部门,建立普通中等学校团干部职称评聘、转岗任职、挂职锻炼及交流培养等方面的机制渠道。

第二十四条　各级团的领导机关、教育行政部门要加大对教师团干部的培养和培训,面向新入职教师团干部要开展入职培训,面向其他教师团干部积极开展提升式培训、研究式培训。把教师团干部培训纳入师资培训、党校培训和继续教育培训,计入学时。

第六章　工作保障

第二十五条　普通中等学校须加强党建带团建。各级教育行政部门要将中学团建作为党建工作的重要组成部分,推动把团建纳入学校党建工作规划和年度考核内容,团建工作占比不低于10%。普通中等学校应明确由一名校级领导分管共青团工作,学校领导班子要把共青团工作列入议事日程,每学期至少召开一次会议专题听取并研究团的工作。

第二十六条　普通中等学校须规范设置团组织,支持团组织按照团章独立自主开展工作,不得将其合并或归属于其他部门。建立学校团组织与德育部门合理分工、有效协作的机制。

第二十七条　普通中等学校可探索建立班主任兼任团支部指导员制度,明确班主任在引导、支持团支部工作开展方面的职能,相关工作统一计入班主任的工作量。

第二十八条　普通中等学校要充分发挥共青团组织在综合实践活动课程实施中的作用,推动共青团活动与学校相关专题教育活动的融合。

第二十九条　普通中等学校要配备专门的团队活动室,保障团校教学场地、社团活动场地等硬件设施。校级团委日常工作经费纳入学校年度经费预算安排,专款专用。

第三十条　各级团的领导机关、教育行政部门要把普通中等学校共青团工作开展情况作为督导评估学校工作的重要内容。

第七章　附　则

第三十一条　本条例适用于全国普通中等学校,包括初级中学(含九年一贯制学校)和高级中学(含完全中学、十二年一贯制学校)。

第三十二条　各省、自治区、直辖市团委,可以根据本条例,结合实际制定实施细则。

第三十三条　本条例由团中央学校部负责解释,自公布之日起施行。

附录5

中国共产主义青年团
职业院校基层组织工作条例(试行)
第一章　总　则

第一条　为规范和加强职业院校共青团工作,充分发挥共青团在职业院校立德树人中的重要作用,根据《中国共产主义青年团章程》和《关于加强和改进新形势下高校思想政治工作的意见》《国务院关于加快发展现代职业教育的决定》等文件规定,制定本条例。

第二条　职业院校共青团是在各类高等职业院校(以下简称"高职院校")和中等职业学校(以下简称"中职学校")中建立的团组织,是中国共产党领导下的先进青年的群众组织,是职业院校青年在实践中学习中国特色社会主义和共产主义的学校,在全团具有基础性、战略性、源头性的地位和作用。

职业教育是我国国民教育体系和人力资源开发的重要组成部分,是经济社会发展的重要基础和教育工作的战略重点。规范和加强职业院校共青团工作,是深化共青团改革的重要举措,是推进从严治团的必然要求,对于增强团的吸引力凝聚力、扩大团的工作有效覆盖面具有重要意义。

第三条　职业院校共青团工作的指导思想是:高举中国特色社会主义伟大旗帜,深入学习习近平总书记系列重要讲话精神和治国理政新理念新思想新战略,保持和增强政治性、先进性、群众性,围绕"凝聚青年、服务大局、当好桥梁、从严治团"四维工作格局,积极适应共青团深化改革新形势、职业教育发展规律和职业院校学生特点,充分发挥共青团组织在高职院校"大思政"格局、中职学校"大德育"格局中的重要作用,围绕立德树人根本任务,强化思想政治引领,服务学生健康成长,促进学生就业成才,教育引导青年学生和青年教职工紧密团结在以习近平同志为核心的党中央周围,增强中国特色社会主义道路自信、理论自信、制度自信、文化自信,不断巩固和扩大党执政的青年群众基础,努力培养中国特色社会主义事业的合格建设者和可靠接班人,为建设人力资源强国和创新型国家提供高技能人才支撑,为实现中华民族伟大复兴的中国梦贡献力量。

第四条　职业院校共青团工作的原则是:坚持党的领导,把准政治方向;坚持围绕中心,以服务发展、促进就业为导向,积极融入学校育人格局;坚持以学生为本,直接联系、服务、引导学生,注重发挥学生主体作用;坚持党建带团建,加强基层基础,规范基层管理,激发基层活力,支持基层创新;坚持从严治团,让团干部更像团干部,团员更像团员,团的基层组织充满活力。

第二章　组织设置

第五条　职业院校须建立团的组织。根据团员人数和工作需要,经上级团的委员会批准,职业院校可分别设立团的基层委员会、总支部委员会、支部委员会。团员3人以上应建立团的支部委员会,可下设若干个团小组;团员50人以上可建立团的总支部委员会;团员100人以上可建立团的基层委员会。积极探索社团建团、宿舍建团、实习单位建团、网络建团等建团模式。

第六条　团的基层委员会应由团员大会或团的代表大会选举产生,并报同级党组织和上级团组织批准,每届任期三年至五年。团的总支部委员会和支部委员会由团员大会选举产生,并报上级团组织批准,团的总支部委员会每届任期两年或三年,学生支部委员会每届任期一年。

第七条　团的支部委员会一般由3至5人组成,总支部委员会一般由5至7人组成。团的基层委员会一般由7至15人组成,书记应由教师担任。团员人数在2000名以上或下设团委的校级团委,根据工作需要,经上级团组织批准,可设立常务委员会。设立常务委员会的团的基层委员会一般由15至21人组成,常务委员5至9人。

第八条　严格执行校级和院系团员大会或团的代表大会定期召开制度。召开团的代表大会的,基层团支部、非团学干部的团员学生和青年教职工的代表比例不低于70%。

第九条　加强班级团支部委员会与班委会一体化运行机制建设,探索班长兼任团支部副书记或团支部书记兼任班长的制度,把团支部建设成为班级核心,更好发挥模范带头作用。

第十条　团的基层委员会要建立团校,对团员进行系统教育,提高团员思想理论水平和政治素质。

第十一条　具备条件的职业院校应设立青年教职工团组织,在学校团组织的统一领导下开展工作,加强对青年教职工的联系、服务和引导,充分发挥青年教职工团员作用。

第三章　工作职责

第十二条　校级和院系级团组织的基本职责是:

(一)学习党的理论、学习习近平总书记系列重要讲话精神和治国理政新理念新思想新战略,宣传和执行党的路线、方针、政策,学习团的政策和重要会议精神,执行同级党组织、上级团组织的决议、指示等。

(二)遵循职业院校学生思想特点,加强思想政治引领和价值引领,引导学生树立和践行社会主义核心价值观,弘扬和践行工匠精神。开展"四进四信"等活动,实施"青年马克思主义者培养工程",改进创新思想引领的内容和方式,引导团员牢固树立政治意识、大局意识、核心意识、看齐意识。

(三)定期组织召开团员大会或团的代表大会,充分发挥团组织在校园治理中的重要作用。

(四)建立健全党领导下的"一心双环"团学组织格局,以校级团组织为枢纽和中心,以学生会组织为学生自我教育、自我管理、自我服务、自我监督的主要学生组织,以学生社团及相关学生组织为外围延伸手臂。

(五)指导和支持下级团组织开展工作,建立督导考核制度。加强对学生会的指导管理,支持其依法依章程开展工作。加强对学生社团的管理、引导、服务和联系。

(六)落实从严治团要求,制度化、常态化开展"一学一做"教育实践,加强发展团员和团员管理工作,推动落实以"三会两制一课"为主要内容的组织生活制度,督促做好基础团务和团员档案管理工作。开展推荐优秀团员作入党积极分子人选工作。推动团员成为注册志愿者。开展评选表彰工作。

(七)服务学生成长发展。围绕促进学生就业发展,积极开展职业技能培训和竞赛,辅导支持学生创业,帮助学生培养适应职业发展的专业能力和社会化技能。反映学生诉求,维护学生合法权益,做好困难学生帮扶,开展预防校园暴力、抵制校园欺凌等工作。

（八）开展团干部教育培训，加强对团干部和团员学生骨干的培养。开展团干部直接联系学生工作，推进团干部改进作风。

（九）加强网上共青团建设，做好网络舆论引导工作，做好"青年之声""智慧团建"相关工作。

（十）协助做好维护校园稳定工作。

第十三条　团的支部委员会、院系级以外的团总支的基本职责是：

（一）学习党的理论，学习习近平总书记系列重要讲话精神和治国理政新理念新思想新战略，宣传和执行党的路线、方针、政策，学习团的政策和重要会议精神，执行同级党组织、上级团组织的决议、指示等。

（二）加强思想政治引领和价值引领，加强仪式教育，充分运用学习培训、主题教育、实践活动、同伴分享、主题团日等方式，引导学生树立和践行社会主义核心价值观，弘扬和践行工匠精神。

（三）做好发展团员和团员管理工作，严格落实"三会两制一课"，做好团费收缴等基础团务工作。开展推荐优秀团员作入党积极分子人选工作。推动团员积极参与志愿服务。

（四）围绕学生在学习就业创业、创新创造实践、身体心理情感、志愿公益和社会参与等方面的普遍需求，突出诚实守信、爱岗敬业、职业素质和就业创业能力的培养，组织开展活动，促进学生成长发展。

（五）与每名学生建立经常性联系，了解学生思想动态和学习生活状况，反映学生诉求，帮助学生解决实际困难，维护学生合法权益。协助做好维护校园稳定工作。

（六）会同班委会研究决定涉及本班学习、生活、建设等需要学生自主决定的重要事项。

第四章　发展团员和团员管理

第十四条　按照坚持标准、控制规模、提高质量、发挥作用的要求，不断提高发展团员和团员管理工作科学化水平，建设能够充分体现先进性和发挥模范作用的团员队伍。

第十五条　始终把政治标准放在发展团员标准的首位。以学习习近平总书记系列重要讲话精神、中国特色社会主义和中国梦宣传教育、培育和践行社会主义核心价值观为主要内容,探索开放式、体验式、互动式教育形式,强化实践育人,教育引导团员牢固树立"四个意识"。

第十六条　坚持从严治团,以提升团员先进性为目标,以"三会两制一课"为基本形式,发挥团的组织生活在团员教育管理中的重要基础性作用。按照"举团旗、学团章、唱团歌、戴团徽、过团日"的要求,加强仪式教育,强化组织认同,教育引导团员在日常学习生活中走在前列、成为表率。

第十七条　做好评选表彰工作,增强对团员的激励和团员的光荣感。严肃团的纪律,依据团章和有关规定慎重稳妥地做好不合格团员处置工作。

第十八条　学生团员、教职工团员应按要求每月交纳团费。

第十九条　加强团员档案管理,做好毕业生团员组织关系转接工作。

第五章　团干部配备和培养

第二十条　高职院校在校学生 10000 人以下的,校团委应配备不少于 5 名专职团干部,10000 人以上的应酌情增加。中职学校应至少配备 1 至 2 名专职团干部和若干名兼职团干部,在校生超过 2000 人的应酌情增加。校级团组织书记按学校中层正职干部配备和管理,参加学校党组织会议、党政联席会议。团的书记的调整须按规定履行任免程序。

第二十一条　建立专职、挂职、兼职相结合的团干部队伍,鼓励任课教师、学生、企业管理人员、工程技术人员、劳模等担任兼职团干部。

第二十二条　具备教师资格的校级团组织书记可适当兼课,原则上不超过学校同学科教师满课时量的一半。职称评定时,团的工作按一定比例折算相应工作量。专职团干部任职年限等同于担任班主任的工作年限。团干部的考核要以共青团工作为主要内容,考核结果作为评聘职务和工资分配的重要依据。

第二十三条　加强团干部作风建设,增强党性修养、强化宗旨意识、践行群众路线,严格落实团干部直接联系青年制度,自觉遵守党的政治、组织、廉洁、群众、工作和生活纪律。团委专职干部每人每年直接联系 1 个以上基层团支部、每人经常性联系不少于 100 名普通团员青年。

第二十四条　加强团干部的培养,推动建立团干部职称评聘、挂职锻炼、转岗任职等机制渠道。

第六章　工作保障

第二十五条　坚持党建带团建,推动将团建纳入学校党建总体格局,同规划、同部署;将共青团工作作为检查考核党建工作的重要内容,占比不低于10％。用好学校党组织每年至少召开一次专题会议研究共青团工作的机制。将推荐优秀团员作入党积极分子人选作为团组织的重要工作职责,推动纳入学校党员发展工作规划。

第二十六条　规范设置学校团组织,不得把团的组织机构撤销、合并或归属于其他工作部门。校级团组织书记是党员的,应作为校级党组织委员候选人提名人选。

第二十七条　按照高职院校在校生人均每年不低于20元、中职学校在校生人均每年不低于10元的标准划拨校级团委日常工作经费,并在活动场所、设备、时间等方面对团的工作予以保障。

第七章　附　则

第二十八条　本条例适用于高职院校和中职学校(含技工院校)。

第二十九条　各省、自治区、直辖市团委,可根据本条例,结合实际制定实施细则。

第三十条　本条例由团中央学校部负责解释,自公布之日起实施。

附录6

中国共产主义青年团

普通高等学校基层组织工作条例(试行)

第一章　总　则

第一条　为规范和加强普通高等学校(以下简称"普通高校")共青团工作,充分发挥共青团在普通高校立德树人中的重要作用,根据《中国共产主义青年团章程》和《关于加强和改进新形势下高校思想政治工作的意见》《高校共青团改革实施方案》等文件规定,制定本条例。

第二条　普通高校共青团是在各类普通高校中建立的团组织,是中国共产党领导下的先进青年的群众组织,是普通高校青年在实践中学习中国特色社会主义和共产主义的学校,在全团具有基础性、战略性、源头性的地位和作用。

团学组织制度设计是中国特色现代大学制度的重要内容,规范和加强普通高校共青团工作,是办好中国特色社会主义高校的必然要求,是深化共青团改革的重要举措,是推进从严治团的重要内容,对于增强团的吸引力凝聚力、扩大团的工作有效覆盖面具有重要意义。

第三条　普通高校共青团工作的指导思想是:高举中国特色社会主义伟大旗帜,深入学习习近平总书记系列重要讲话精神和治国理政新理念新思想新战略,保持和增强政治性、先进性、群众性,围绕"凝聚青年、服务大局、当好桥梁、从严治团"四维工作格局,积极适应共青团深化改革新形势、高等教育综合改革新发展和青年学生新特点,充分发挥共青团组织在普通高校"大思政"格局中的生力军作用,强化思想政治引领,服务学生成长成才,推进组织创新和工作创新,教育引导学校青年学生和青年教职工紧密团结在以习近平同志为核心的党中央周围,增强中国特色社会主义道路自信、理论自信、制度自信、文化自信,不断巩固和扩大党执政的青年群众基础,努力培养中国特色社会主义事业的合格建设者和可靠接班人,为实现中华民族伟大复兴的中国梦贡献力量。

第四条　普通高校共青团工作的原则是:坚持党的领导,牢牢把准政治方向;坚持围绕中心,融入学校育人整体格局;坚持以学生为本,直接联系、服务、引导学生,注重发挥学生主体作用;坚持党建带团建,加强基层基础,规范基层管理,激发基层活力,支持基层创新;坚持从严治团,让团干部更像团干部,团员更像团员,团的基层组织充满活力。

第二章　组织设置

第五条　普通高校须建立团的组织。根据团员人数和工作需要,经上级团的委员会批准,不同层级可分别设立团的基层委员会、总支部委员会、支部委员会。团员3人以上应建立团的支部委员会,可下设若干团小组;团员50人以上可建立团的总支部委员会;团员100人以上可建立团的基层委员会。积极探索社团建团、宿舍建团、实验室建团、网络建团等建团模式。

第六条　团的基层委员会应由团员大会或团的代表大会选举产生,并报同级党组织和上级团组织批准,每届任期三年至五年。团的总支部委员会和支部委员会由团员大会选举产生,并报上级团组织批准,团的总支部委员会每届任期两年或三年,学生支部委员会每届任期一年。

第七条　团的支部委员会一般由 3 至 5 人组成,总支部委员会一般由 5 至 7 人组成。团的基层委员会一般由 7 至 15 人组成,书记应由教师担任。团员人数在 2000 名以上或下设团委的校级团委,根据工作需要,经上级团组织批准,可设立常务委员会。设立常务委员会的团的基层委员会一般由 15 至 21 人组成,常务委员 5 至 9 人,根据工作需要可适当增加委员、常务委员数量。

第八条　严格执行校级和院系团员大会或团的代表大会定期召开制度。召开团的代表大会的,基层团支部、非团学干部的团员学生和青年教职工的代表比例不低于 70%。推行代表常任制、提案制和大会发言制度,建立校级和院系团组织定期向团的常任代表报告工作和听取意见建议制度。

第九条　加强班级团支部委员会与班委会一体化运行机制建设,探索班长兼任团支部副书记或团支部书记兼任班长的制度,把团支部建设成为班级核心,更好发挥模范带头作用。

第十条　团的基层委员会要建立团校,对团员进行系统教育,提高团员思想理论水平和政治素质。

第十一条　普通高校应设立青年教职工团组织。青年教职工团组织在校团委统一领导下开展工作,加强对青年教职工的联系、服务和引导,充分发挥青年教职工团员作用。

第三章　工作职责

第十二条　校级和院系级团组织的基本职责是:

(一)学习党的理论、学习习近平总书记系列重要讲话精神和治国理政新理念新思想新战略,宣传和执行党的路线、方针、政策,学习团的政策和重要会议精神,执行同级党组织、上级团组织的决议、指示等。

(二)加强思想政治引领和价值引领,引导青年学生树立和践行社会主义核心价值观。开展"四进四信"等活动,实施"青年马克思主义者培养工程",改进创新思想引领方式,引导团员牢固树立政治意识、大局意识、核心意识、看齐意识。

(三)定期组织召开团员大会或团的代表大会,充分发挥团组织在校园治理中的重要作用。

（四）建立健全党领导下的"一心双环"团学组织格局，以校级团委为枢纽和中心，以学生会组织为学生自我教育、自我管理、自我服务、自我监督的主要学生组织，以学生社团及相关学生组织为外围延伸手臂。

（五）指导和支持下级团组织开展工作，建立督导考核制度。加强对学生会、研究生会的指导管理，支持学生会、研究生会依法依章程开展工作。加强对学生社团的管理、引导、服务和联系。

（六）落实从严治团要求，制度化、常态化开展"一学一做"教育实践，加强发展团员和团员管理工作，推动落实以"三会两制一课"为主要内容的组织生活制度，督促做好基础团务和团员档案管理工作。开展推荐优秀团员作入党积极分子人选工作。推动团员成为注册志愿者。开展评选表彰工作。

（七）服务学生成长发展，促进学生就业创业，做好困难学生帮助，反映学生诉求，维护学生合法权益。普遍推行"第二课堂成绩单"制度。

（八）开展团干部教育培训，加强对团干部和团员学生骨干的培养。开展团干部直接联系学生工作，推进团干部改进作风。

（九）加强网上共青团建设，开展网络舆论引导工作，做好"青年之声""智慧团建"相关工作。

（十）协助做好维护校园稳定工作。

第十三条　团的支部委员会、院系级以外的团总支的基本职责是：

（一）学习党的理论，学习习近平总书记系列重要讲话精神和治国理政新理念新思想新战略，宣传和执行党的路线、方针、政策，学习团的政策和重要会议精神，执行同级党组织、上级团组织的决议、指示等。

（二）加强思想政治引领和价值引领，引导青年学生树立和践行社会主义核心价值观。开展学习交流、仪式教育、主题团日等教育活动。

（三）做好发展团员和团员管理工作，严格落实"三会两制一课"，做好团费收缴等基础团务工作。开展推荐优秀团员作入党积极分子人选工作，推动团员参与志愿服务。

（四）围绕学生在就业创业、创新创造实践、身体心理情感、志愿公益和社会参与等方面的需求，组织开展活动，促进学生成长发展。

（五）了解学生思想、学习、生活状况，反映学生诉求，维护学生权益，帮助团员学生解决实际困难。协助做好维护校园稳定工作。

（六）会同班委会研究决定涉及本班学习、生活、建设等需要学生自主决定的重要事项。

第四章　发展团员和团员管理

第十四条　按照坚持标准、控制规模、提高质量、发挥作用的要求，不断提高发展团员和团员管理工作科学化水平，建设能够充分体现先进性和发挥模范作用的团员队伍。

第十五条　按照构建分层分类一体化思想引领工作体系的要求，以学习习近平总书记系列重要讲话精神、中国特色社会主义和中国梦宣传教育、培育和践行社会主义核心价值观为主要内容，探索开放式、体验式、互动式教育形式，强化实践育人，教育引导团员牢固树立"四个意识"。

第十六条　坚持从严治团，以提升团员先进性为目标，以"三会两制一课"为基本形式，发挥团的组织生活在团员教育管理中的重要基础性作用。按照"举团旗、学团章、唱团歌、戴团徽、过团日"的要求，加强仪式教育，强化组织认同，教育引导团员在日常学习生活中走在前列、成为表率。

第十七条　做好评选表彰工作，增强对团员的激励和团员的光荣感。严肃团的纪律，依据团章和有关规定慎重稳妥地做好不合格团员处置工作。

第十八条　学生团员、教职工团员应按要求每月交纳团费。

第十九条　加强团员档案管理，做好毕业生团员组织关系转接工作。

第五章　团干部配备和培养

第二十条　选好配强团干部队伍。在校学生 10000 人以下的学校，校团委专职团干部编制不少于 5 人，10000 至 25000 人的不少于 9 人，25000 人以上的不少于 12 人，分校区较多的学校应酌情增加。校级团委书记按学校处级正职干部配备和管理，参加学校党委会议、党政联席会议；校级团委各部部长、院系团组织书记为专职干部的，按学校科级正职干部配备和管理。团委书记的调整须按规定履行任免程序。

第二十一条　建立专职、挂职、兼职相结合的高校团干部队伍。在校级、院系级团组织，从青年教师中选任至少 1 名兼职或挂职副书记、从学生中选任至少 2 名兼职副书记；校级、院系级团组织班子成员中，挂职和兼职副书记的比例不低于 50%。

第二十二条　加强团干部作风建设,增强党性修养、强化宗旨意识、践行群众路线,严格落实团干部直接联系青年制度,自觉遵守党的政治、组织、廉洁、群众、工作和生活纪律。团委专职干部每人每年直接联系 1 个以上基层团支部、每人经常性联系不少于 100 名普通团员青年。

第二十三条　加强团干部的培养,推动建立团干部职称评聘、挂职锻炼、转岗任职等机制渠道。

第六章　工作保障

第二十四条　坚持党建带团建,推动将团建纳入学校党建总体格局,同规划、同部署;将共青团工作作为检查考核学校、院(系)党建工作的重要内容,占比不低于 10%。用好学校党委每年至少召开一次专题会议研究共青团工作的机制。将推荐优秀团员作入党积极分子人选作为学校团组织的重要工作职责,推动纳入学校党员发展工作规划。

第二十五条　校级团委须单独设置,不得把团的组织机构撤销、合并或归属于其他工作部门。校团委书记是党员的,应作为校党委委员候选人提名人选。

第二十六条　按在校生人均每年不低于 20 元的标准划拨校级团委日常工作经费,并在活动场所、设备、时间等方面对团的工作予以保障。

第七章　附　则

第二十七条　本条例适用于普通高校(不含高职院校)。

第二十八条　各省、自治区、直辖市团委,可根据本条例,结合实际制定实施细则。

第二十九条　本条例由团中央学校部负责解释,自公布之日起实施。

附录 7

关于加强新形势下发展团员和团员管理工作的意见

为深入贯彻党的十八大和十八届三中、四中、五中全会精神,深入贯彻习近平总书记系列重要讲话精神,贯彻落实中央党的群团工作会议和《中共中央关于加强和改进党的群团工作的意见》精神,切实保持和增强共青团的政治性、先进性、群众性,根据《中国共产主义青年团章程》有关规定,现就加强新形势下发展团员和团员管理工作提出如下意见。

一、充分认识加强新形势下发展团员和团员管理工作的重要意义

1. 发展团员和团员管理工作是团的建设基础工程。团员是团的肌体的细胞和团的活动的主体。长期以来,各级团组织认真做好发展团员和团员管理工作,建立了一支规模宏大、能够发挥模范作用的团员队伍。由于团组织自身的特点,每年有数以百万计的团员超龄离团,又有数以百万计的青年入团,做好发展团员和团员管理工作具有更为重要的意义。实践证明,只有把团员发展好、管理好,才能体现团员队伍的先进性,更好发挥共青团作为党的助手和后备军的作用。

2. 发展团员和团员管理工作面临新形势新任务。随着改革开放和社会主义市场经济的深入发展,青年自身和所处的环境都发生了显著变化,团员队伍建设面临许多新课题新挑战,发展团员和团员管理工作存在一些不适应新形势新任务要求的问题。主要表现是:有的地方团员占青年的比例过高,团员的团员意识不强,荣誉感不足,团员在青年中的先进性体现不够;有的团组织对发展团员工作重视不足、把关不严,发展团员质量需要提高;有的地方发展团员标准不明确、程序不规范,全员入团、突击入团、低龄入团现象较为突出;有的团组织重发展团员、轻团员管理,团的组织生活涣散、团籍管理不规范、团员流失严重。这些问题从源头上严重影响了团员队伍的生机活力,削弱了共青团的吸引力、凝聚力、战斗力,必须切实加以解决。

3. 加强发展团员和团员管理工作的总体要求。坚持以邓小平理论、"三个代表"重要思想、科学发展观为指导,深入学习贯彻习近平总书记系列重要讲话精神,贯彻落实中央党的群团工作会议和《中共中央关于加强和改进党的群团工作的意见》精神,紧紧围绕保持和增强政治性、先进性、群众性,坚持团要管团、从严治团,进一步解放思想、改革创新,按照坚持标准、控制规模、提高质量、发挥作用的总要求,明确目标、突出重点,健全机制、务求实效,不断提高发展团员和团员管理工作科学化水平,着力把各方面先进青年更多地吸收进团组织,努力建设一支能够充分体现先进性和发挥模范作用的团员队伍,源源不断地为

党输送新鲜血液,不断巩固和扩大党执政的青年群众基础,为全面建成小康社会、夺取中国特色社会主义新胜利发挥生力军和突击队作用提供坚强组织保证。

二、严格入团标准,提高发展团员质量

4. 坚持按照标准发展团员。严格按照团章规定的标准发展团员,始终把政治标准放在首位,着重看发展对象是否具有坚定的理想信念和良好的道德品行,是否在学习、生产、工作和社会活动中发挥模范带头作用。根据不同群体、行业、岗位的特点,紧密联系实际,从思想政治、能力素质、道德品行、现实表现等方面探索制定团员具体标准。坚持成熟一个发展一个,杜绝全员入团、突击发展、不满 13 周岁入团的现象,同时防止"关门主义"。完善推荐中学优秀少先队员作团的发展对象工作制度,对于经少先队组织培养推荐和团组织考察已达到入团标准的特别优秀少先队员,可以在他们年满 13 周岁未满 14 周岁时发展他们入团,在年满 14 周岁以前仍保留队籍。对于在入团年龄问题上弄虚作假的,按照人事档案管理有关规定处理。在学生中发展团员,要始终突出思想政治引领这一灵魂,坚持把理想信念作为首要标准,把综合素质作为重要考察内容,加强对践行社会主义核心价值观的考察,注重把学生的一贯表现、自我评价和相互评价结合起来,防止只把学习成绩作为发展团员的唯一标准。

5. 抓好入团积极分子培养教育工作。积极引导和鼓励那些各方面表现好、有进步愿望的青年提出入团申请,不能坐等青年上门。对于提出入团申请的青年,要及时采取团员推荐、少先队推优等方式确定入团积极分子。建立对入团积极分子进行集中教育和日常培养考察相结合的培养教育机制,从源头抓好发展团员质量。针对不同群体、不同行业入团积极分子的特点,以学习习近平总书记系列重要讲话精神、中国特色社会主义和中国梦教育、培育和践行社会主义核心价值观为重点,切实加强理想信念教育,帮助他们提高思想觉悟,端正入团动机,逐步坚定跟党走中国特色社会主义道路的信念。充分利用好团课、团校等形式和载体开展集中培养教育,入团积极分子确定为发展对象之前要参加不少于 8 学时的团课学习。严格落实培养联系人制度、团支部考察制度,定期了解入团积极分子的思想、工作、学习和生活情况,健全经常性培养考察机制。

6. 严格入团程序和工作纪律。严格按照团章程序和有关规定发展团员，把履行入团程序作为对新团员进行团员意识教育的重要内容。入团积极分子的推荐确定、培养考察，新团员的大会表决、审批、宣誓、教育等各个环节都要做到程序严格、手续完备。发展团员工作中要坚持民主，通过团员和青年民主推荐产生发展对象，新团员的接收必须经过团支部大会讨论并采取无记名投票方式进行表决。强化发展团员工作责任追究制，对不坚持标准、不履行程序和培养考察失职、审查把关不严的团组织及其负责人、直接责任人进行批评教育，情节严重的给予纪律处分。对违反团章和有关规定发展团员的典型案例要及时进行查处和通报，对违反规定吸收入团的，一律不予承认，切实维护发展团员工作的严肃性。

三、加强发展团员工作指导，保持团员队伍的适度规模和合理结构

7. 制定和落实发展团员规划。着眼于增强团员队伍的整体先进性，坚持有计划有步骤地发展团员，实行发展团员总量调控，降低团青比例，使团员数量和团青比例保持合理、适度的水平，到 2025 年将全国团青比例控制在 30％以内。团中央制定全国发展团员规划，并对每年发展团员数量进行总体控制，相应对省级团委发展团员数量提出指导意见。省级团委制定发展团员规划和年度计划，对本省份、本系统的发展团员工作进行综合平衡、分类指导。地市级和县级团委要在充分论证、统筹协调的基础上，制定发展团员年度计划，分领域对发展团员的数量、结构、分布和工作要求等提出具体指导意见，并报上一级团委备案。基层团组织要根据上级团组织的规划和计划，结合本地区本单位实际，研究制定工作方案和落实措施，报上级团组织备案。各级团组织要认真抓好规划和计划的落实，确保发展团员工作规范有序。

8. 调控中学发展团员比例。中学是发展团员的主要源头，做好中学发展团员工作是加强团员队伍建设的基础和关键。把中学发展团员工作的着力点放在对入团积极分子的培养上，重视做好思想上入团工作。到 2017 年底将初中毕业班团学比例控制在 30％以内，2018 年底将高中阶段（含中等职业学校）毕业班团学比例控制在 60％以内，之后进一步降低这一比例。各级团的领导机关要考虑学校类别和地区差异，研究制定调控本地中学发展团员比例的具体措

施,原则上应以县域为单位做好区域内中学发展团员工作的统筹,非县属中学发展团员比例由其所在地市或县的团组织商其上级单位团组织确定。各中学团委要按照上级团委制定的发展比例,统筹做好各年级发展团员工作。

9. 统筹做好其他领域发展团员工作。把中学作为发展团员主阵地的同时,做好非公企业、农村社区、新兴青年群体等领域的发展团员工作。加强对非公企业青年一线工人、业务骨干、技术能手的培养考察,及时发展他们中符合团员标准的青年入团。注重在思想政治素质好、有文化、有一技之长,特别是能带领群众共同致富的优秀青年农民中发展团员。注重发展优秀青年农民工入团,青年农民工可以向所在单位团组织提出入团申请,所在单位未建立团组织的,可以向单位所在地团组织提出入团申请;流出地已经在流入地建立驻外团组织的,可以向驻外团组织提出入团申请。要把新兴青年群体中思想先进、政治素质高的优秀青年吸收进团的组织。继续做好国有企业、普通高校、机关事业单位的发展团员工作,保持合适团青比例。注重加强在少数民族青年中发展团员工作,继续做好在军人中发展团员工作。

四、强化团员教育管理,增强团员队伍生机活力

10. 从严管理团员。严明政治纪律和组织纪律,健全和改进"三会两制一课"制度,特别要把团员教育评议与团员年度团籍注册结合起来,按照有关规定落实各项工作内容,将其作为加强团员队伍思想建设、严肃团的纪律、严格团的管理的重要措施。认真落实团日活动制度。探索打破单位、行业、地域界限,依托区域化团建,试行团员组织关系一方隶属、参加多重组织生活模式,积极开展开放式、体验式、互动式团内活动,注重依托互联网平台开展活动,进一步提高组织生活的效果。团的组织生活要凸显思想政治教育的本质要求,团组织对团员参加组织生活的情况要经常进行督促检查。

严肃团的纪律,及时处置不合格团员,对违反团章规定的团员依章及时处理。对理想信念不坚定、不履行团义务、不符合团员标准的团员,团组织应对其进行教育,要求其限期改正;经教育仍无转变的,应当劝其退团;劝而不退的予以除名。对无正当理由,连续6个月不交纳团费、不过团的组织生活,或连续6个月不做团组织分配工作的团员,按自行脱团处理,并予除名。处置不合格团

员要按照稳妥、慎重的要求,做到事实清楚、理由充分,处理恰当、手续完备,不定比例、不下指标,认真执行规定,严格审核把关。对被劝退和除名的团员,团组织要做好包括思想政治工作在内的相关工作。

完善和加强团员档案管理。团员的入团志愿书,已建立人事档案的,由档案管理部门统一管理;未建立人事档案的,学生团员的由学校团委管理,其他团员的由街道、乡镇团组织管理。建立团员登记表制度,基层团组织要为团员建立包含各项基本信息的团员登记表,将其作为团员档案的重要材料和团组织关系的重要证明,作为基层团组织对团员进行日常管理服务的重要依据。团员登记表由团员所在的基层团委管理,街道、乡镇下属的基层团组织其团员登记表统一由街道、乡镇团组织管理。所有团员登记表和未由档案管理部门管理的入团志愿书随组织关系进行转移。

创新团员管理手段。建设全国"智慧团建"系统,建成集基础团务管理、团干部管理和团的工作管理于一体的综合平台,创新团的工作运行机制,提高团员管理和服务工作水平。

11. 改进对流动团员的管理。按照明确责任主体、分类管理服务、多方协同配合的要求,认真做好流动团员管理和团组织关系转接工作。团员外出地点或工作单位相对固定,外出时间 6 个月以上的,一般应当将其团的组织关系转入外出地或工作单位相应的团组织。

对农村流动团员,流入地团组织要及时将流动团员纳入本地团员管理范围,给予必要的工作支持;流出地团组织要掌握了解外出流动团员情况,主动与流入地团组织沟通,并积极创造条件,在流出团员相对集中地建立团组织。

对各级各类学校毕业生中的流动团员,已经落实工作单位的,应将团员组织关系及时转移到所在单位团组织;工作单位未建立团组织的,按照就近就便原则,将团员组织关系转移到工作单位所在地街道、乡镇团组织,也可随同档案转移到县以上政府所属公共就业和人才服务机构团组织;尚未落实工作单位的,可将团员组织关系转移到本人或父母居住地的街道、乡镇团组织,也可随同档案转移到县以上政府所属公共就业和人才服务机构团组织。对于暂时确无法转移团员组织关系的,团员原隶属团委应保留其组织关系,直至其办理转出手续。

对流动人才中的团员,所在单位已经建立团组织的,应将团员组织关系转移到单位团组织。所在单位未建立团组织的,团员组织关系应随同档案一并转入县以上政府所属公共就业和人才服务机构团组织;具备条件的可成立流动人才团员团组织,并提供必要的工作保障,确保他们能够按时交纳团费、定期参加组织生活、充分发挥作用。

对劳务派遣工中的流动团员,一般以用工单位团组织管理为主,劳务派遣单位团组织和户籍所在地团组织密切配合、主动联系,将他们纳入团组织有效管理之中。

对出国(境)人员中的团员,要加强管理和服务工作,完善出国(境)人员团员与团组织联系制度和组织关系管理制度。办理团员组织关系转接时,应由基层团委开具转接介绍信,并向县级团委进行年度备案。不能仅凭团员证转接团员组织关系。对伪造团员身份证明的,要严肃处理。对在转移和接收团员组织关系过程中推诿扯皮、无故拒转拒接的团组织和团员,上级团组织要批评教育,及时纠正。

12. 强化团员经常性教育。坚持用科学理论、先进思想武装团员,激发团员的荣誉感和责任感,促进团员坚定理想信念,自觉增强团员意识。组织团员每年参加集中培训时间一般累计不少于 1 天或者 8 学时。各级团组织特别是团的基层组织要通过学习培训、主题教育、实践活动、同伴分享、选树典型等方式,注重运用网络手段,丰富和完善团员经常性教育载体,提升团员经常性教育成效。要注重对团员的仪式教育,举办好入团、超龄离团等仪式,注重仪式的庄重性、感染力和神圣感,增强团员对组织的归属感、作为团员的光荣感。团内正式活动时,要按照规定使用团旗、佩戴团徽、奏唱团歌。

五、发挥团员模范带头作用,增强团员队伍先进性

13. 抓好推优入党工作。改进推荐优秀团员作党的发展对象工作,将其作为基层团组织的重要职责,进一步完善推优工作机制。推荐对象应具有 1 年以上的团龄,推优的比例一般不超过团支部人数的 20%,每次推荐有效期为 2 年。要将推优工作的重点放在对入党积极分子的培养教育上,配合基层党组织做好相关工作,使育优和推优有效衔接。要注重推荐青年工人、农民、学生、知识分

子中的优秀团员作为党的发展对象。

14. 推动团员成为注册志愿者。把参与志愿服务作为团员践行社会主义核心价值观、增强团员意识的重要途径,逐步推动全体团员成为注册志愿者,引导广大团员按照就近就便的原则,从身边做起、从小事做起,带头广泛深入开展志愿服务。建立有效机制和载体,引导团员注册志愿者围绕扶贫济困、助老助残、社区服务、生态建设、大型活动、抢险救灾、网络文明、社会管理、文化建设、西部开发、海外服务等领域开展志愿服务。积极动员广大团员加入网络文明志愿者队伍,争当好网民,发出好声音,传播正能量,把团员的先进性延伸到网络空间。

15. 健全团内激励关怀帮扶机制。充分保障团员的各项权利,加强对团员的教育培养,促进团员成长发展。坚持从思想、工作、生活上关心和爱护团员,落实团的领导机关干部深入基层工作制度,通过走访慰问、谈心谈话、结对帮扶等措施,帮助支持在学习和生产生活方面存在困难的团员。广泛开展团员交流分享,提倡在工作生活中分享思想体会,增进彼此了解,共同提高进步。完善团内评选表彰工作机制,让更多普通团员参与到评选工作中来,及时把团员身边的先进典型挖掘出来,加强宣传,充分发挥先进典型的示范带动作用。结合各地实际积极争取面向团员青年的普惠性政策或服务。

16. 构建团员联系和服务群众工作体系。健全团员立足岗位创先争优长效机制,通过设立团员先锋岗、团员示范岗、青年文明号窗口等形式,开展团员承诺践诺和履职尽责活动,推动团员发挥模范带头作用。以团员服务团员、团员服务青年为重要形式,加强基层服务型团组织建设,每名团员要与一定数量的非团员青年结对,建立经常性联系,热心帮助青年进步,及时反映青年的意见和要求。完善团干部直接联系团员青年制度,重点联系农村、社区、学校、非公企业、新兴青年群体以及生活困难团员青年,听取和反映青年意见,帮助青年解决困难,注重维护青年合法权益,不断巩固党执政的青年群众基础。

六、加强组织领导,确保各项任务落到实处

17. 落实领导责任。各级团组织要从全局和战略的高度,充分认识加强新形势下发展团员和团员管理工作的重要意义,加强领导,明确责任,集中一段时

间加强制度设计,突出重点环节,细化落实措施,推动发展团员和团员管理工作达到一个新水平。各级团的领导机关和领导班子要把做好发展团员和团员管理工作作为重要工作职责,强化责任意识,狠抓责任落实。各级团的组织部门要加强具体指导,明确目标任务,充实工作力量,推动工作落实。基层团组织要配齐配强团支部书记,把发展团员和团员管理作为核心工作职能,认真落实有关工作要求,做好经常性发展团员工作,加强团员日常管理,克服"紧抓一阵,松懈一阵"的现象。

18. 加强基层团建。发展团员和团员管理工作既是团的基层建设的重要内容,也需要有力的团建支撑和保障。要以贯彻落实《中共中央关于加强和改进党的群团工作的意见》为契机,进一步推动党建带团建制度安排在基层的有效落实,为基层团组织开展工作创造良好的环境;狠抓团建"空白点",构建纵横交织的网络化组织体系,不断扩大团组织在青年中的有效覆盖;继续将工作资源、工作项目、工作力量向基层倾斜,促进基层团的工作进一步活跃,增强对青年的吸引力。

19. 强化督导考核。各级团组织要定期督促检查发展团员和团员管理工作,加强工作考核,把发展团员和团员管理工作情况作为团建考核的重要内容,考核结果作为评选表彰的重要依据。团的各级领导机关应每年开展一次发展团员和团员管理工作专项检查,基层团委应每半年检查一次,掌握工作进度,及时解决问题,对工作情况较差的团组织进行通报。

各级团的领导机关要根据本意见精神,结合工作实际,制定具体实施办法,并在实践中不断探索完善。

中国人民解放军和中国人民武装警察部队的发展团员和团员管理工作,由中央军委政治工作部组织局根据本意见精神制定具体实施办法。

附录8

中国共产主义青年团发展团员工作细则

第一章 总 则

第一条 为了规范发展团员工作,保证新发展的团员质量,提升团员队伍先进性,依据《中国共产主义青年团章程》和团内有关规定,制定本细则。

第二条　发展团员工作应当按照坚持标准、控制规模、提高质量、发挥作用的总要求,有领导、有计划地进行,坚持入团自愿原则,成熟一个发展一个,防止突击发展,反对关门主义。

第三条　团的基层组织应当做好经常性发展团员工作,着力把各方面先进青年吸收进团组织,保持团员队伍朝气蓬勃的青年特点,使共青团真正成为团结教育青年的坚强核心。

第二章　入团积极分子的确定和培养教育

第四条　团组织应当加强对青年的教育和引导,面向青年开展团的各项活动,宣传团的基本知识,努力为青年健康成长提供服务,提高青年对团的认识,激发青年的进步热情,建立起一支数量众多的入团积极分子队伍。

第五条　团组织应当主动了解青年,及时发现那些积极要求进步、各方面表现好的青年,鼓励他们申请入团。

第六条　年龄在十四周岁以上,二十八周岁以下的中国青年,承认团的章程,愿意参加团的一个组织并在其中积极工作、执行团的决议和按期交纳团费的,可以申请加入中国共产主义青年团。对于经少先队组织培养推荐和团组织考察已达到入团标准的特别优秀的少先队员,可以在年满十三周岁后发展他们入团,在十四周岁以前仍保留队籍。

第七条　入团申请人应当向工作、学习所在单位团组织提出入团申请,没有工作、学习单位或工作、学习单位未建立团组织的,应当向居住地团组织提出入团申请。

流动青年还可以向单位所在地团组织提出入团申请。流出地已经在流入地建立驻外团组织的,也可以向驻外团组织提出入团申请。

第八条　组织收到入团申请书后,应当在一个月内派人同入团申请人谈话,了解基本情况。

第九条　在入团申请人中确定入团积极分子,应采取团员推荐、少先队组织推优等方式,由支部委员会(不设支部委员会的由支部大会,下同)研究决定,并报上级团组织备案。

第十条　团组织应当指定一至两名团员作入团积极分子的培养联系人。培养联系人的主要任务是:

（一）向入团积极分子介绍团的基本知识；

（二）了解入团积极分子的思想觉悟、道德品质和现实表现等，做好培养教育工作，引导入团积极分子端正入团动机；

（三）及时向团支部汇报入团积极分子情况；

（四）向团支部提出能否将入团积极分子列为发展对象的意见。

第十一条　团组织应当高度重视对入团积极分子的教育、培养和考察，形成集中教育和日常培养考察相结合的工作机制。对入团积极分子须进行三个月以上的培养教育。未经团组织培养考察的青年，一般不得发展入团。

第十二条　入团积极分子在发展入团之前要参加不少于 8 学时的团课学习。团组织应当对入团积极分子开展党的理论教育、中国特色社会主义和中国梦教育、社会主义核心价值观教育，开展党史、国史和社会主义发展史教育，开展团章教育和团的优良传统教育，教唱团歌，帮助他们提高思想觉悟，端正入团动机，确立为共产主义事业而奋斗的信念。

第十三条　团组织应当吸收入团积极分子参加团的有关活动，给他们分配适当的社会工作，鼓励他们努力学习、立足本职、争创一流，使他们在实践中受教育、起作用、长才干。

应当鼓励入团积极分子成为注册志愿者，积极参与志愿服务。将入团积极分子是否是注册志愿者、是否参加过一定时间的志愿服务活动作为入团的重要考察内容。入团时，积极推动新团员成为注册志愿者。

第十四条　团支部应及时对入团积极分子进行考察，在经过规定时间的培养教育后，团支部委员会应听取联系人、团员和群众的意见，从思想觉悟和政治素质、在本职岗位上一贯表现和道德品质等方面对他们进行考察，并为已具备团员条件的积极分子办理入团手续。

入团积极分子工作、学习所在单位（居住地）发生变动，应当及时报告原单位（居住地）团组织。原单位（居住地）团组织应当及时将入团申请书、参加团的活动记录、培养教育情况、志愿服务记录等有关材料转交现单位（居住地）团组织。现单位（居住地）团组织应当对有关材料进行认真审查，并接续做好培养教育工作。培养教育时间可连续计算。

第十五条　完善推荐优秀少先队员作团的发展对象的工作制度。中学团组织应当重视发挥少先队组织的作用,办好"少年团校""中学生团校",提高少先队员的思想政治素质,支持、帮助和指导少先队推荐优秀少先队员作团的发展对象。

少先队组织推优,由少先队中队委员会讨论,提出推荐对象,填写推荐表,报大队委员会;少先队大队委员会对推荐对象进行审核后,签署意见向具有发展团员审批权限的团组织推荐。少先队组织推优工作一般每年开展一次。

第三章　新团员的接收

第十六条　接收新团员应当严格按照团章规定的标准和程序办理。发展青年入团,要坚持把政治标准放在首位,着重看其是否在学习、生产、工作和社会活动中发挥模范带头作用。

第十七条　申请入团的青年要有本支部的两名团员作介绍人。入团介绍人一般由培养联系人担任,也可以由申请入团的青年自己约请,或由团组织指定。

受留团察看处分尚未恢复团员权利或尚在缓期注册期间的团员,不能作青年入团介绍人。

第十八条　入团介绍人的主要任务是:

(一)向被介绍人解释团的章程,说明团员的条件、义务和权利;

(二)认真了解被介绍人的入团动机、政治觉悟、道德品质、工作学习经历、现实表现等情况,如实向团组织汇报;

(三)指导被介绍人填写《入团志愿书》,并认真填写自己的意见;

(四)向支部大会负责地介绍被介绍人的情况。

第十九条　团支部委员会应在入团积极分子中讨论确定发展对象,报具有审批权限的基层团委预审。

基层团委对发展对象的条件、培养教育情况等进行预审。预审结果以书面形式通知团支部委员会,并向预审合格的发展对象发放《入团志愿书》。

发展对象要认真如实填写《入团志愿书》。《入团志愿书》经支委会检查合格后,再提交支部大会讨论。

第二十条　青年入团必须经团支部大会讨论通过。讨论青年入团的支部大会,有表决权的到会人数必须超过应到会有表决权人数的半数。

第二十一条　支部大会讨论接收青年入团的主要程序是：

（一）申请人汇报个人简历、家庭情况和对团的认识、入团动机以及需向团组织说明的问题；

（二）入团介绍人介绍申请人有关情况，并对其能否入团表明意见；

（三）支部委员会报告对申请人的审议意见；

（四）与会团员对申请人能否入团进行充分讨论，并采取无记名投票方式进行表决。赞成人数超过应到会有表决权团员的半数，才能通过接收新团员的决议。因故不能到会的有表决权的团员，在支部大会召开前正式向团支部提出书面意见的，应当统计在票数内。

支部大会讨论两名以上的青年入团时，必须逐个讨论和表决。

第二十二条　团支部应当及时将支部大会决议写入《入团志愿书》，连同本人入团申请书，一并报上级团组织审批。

支部大会决议主要包括：申请人的主要表现；应到会和实际到会有表决权的团员人数；表决结果；通过决议的日期；支部书记签名。

第二十三条　接收新团员由基层团委审批。团总支一般不能审批接收新团员，但应当对新团员情况进行审议。县以上团委直接领导的独立单位的团总支和大型企业、大专院校直属的分厂、分校团总支，经县以上团委授权，可以审批接收新团员，但需要在审批意见中注明是授权审批。

第二十四条　基层团委审批接收新团员必须召开委员会，集体审议，表决决定。审议的主要内容是：申请人是否具备团员条件，入团手续是否完备等。审批意见写入《入团志愿书》，并通知报批的团支部。

基层团委审批两名以上青年入团时，应逐个审议和表决。

第二十五条　团支部应通过支部书记或委员谈话的郑重方式及时将上级团组织批准青年入团的决定通知本人并在团员大会上宣布。对于未被批准入团的青年，团支部也应将情况及时通知本人，帮助其认识自己的不足，鼓励其继续努力。

被批准入团的青年，从支部大会通过之日起取得团籍、计算团龄，并交纳团费。

第二十六条　基层团委对团支部上报的接收新团员的决议，必须在三个月内审批,并报上级团委基层组织建设部门。凡无故超过规定时间而未予审批的,应追究有关人员的责任。

第二十七条　新团员应当参加入团仪式。入团仪式可以由团的基层委员会、总支部委员会或支部委员会组织。在入团仪式上,由上级团组织的代表或本级团组织的负责人带领新团员宣誓,并向新团员颁发团员证和团徽。团员证需由团的县级委员会或其授权办理颁发团员证具体事宜的基层团委加盖钢印。入团仪式可以邀请同级党组织的负责人参加。

第二十八条　团组织应加强对新团员的教育和管理,帮助他们不断提高思想政治素质和执行团章、履行团员义务的自觉性。

第二十九条　团组织应将新团员的《入团志愿书》存入本人人事档案,由档案管理部门统一管理。未建立人事档案的,学生团员的《入团志愿书》由学校团委建立团员档案并进行管理;其他团员的由街道、乡镇团组织统一管理。县级团委要加强对学校、街道、乡镇团组织发展团员工作档案管理的指导和监督。

第三十条　在特殊情况下,团的中央和省、自治区、直辖市委员会可以直接接收团员。

第四章　团员的追认

第三十一条　入团积极分子在申请入团期间,对在中国特色社会主义事业中为党和人民利益英勇献身,事迹突出,并在较大范围内有教育意义的,可以追认为团员。

第三十二条　追认团员应由其所在单位团组织整理事迹材料,经其生前所在团支部召开支部大会通过和县级以上团委审查同意后,报送省级团委批准。

第五章　发展团员工作的领导和纪律

第三十三条　各级团委应当把发展团员工作列入重要议事日程,将其作为工作述职、评议、考核的重要内容,考核结果作为评选表彰的重要依据。对发展团员工作情况,团的各级领导机关应每年开展一次检查,基层团委随时掌握工作进度,及时解决问题。对于发展团员工作情况较差的团组织要进行通报,必要时由团的领导机关进行组织整顿。

第三十四条　基层团委和地方各级团委必须依据全国发展团员计划,根据本地区、本单位团员占青年的比例和入团积极分子队伍的情况,确定每年发展团员的任务和目标,制定出切实可行的工作措施,保证发展团员工作持续稳定地向前发展。

应当重视做好非公企业、农村社区、新兴青年群体等领域的发展团员工作。

第三十五条 各级团组织对发展团员工作中出现的违纪违规问题和不正之风,应当严肃查处。对不坚持标准、不履行程序和培养考察失职、审查把关不严的团组织及其负责人、直接责任人进行批评教育,情节严重的给予纪律处分。对违反团章和有关规定发展团员的典型案例要及时进行查处和通报,对违反规定吸收入团的,一律不予承认,切实维护发展团员工作的严肃性。

第三十六条 《入团志愿书》的式样由团中央基层组织建设部负责制定,省级团委基层组织建设部门按照式样统一印制,并严格管理。

第六章 附 则

第三十七条 本细则由团中央基层组织建设部负责解释。

第三十八条 本细则自发布之日起施行。《中国共产主义青年团发展团员工作细则(试行)》同时废止。

附件:

1. 入团仪式规定
2. 入团志愿书

附件1 入团仪式规定

为规范发展团员工作,加强团员意识教育,特制定入团仪式规定如下。

一、基本原则

注重制度化。新团员入团都要参加入团仪式。团的基层委员会、总支部委员会或支部委员会要按照规定定期组织开展入团仪式。

注重程序性。举行入团仪式要做到基本程序规范到位,各个环节严谨顺畅,体现发展团员工作的严肃性和庄重性。

注重感染力。通过举行入团仪式,使青年感受加入团组织的光荣感,增强对团组织的归属感,激发为共产主义事业而奋斗的使命感。

二、基本程序

1. 奏(唱)国歌。

2. 主持人说明举行入团仪式的意义,宣布新团员名单。

3. 向新团员颁发团章、团员证和团徽,团徽佩戴在左胸前。

4. 上级团组织的代表或本级团组织负责人带领新团员宣誓。

(1)宣誓人面向团旗立正,右手握拳,举过右肩。

(2)领誓人逐句领读入团誓词,宣誓人跟读。

(3)当领誓人念到"宣誓人"时,宣誓人应分别报出自己的姓名。

5. 入团介绍人代表宣读《团章》中有关团员的义务和权利的条款。

6. 新团员代表发言。

7. 老团员代表发言。

8. 党组织负责人、上级团组织的代表或本级团组织负责人讲话,对新团员提出希望和要求。

9. 唱团歌。

在严格履行基本程序的基础上,可对入团仪式内容和形式进行进一步充实和创新。

三、有关要求

1. 入团仪式由团的基层委员会、总支部委员会或支部委员会组织,团小组不能组织。可以邀请同级党组织负责人参加,一般还应吸收入团积极分子到场观摩。

2. 入团仪式应在上级团组织批复新发展团员之后一个月内举行,学校应在三个月内举行。可选择在"五四""七一""十一""一二·九"等时间举行,使入团仪式更有纪念意义。

3. 入团仪式可以在室内举行,也可以在室外举行。有条件的地方,应尽量选择在爱国主义教育基地、革命传统教育基地等场所举行。

4. 各级团的领导机关要加强对入团仪式规定落实情况的指导和检查,注重总结推广基层团组织的好做法、好经验。

附件 2

发展团员编号：_____

中 国 共 产 主 义 青 年 团

入 团 志 愿 书

申请人姓名_____

— 13 —

誓　　词

　　我志愿加入中国共产主义青年团，坚决拥护中国共产党的领导，遵守团的章程，执行团的决议，履行团员义务，严守团的纪律，勤奋学习，积极工作，吃苦在前，享受在后，为共产主义事业而奋斗。

姓　名		性　别		二寸正面免冠照片
民　族		出生年月		
籍　贯		职　业		
联系电话		电子邮箱		
居民身份证号码				
单　位				
现居住地				

本人经历

何年何月至何年何月	在何地、何单位、任何职	证明人

团课学习记录				
时　间	地　点	内　容	学　时	证明人

— 16 —

何时何地何原因 受过何种奖励	
何时何地何原因 受过何种处分	
需要向团组织 说明的问题	

（续表）

入 团 志 愿

（续表）

本人签名：

年　月　日

（续表）

入团介绍人意见	姓名		联系电话	
	单位			
	介绍人签名：　　　　　　　　　　　　　年　月　日			
	姓名		联系电话	
	单位			
	介绍人签名：　　　　　　　　　　　　　年　月　日			

— 20 —

支部大会决议	我支部于＿＿＿＿年＿＿月＿＿日召开支部大会，讨论＿＿＿＿＿＿＿＿的入团问题。会议认为（发展对象的主要表现）： 　　本支部应到团员＿＿＿名，实到团员＿＿＿名，有表决权的团员＿＿＿名。经无记名投票表决，赞成票＿＿＿张，反对票＿＿＿张，弃权票＿＿＿张，大会同意吸收＿＿＿＿＿＿＿为共青团员。 　　支部名称： 　　支部书记签名：　　　　　　　　　年　月　日
上级团委审批意见	 　　　　　　　　　　　　　　　　（盖章） 　　　　　　　　　　　　　　　年　月　日

— 21 —

（续表）

备　注

说　明

一、申请人填写《入团志愿书》要严肃、认真、忠实。填写前，团支部负责人或入团介绍人应将表内项目向申请人解释清楚。

二、填写《入团志愿书》须使用钢笔、签字笔，并使用黑色或蓝黑色墨水，字迹要清晰、工整。表内的年、月、日一律用公历和阿拉伯数字。表内所有栏目必须填写，确无内容填写时，应注明"无"。栏目填写不下时，可加附页。

三、《入团志愿书》是团员的档案材料，由档案管理部门统一管理；未建立人事档案的，学生团员的《入团志愿书》由学校团委建立团员档案并进行管理；其他团员的由街道、乡镇团组织统一管理。

四、《入团志愿书》由各省级团委按照团中央基层组织建设部提供的式样统一制作，要在《入团志愿书》封面右上角显著位置加印发展团员编号。

— 23 —

共青团中央基层组织建设部
2016 年 制

团×××省（市、区）委翻印

附录9

关于中国共产主义青年团团费收缴、使用和管理的规定

按照团章规定向团组织交纳团费,是共青团员必须具备的起码条件,是团员对团组织应尽的义务。团费的收缴、使用和管理,是团的基层组织建设和团员队伍建设中的一项重要工作。为了适应形势发展的要求,进一步加强和改进团费收缴、使用和管理工作,现作如下规定。

一、团费收缴

第一条 按月领取工资的团员,每月以工资总额中相对固定的、经常性的工资收入(税后)为计算基数,分档交纳团费。

工资总额中相对固定的、经常性的工资收入包括:机关工作人员(不含工人)的职务工资、级别工资、津贴补贴;事业单位工作人员的岗位工资、薪级工资、绩效工资、津贴补贴;机关工人的岗位工资、技术等级(职务)工资、津贴补贴;企业人员工资收入中的固定部分(基本工资、岗位工资)和活的部分(奖金)。

第二条 各收入档次的团员每月交纳的团费为:每月工资收入(税后)在2 000元以下(不含2 000元)者,交纳3元;2 000元以上(含2 000元)者,交纳数为收入数乘以2以后按去尾法取整(即直接去掉小数点后的数值。如:工资收入为5 000元~5 499元者,交纳10元)。最高交纳20元。

第三条 实行年薪制人员中的团员,每月以当月实际领取的薪酬收入为计算基数,参照第一条、第二条规定交纳团费。

第四条 不按月取得收入的个体经营者等人员中的团员,每月以个人上季度月平均纯收入为计算基数,参照第一条、第二条规定交纳团费。

第五条 农民团员每月交纳团费0.2元~1元,具体数额由省级团委根据实际情况确定。学生团员、下岗失业的团员、依靠抚恤或救济生活的团员、领取当地最低生活保障金的团员,每月交纳团费0.2元。

第六条 交纳团费确有困难的团员,经团支部研究,报上一级团委批准后,可以少交或免交团费。

第七条 团员从支部大会通过其为团员之日起交纳团费。保留团籍的共

产党员,从取得预备党员资格起,应交纳党费,可不交纳团费,自愿交纳团费者不限。

第八条　团员一般应当向其正式组织关系所在的团支部交纳团费。流动团员外出期间可向流入地团组织交纳团费,流入地团组织出具收据。

第九条　团员工资收入发生变化后,从按新工资标准领取工资的当月起,以新的工资收入为基数,按照规定标准交纳团费。

第十条　团员自愿多交团费不限。自愿一次交纳 1 000 元以上的团费,全部上缴团中央。具体办法是:由所在基层团委代收,并提供该团员的简要情况,通过各省、自治区、直辖市团委组织部门,中央军委政治工作部组织局群团处,全国铁道团委组织部门,全国民航团委组织部门,中直机关团工委组织部门,中央国家机关团工委组织部门,中央金融团工委组织部门,中央企业团工委组织部门转交团中央基层组织建设部。团中央基层组织建设部给本人出具收据。

第十一条　团员应当增强团员意识,主动按月交纳团费。遇到特殊情况,经团支部同意,可以每季度交纳一次团费,也可以委托其亲属或者其他团员代为交纳或者补交团费。补交团费的时间一般不得超过 6 个月。不得预交团费。

第十二条　对不按照规定交纳团费的团员,其所在团组织应及时对其进行批评教育,限期改正。对无正当理由,连续 6 个月不交纳团费的团员,按自行脱团处理。

第十三条　团组织应当按照规定收缴团员团费,不得垫交或扣缴团员团费,不得要求团员交纳规定以外的各种名目的"特殊团费"。如遇重大自然灾害等特殊情况需要收取"特殊团费",须经团中央批准。

第十四条　各省、自治区、直辖市团委,中央军委政治工作部组织局群团处,全国铁道团委,全国民航团委,中直机关团工委,中央国家机关团工委,中央金融团工委,中央企业团工委,每年按全年团员实交团费总数的 3% 上缴团中央。上缴团中央的团费应当于次年 4 月底前汇入团中央团费账户,不得少缴或拖延。团中央所收缴团费中的 70% 返还支持基层团组织。

第十五条　民航系统团的关系在地方的团委,每年按照全年团员实交团费总数的 10% 向所在地方团委上缴团费。中国人民银行的地市级分支机构和中央其他金融机构的省级分支机构团委,每年按本地本系统团员全年实交团费总数的 5% 向所在地方团委上缴团费,其他派出机构和下属单位团委不再向地方团委上缴团费。

二、团费使用

第十六条 使用团费应当坚持统筹安排、量入为出、收支平衡、略有结余的原则。

第十七条 使用团费要向农村、街道社区和其他有困难的基层团组织倾斜。

第十八条 团费只能用于团的事业和团的活动的必要开支,不得变相或超范围使用团费。团费的具体使用范围包括:(1)培训团员、团干部;(2)订阅或购买用于开展团员教育的报刊、资料和音像制品;(3)购买团旗、团徽等团务用品;(4)表彰先进基层团组织、优秀共青团员和优秀共青团干部;(5)补助生活困难的团员;(6)补助遭受严重自然灾害的团员和修缮因灾受损的基层团组织设施;(7)基层团组织开展活动。

第十九条 使用和下拨团费,必须集体讨论决定,不得个人或者少数人说了算。

第二十条 请求下拨团费的请示,应当向上一级团组织提出,不得越级申请。上级团组织下拨的团费,必须专款专用,不得挪作他用。

三、团费管理

第二十一条 团费由团委组织部门代团委统一管理。

第二十二条 团费的具体财务工作由各级团委内设的财务机构或团委所在单位财务部门代办。必须指定专人负责,实行会计、出纳分设。团费会计核算和会计档案管理,参照财政部制定的《行政单位会计制度》执行。

第二十三条 团费应当以团委或团委组织部门的名义单独设立银行账户,不具备单独设立银行账户条件的,可在团委或团委所在单位的基本账户中实行分账核算。团费必须存入团委或团委所在单位基本账户所在的银行,本级留存的团费不得存入其他银行或者非银行金融机构。团费利息是团费收入的一部分,不得挪作他用。依法保障团费安全,不得利用团费账户从事经济活动。

第二十四条　团委组织部门要加强对团费管理工作人员的培训,提高其政治素质和业务水平。团费管理工作人员必须先培训后上岗。团费管理工作人员变动时,要严格按照团费管理的有关规定和财务制度办好交接手续。

第二十五条　团费的收缴、使用和管理情况要作为团务公开的一项重要内容。团的基层委员会和各级地方委员会应当在团员大会或者团的代表大会上,向大会报告(或书面报告)团费收缴、使用和管理情况,接受团员或者团的代表大会代表的审议和监督。各级地方团委组织部门应当每年向同级团委和上级团委组织部门报告团费收缴、使用和管理情况,同时向下级团组织通报。团支部应当每年向团员公布一次团费收缴、使用情况。

第二十六条　团的地方委员会和基层委员会可以留存一定比例的团费。具体留存单位和留存比例,由各省、自治区、直辖市团委,中央军委政治工作部组织局群团处,全国铁道团委,全国民航团委,中直机关团工委,中央国家机关团工委,中央金融团工委,中央企业团工委,参照省级党委确定的各级党费有关规定,根据实际情况确定,留存比例应当向基层倾斜,基层团委留存团费的比例不得少于团员实交团费总数的60%。省级团委确定的留存比例须报团中央基层组织建设部备案。

第二十七条　各省、自治区、直辖市团委组织部门,中央军委政治工作部组织局群团处,全国铁道团委组织部门,全国民航团委组织部门,中直机关团工委组织部门,中央国家机关团工委组织部门,中央金融团工委组织部门,中央企业团工委组织部门,应于每年4月底前就上年度团费收缴、使用和管理情况向团中央基层组织建设部提交书面报告。报告内容包括:上年度团费收缴、使用和结存的数额;团费开支的主要项目;团费收缴、使用和管理工作中的经验、做法、存在的问题及改进的意见和建议等。

第二十八条　各级团委组织部门每年要检查一次团费收缴、使用和管理的情况,总结经验,发现问题,及时纠正。

第二十九条　对违反团费收缴、使用和管理规定的,依据有关规定严肃查处,触犯刑律的依法处理。

第三十条　中国人民解放军和中国人民武装警察部队的团费收缴、使用和管理办法,由中央军委政治工作部组织局群团处参照本规定制定。

第三十一条　本规定自印发之日起施行,过去规定与本规定不一致的,以本规定为准。

第三十二条　本规定由团中央基层组织建设部负责解释。

附录 10

中国注册志愿者管理办法
(2013 年 11 月修订)

第一章　总　则

第一条　为规范志愿者注册工作,加强注册志愿者管理,特制定本办法。

第二条　志愿者(英文名称为 Volunteer)是指不以物质报酬为目的,利用自己的时间、技能等资源,自愿为国家、社会和他人提供服务的人。

第三条　注册志愿者(China Registered Volunteer)是指按照本办法规定的程序,在共青团组织及其授权的志愿者组织注册登记、参加服务活动的志愿者。

第四条　志愿精神:奉献、友爱、互助、进步。

第五条　志愿者标识

注册志愿者标识(通称"心手标")的整体构图为心的造型,又是英文"Volunteer"的第一个字母"V",红色,图案中央是手的造型,也是鸽子的造型,白色。标志寓意为中国志愿者向社会上所有需要帮助的人们奉献一片爱心,伸出友爱之手,表达"爱心献社会,真情暖人心"和"团结互助、共创和谐"的主题(图案见附件 1)。

第六条　每年 3 月 5 日是中国青年志愿者服务日,12 月 5 日是国际志愿者日。

第二章　注　册

第七条　基本条件

(一)年满十八周岁或十六至十八周岁以自己劳动收入为主要生活来源者;十四至十八周岁者,须经其法定代理人同意;未满十八周岁的在校学生申请注册的,按所在学校有关规定办理。

(二)具备参加志愿服务相应的基本能力和身体素质。

（三）遵守国家法律法规和注册机构的相关规定。

第八条　注册机构

市（地、州、盟）、县（市、区、旗）、乡（镇、街道）以及大中专院校团组织及其授权的志愿者组织为志愿者注册机构。

第九条　注册程序

（一）申请人直接到开展志愿者注册工作的团组织、志愿者组织提出申请或通过网络、通讯等方式提出申请，填写《志愿者注册登记表》（参考式样见附件2）。

（二）注册机构对申请人进行审核。

（三）审核合格，注册机构向申请人颁发注册志愿者证章。注册机构可根据实际需要，为注册志愿者编制本地管理服务号码。

第三章　权利和义务

第十条　权利

（一）参加志愿服务活动。

（二）接受相关的志愿服务培训，获得志愿服务活动真实、必要的信息。

（三）获得从事志愿服务的必需条件和必要保障。

（四）优先获得志愿者组织和其他志愿者提供的服务。

（五）对志愿服务工作提出意见和建议。

（六）相关法律、法规、政策所赋予的权利。

（七）可申请取消注册志愿者身份。

第十一条　义务

（一）遵守国家法律法规及团组织、志愿者组织的相关规定。

（二）每名注册志愿者根据个人意愿至少选择参加一个志愿服务项目或活动，每年参加志愿服务时间累计不少于20小时。

（三）履行志愿服务承诺，完成志愿服务任务，传播志愿服务理念。

（四）自觉维护团组织、志愿者组织和志愿者的形象。

（五）在志愿者职责范围内，自觉维护服务对象的合法权益。

（六）自觉抵制任何以志愿者身份从事的赢利活动或其他违背社会公德的活动（行为）。

（七）依法应当承担的其他义务。

第四章　志愿服务

第十二条　志愿服务

（一）志愿服务是指志愿者不以物质报酬为目的,利用自己的时间、技能等资源,自愿为国家、社会和他人提供服务的行为。

（二）志愿服务主要领域包括:扶贫济困、助老助残、社区服务、生态建设、大型活动、抢险救灾、社会管理、文化建设、西部开发、海外服务等。

（三）团组织、志愿者组织根据服务对象的需求,向注册志愿者发布服务信息、提供服务岗位,志愿者按照相关要求开展志愿服务。注册志愿者也可按照相关规定自行开展志愿服务。提倡具有相同服务意向和志趣爱好的注册志愿者在团组织、志愿者组织指导下结成志愿服务团队开展服务。

（四）注册志愿者参加志愿服务,应通过与志愿者组织或服务对象签定服务协议书等形式,明确服务内容、时间和有关的权利、义务。未满十八周岁的注册志愿者可参加与其年龄、智力相适应的志愿服务;未满十八周岁的在校学生注册后,按所在学校有关规定参与相关志愿服务。

（五）各级团组织、志愿者组织可依托服务需求相对集中的社会公益机构,通过签定协议、命名挂牌等形式创建志愿服务基地,探索建立志愿者经常性、就近就便开展志愿服务的有效机制。

（六）各级团组织、志愿者组织要推进志愿服务平台建设,形成实体型、网络型、复合型平台。鼓励依托网络新媒体组织开展志愿服务活动,同时应面向社会公开相关信息,遵守有关法律规定。

第五章　组织与管理

第十三条　组织机构

（一）共青团中央、中国青年志愿者协会负责全国注册志愿者工作的规划、协调和指导。

（二）省级团委、志愿者协会根据本地区、本系统的实际,制定相应的实施细则,广泛推行志愿者注册制度。根据实际需要,也可直接开展志愿者注册工作。

（三）市、县两级团委应普遍建立志愿者专门工作机构和志愿者协会,安排专人负责志愿者注册和管理工作。

（四）县级以下基层团组织应通过建立志愿者协会、创建志愿者服务站、培育志愿服务伙伴、发展志愿者服务队和服务团队等形式，广泛开展志愿者注册工作，实现志愿者注册和服务的便利化。

（五）社区和机关团体、企事业单位、中学的团组织、志愿者组织（含志愿者服务站、服务队、服务团队等），经所在地注册机构同意可以开展志愿者注册工作。

（六）注册机构及其下属的团组织、志愿者组织负责志愿者的管理服务，建立健全宣传动员、注册登记、管理培训、考核评价、激励表彰、个人信息保密等制度。

第十四条　日常管理

（一）注册志愿者参加志愿服务后，由服务对象或组织者提供志愿者的服务时间、服务内容等证明，注册机构及其下属团组织、志愿者组织予以认定。服务时间为实际服务时间（不含往返时间），以小时为单位计量。

（二）注册机构应建立健全注册志愿者档案和信息管理系统，逐步实现网上注册和管理，促进管理工作的科学化、制度化、规范化。

（三）注册志愿者使用全国统一的标识。开展志愿服务活动时，注册志愿者应佩戴以全国统一标识为主体图案的标志。志愿者旗帜和服装以红、蓝、白为基本色调。

（四）注册机构可在重大活动时或定期组织志愿者进行宣誓。志愿者誓词："我愿意成为一名光荣的志愿者。我承诺：尽己所能，不计报酬，帮助他人，服务社会，践行志愿精神，传播先进文化，为社会进步贡献力量！"

（五）注册志愿者培训工作主要由注册机构及其下属的团组织、志愿者组织负责，对注册志愿者申请人进行志愿服务基本理念培训，定期向注册志愿者提供志愿服务相关技能等方面的培训，向志愿者骨干提供专门的培训，提高志愿者的服务能力和综合素质。

（六）团组织、志愿者组织应探索和完善注册志愿者服务时间储蓄制度，使注册志愿者在本人需要帮助时，优先得到志愿者组织和其他志愿者的服务。

（七）对拒不履行义务的，注册机构可取消其注册志愿者身份。

（八）注册志愿者在志愿者组织安排的志愿服务过程中对服务对象造成损害的，由志愿者组织承担责任；志愿者组织承担责任后，有权向有故意或者重大过失的注册志愿者追偿。

（九）各级团组织、志愿者组织应逐步建立志愿者权益保障机制。依据有关法律法规、政策规定维护志愿者正当权益，推动建立志愿者保险和应急基金，做好相关救助和慰问工作。如服务对象在接受服务过程中对注册志愿者造成损害，志愿者组织应当支持受损害的注册志愿者向有关服务对象追偿损失，并提供必要的帮助。

第六章　激励和表彰

第十五条　团组织、志愿者组织应完善志愿者评价机制，组织实施星级认证制度，评选表彰和奖章授予制度等。

第十六条　星级认证制度

星级认证制度由省级团委、志愿者协会组织实施。注册机构负责具体认证工作，根据志愿者注册后参加志愿服务的时间累计，认定其为一至五星志愿者。星级志愿者认定后，可由相关注册机构在其注册证上进行标注，并佩戴相应标志。

（一）志愿者注册后，参加志愿服务时间累计达到 100 小时的，认定为"一星志愿者"；

（二）志愿者注册后，参加志愿服务时间累计达到 300 小时的，认定为"二星志愿者"；

（三）志愿者注册后，参加志愿服务时间累计达到 600 小时的，认定为"三星志愿者"；

（四）志愿者注册后，参加志愿服务时间累计达到 1 000 小时的，认定为"四星志愿者"；

（五）志愿者注册后，参加志愿服务时间累计达到 1 500 小时的，认定为"五星志愿者"。

第十七条　评选表彰和奖章授予制度

各级团组织、志愿者组织主要依据注册志愿者的服务时间、服务业绩，根据有关规定，定期组织开展评选表彰活动，授予志愿者荣誉称号和相应服务奖章。

共青团中央、中国青年志愿者协会定期组织开展中国青年志愿者优秀个人奖、组织奖、项目奖评选表彰活动。

第七章　附　则

第十八条　长期在中国内地工作、学习、生活的港澳同胞、台湾同胞和海外华人华侨及外国人申请注册的,由注册机构会同有关部门按相关规定办理。

第十九条　本办法的修改、变更、解释权属于共青团中央青年志愿者工作部、中国青年志愿者协会秘书处。

第二十条　本办法自公布之日起施行。2006 年颁布的《中国注册志愿者管理办法》同时废止。

附件:

1. 注册志愿者标识

2. 志愿者注册登记表(参考式样)

附件 1　注册志愿者标识

图案说明:注册志愿者标识(通称"心手标")的整体构图为心的造型,又是英文"Volunteer"的第一个字母"V",红色,图案中央是手的造型,也是鸽子的造型,白色。标志寓意为中国志愿者向社会上所有需要帮助的人们奉献一片爱心,伸出友爱之手,表达"爱心献社会,真情暖人心"和"团结互助、共创和谐"的主题。

制作说明:图案中白色为纯白色,红色的色号为 M100Y100。

附件2 志愿者注册登记表（参考式样）

志愿者编号（注册机构填写）：[   ]   填表日期：   年   月   日

姓名		性别		出生年月		民族		
籍贯		户籍所在地		政治面貌		宗教信仰		照片
学历		职称		职务		职业		
毕业学校及专业								
工作单位及地址								
住址								
身份证号码						特长		
其他有效证件号						爱好		
联系方式	联系地址					邮编		
	联系电话	办公： 宅电： 手机：						
	Email					QQ		
服务意向								
个人简历								
申请人承诺	(请抄写)我愿意成为一名光荣的志愿者。我承诺：尽己所能，不计报酬，帮助他人，服务社会，践行志愿精神，传播先进文化，为社会进步奉献力量。 申请人签字： 年 月 日							
备注								

（2013年12月11日印发）

附录 11

<h2 style="text-align:center">关于推动团员成为注册志愿者的意见</h2>

为落实《关于加强基层服务型团组织建设的意见》要求,加强团员意识培育,建设服务大局、服务青年的骨干队伍,深化中国青年志愿者行动,共青团中央决定,在全团开展推动团员成为注册志愿者工作。现提出如下意见。

一、充分认识推动团员成为注册志愿者的重要意义

1. 加强基层服务型团组织建设的迫切需要。根据建设学习型、服务型、创新型马克思主义青年组织的要求,共青团中央作出建设基层服务型团组织的重要部署。团员是团的肌体的细胞,既是团组织的服务对象,更是团组织的工作力量;既面临作为青年个体共有的成长发展需求,更担负作为组织成员在社会生活中发挥模范作用的责任。当前,团员意识淡化已经成为团员队伍建设面临的最突出问题,直接影响着团组织的吸引力、影响力和战斗力。推动团员成为注册志愿者,能够促进团员权利和义务的有机结合,强化团员对团组织和社会的责任,对于增强团员意识,培养青年骨干队伍,更好发挥团员在青年中的模范作用,进而推进基层服务型团组织建设,具有重要现实意义。

2. 培育和践行社会主义核心价值观的重要载体。团员是青年中的先进分子,应该成为践行社会主义核心价值观的表率。青年志愿者行动是共青团倡导和发起的引导广大青年服务奉献社会的品牌工作,价值引领性强、社会认可度高、青年参与面广、组织基础健全,在青年中具有强大动员力,在全社会具有广泛影响力。注册志愿者作为青年志愿者行动的骨干力量,在广大青年中发挥着引领示范作用。推动团员成为注册志愿者,组织化动员广大团员参与志愿服务,既有利于调动团员参与志愿服务的热情、畅通参与渠道,又能够发挥团员示范带动作用,带动更多普通青年和社会公众参与志愿服务,从而把在广大青年中培育和践行社会主义核心价值观的要求落细、落小、落实。

3. 促进志愿服务事业科学发展的内在要求。经过 20 余年的发展,志愿服务事业在我国取得了巨大进步,"奉献、友爱、互助、进步"的志愿精神已经成为当代青年普遍认可和追求的价值取向。推动团员成为注册志愿者,对于引导和

鼓励青年参与志愿服务,完善注册制度,拓展服务领域,健全组织网络,完善政策措施,加强机制建设,壮大志愿者队伍,进一步深化中国青年志愿者行动,具有重要意义。

二、注重实效、健全机制,积极推动团员成为注册志愿者

1. 加强教育,积极发动。"努力完成团组织交给的任务,在学习、劳动、工作及其他社会活动中起模范作用""热心帮助青年进步"是团章规定团员必须履行的基本义务。参与志愿服务是体现团员先进性的具体表现,组织团员积极参加志愿服务应该成为团组织的一项经常性工作。各级团组织要坚持组织化推动与激发团员内在动力相结合,在入团积极分子和团员中做好志愿服务宣传、意识培养和教育培训工作,把志愿服务作为入团教育和团员日常教育的重要内容,把参与志愿服务作为团的组织生活的重要内容,引导入团积极分子和团员逐步认同志愿服务理念,积极参与志愿服务实践。在广大团员中大力开展团员意识和先进性教育,重点教育团员深刻认识和自觉履行作为团员的责任和义务,增强责任感和使命感。及时宣传团员注册志愿者工作的成效和经验,注重选树典型,强化引领作用。

2. 规范注册,壮大队伍。要按照共青团中央、中国青年志愿者协会于2013年修订的《中国注册志愿者管理办法》的有关要求,积极推动团员成为注册志愿者。各级团组织要采取有效措施,拓宽团员成为注册志愿者的渠道,推动志愿者注册工作的便利化、信息化。专兼职团干部要率先注册,国有企业、机关事业单位、高校等团组织要先行一步,组织推动所在单位全体团员注册成为志愿者。入团前,要将是否是注册志愿者、是否参加过一定时间的志愿服务活动作为考察内容;入团时,要积极同步推动新团员同时成为注册志愿者。在开展"推优"入党工作时,要将是否在注册志愿者中发挥骨干作用作为考察内容。

3. 开展服务,发挥作用。推动团员成为注册志愿者,关键要发挥团员在注册志愿者中的骨干作用。坚持以需求导向,设计组织好志愿服务内容,努力为注册志愿者提供丰富的志愿服务项目和载体,鼓励注册志愿者采取灵活方式开展志愿服务。组织动员团员围绕重点领域和项目开展志愿服务:一是参与扶贫济困、助老助残、社区服务、生态建设、大型活动、抢险救灾、网络文明、社会管

理、文化建设、西部开发、海外服务等领域志愿服务；二是参加青年网络文明志愿行动，将团员的先进性和担当精神延伸到网络空间，在互联网上积极发声，用文明语言和理性态度宣传正面思想、驳斥错误言论，带头发出好声音，主动弘扬正能量，增强网络文明素养，在构建清朗网络空间中发挥生力军作用；三是参加中国青年志愿者助残"阳光行动"、共青团关爱农民工子女志愿服务行动、大学生志愿服务西部计划等全团志愿服务重点项目。根据就近就便原则，引导团员从身边做起、从小事做起，将志愿服务融入日常生活，灵活多样地开展志愿服务；倡导未满十八周岁团员立足居住社区、校园以及校园所在社区等随时随地随手参与志愿服务。倡导和支持团员发挥模范和骨干作用，以多种形式带动更多青年奉献社会，服务他人，共同进步。

4. 建立机制，提供保障。要把团员成为注册志愿者情况纳入基础团务工作内容，列入团务工作统计和相关考核。规范团员成为注册志愿者的工作机制，完善认证、培训、考核、激励和保障机制。加强志愿服务项目和载体的建设，加强与街道社区、学校、企事业单位、社会组织的联系对接，发挥好青少年综合服务平台的作用，完善供需对接机制。加强对注册成为志愿者的团员进行志愿服务理念、技能等方面的培训，不断提高服务能力。全面推广注册志愿者星级认证制度，将志愿服务经历作为开展团内评选表彰和选拔志愿服务重点项目志愿者的重要条件。建立健全团员参与志愿服务的档案管理、权益保障、服务时间认定等机制。有条件的团组织要为注册志愿者提供人身意外伤害等相应保险。

5. 健全组织，加强管理。各级团组织要以推动团员成为注册志愿者工作为契机，切实加强志愿服务组织体系建设，健全各级志愿者协会，鼓励以团支部为单位成立志愿服务队，高校要普遍建立青年志愿者协会，中学要成立服务总队，广泛推动网络文明志愿者队伍建设，逐步实现县有协会、基层建队。要按照《中国注册志愿者管理办法》，结合各地实际情况，加强对注册工作和志愿服务活动的管理。

三、加强对推动团员成为注册志愿者工作的组织领导

各级团组织要把推动团员成为注册志愿者作为团的基层组织建设的一项重要基础性工作，提高思想认识，加强组织领导，明确工作职责，抓好工作落

实。要向党政领导进行汇报,主动加强与文明办、教育、民政等部门沟通协调,争取政策支持和经费保障。力争 2015 年、2016 年、2017 年逐步实现全国 40%、70%、90% 以上的团员通过各种途径成为注册志愿者。各级团组织要迅速启动推动团员成为注册志愿者工作,根据总体目标明确工作任务,制订工作计划。省级团委要做好本地区、本系统内的统筹、组织和协调工作。

(2015 年 1 月 9 日印发)

附录 12

<h3 style="text-align:center">关于加强中学生志愿服务工作的实施意见</h3>

中学生志愿服务工作是加强思想引领和价值引领,培育践行社会主义核心价值观,传播青春正能量的有效途径;是贯彻党的教育方针,坚持实践育人,全面实施素质教育,促进学生健康成长的重要抓手;是开展团员意识教育,提升团员先进性,夯实基层组织,凝聚广大团员学生力量的时尚载体。为大力加强中学生志愿服务工作,特制定本实施意见。

一、主要目标和基本原则

1. 中学生志愿服务的主要目标是立德树人,增强学生社会责任感和社会实践能力,服务教育工作大局,促进学生健康成长;弘扬"奉献、友爱、互助、进步"的志愿精神,培育和践行社会主义核心价值观;推动中学生团员并鼓励普通学生成为注册志愿者,加强团员意识教育,发挥团员先锋模范作用;夯实中学共青团职能,加强中学团组织建设。

2. 中学生志愿服务工作要遵循自愿、公益、安全的原则。学生参与志愿服务,应秉持自主意愿,并具有相应的民事行为能力。未成年学生可以参加与其年龄、智力相适应的志愿服务活动;其他活动根据实际情况应当由其监护人陪同或者经监护人同意,鼓励监护人成为志愿者与学生一同参与。学校组织志愿服务活动,要切实做好风险防控,加强学生安全教育、管理和保护;学生自行组织开展志愿服务,学校应要求学生做好风险防控。

二、工作机制和活动方式

3. 建立健全"教育部门协调指导、共青团组织归口负责、综合素质评价驱动、团员学生自愿参与"的中学生志愿服务工作机制。地方和学校应设立中学生志愿服务工作专项经费，纳入学校预算管理。

4. 中学生志愿服务领域主要包括：扶贫济困、助老助残、社区服务、生态环保、网络文明、文化建设等。服务内容主要包括：普及文明风尚志愿服务、结对帮扶和送温暖献爱心志愿服务、应急救援知识普及志愿服务、面向特殊群体的志愿服务以及网络志愿服务等。中学生志愿服务以学校组织开展为主，鼓励学生自行开展。引导学生从身边做起、从小事做起，将志愿服务融入日常生活。

三、组织实施和项目管理

5. 中学生志愿服务组织实施遵循"县级统筹、学校负责，就近就便、注重实效，激励为主、量力而行"的原则，推行项目管理，逐步实现信息化管理。学校团组织积极组织志愿服务活动，班级团支部要组织动员本班同学主动参与志愿服务，做好记录。志愿服务项目实施遵循以下流程。

论证立项。每项学生志愿服务活动应明确项目负责人，可以是老师、监护人、学生或社会机构。项目负责人向学校团组织提交志愿服务项目计划等材料，包括服务时间、服务内容、需求人数、技能要求、保障条件等内容。学校应结合实际，制订学生志愿服务工作计划，纳入学校相关工作安排。学校团组织进行风险评估，对项目进行审批，协助项目负责人发布信息。有需要、有条件的学校可以协助提供物质保障、购买相关保险和其他必要支持。

招募培训。需要公开招募的志愿服务活动，项目负责人按照公开招募、自愿报名、择优录取、定岗服务的方式开展招募工作。学生志愿者上岗前要做好安全培训和相关指导。

开展服务。开展志愿服务活动，项目负责人要全程参与了解，密切支持配合，及时记录学生表现并向学校反馈。学生参加学校组织的志愿服务，学校、学生志愿者、服务对象应签订服务协议书，明确服务内容、时间和有关权利、义务。

认定记录。学校团组织负责做好学生志愿服务认定记录，建立学生志愿服务记录档案。要明确记录办法,完善记录程序,严格过程监督,确保记录清晰、准确无误。由项目负责人、服务对象提供服务时间、服务内容等证明,学校团组织经过审核予以认定记录。学生志愿服务记录档案应记载学生志愿者的个人基本信息、志愿服务信息、培训信息、表彰奖励信息等内容。

评估反馈。各级团组织、志愿者组织应完善志愿者评价机制和激励表彰制度等,依据学生参与志愿服务认定记录的服务时间、服务成效进行必要的激励表彰。

四、综合评价和注册管理

6. 学校要制定科学规范的评价制度,以日常服务记录、组织评价、服务对象评价为主要依据,对中学生志愿服务工作进行综合评价。学生参与志愿服务情况应纳入综合素质评价,学生志愿服务记录应如实完整归入学生综合素质档案。可将学生完成志愿服务活动情况纳入综合实践课程学分管理。将志愿服务经历作为开展团内评选表彰的重要条件。各地教育部门要指导学校制定办法,合理认定志愿服务指导教师的工作量。

7. 依据团中央《关于推动团员成为注册志愿者的意见》,组织学生依托"志愿中国"网站(www.zyz.org.cn),或与"志愿中国"网站互联互通的地方团属志愿服务信息平台申请成为注册志愿者,网络注册为主,线下注册为辅。抓住集中入团和重要时间节点,广泛发动、集中开展注册工作。入团前,将是否参加过一定时间的志愿服务活动作为考察内容;入团时,同步推动新团员同时成为注册志愿者。在开展"推优入党"工作时,将是否在注册志愿者中发挥骨干作用作为考察内容。将团员成为注册志愿者情况纳入基层团组织基础团务工作内容,列入团务工作统计和相关考核。加强注册志愿者管理工作,探索和完善注册志愿者服务时间储蓄制度。对拒不履行义务的,可取消其注册志愿者身份。

五、强化服务和加强领导

8. 拓展服务项目。在校内设立志愿服务岗,拓展校级、班级志愿服务项目。发挥区域化团建优势,完善供需对接机制,为中学生走进社区、走进企业、走进社会开展志愿服务提供项目支持。充分发挥社会组织作用,探索与公益社会组织合作开发适合中学生的志愿服务项目和岗位。有条件的地方可整合当地资源,设立校外志愿服务基地。通过多种方式广泛拓展项目资源,积极鼓励学生监护人提供志愿服务项目,参与志愿服务活动组织等。

9. 加强教育培训。鼓励将志愿服务内容纳入地方课程或校本课程。吸纳服务对象意见,编写修订中学生志愿服务培训教材。广泛利用团队日、班会及课余时间开展志愿理念、志愿精神、志愿服务基本要求与知识技能、志愿者权利和义务、志愿服务安全知识等通用培训,在少年团校和业余党校中设置专门学时开展应急救援、心理辅导知识等专业培训,根据志愿服务实际需要开展有针对性的专项培训。

10. 健全工作机构。省、市两级团委和教育部门明确责任部门;县级团委和教育部门明确责任人员,专门负责中学生志愿服务工作;各中学普遍成立校级志愿者组织,学校团组织统筹本校学生志愿者具体工作;学校党政领导担任学生志愿服务工作总负责人,学校团组织书记担任校级志愿者组织负责人;班级团支部设志愿服务委员(可单独设立或由组织委员兼任),人数较多的团支部可成立志愿服务队。

11. 落实职责分工。各地方教育部门制定中学生志愿服务工作综合考评办法,每年定期组织检查考核,纳入未成年人思想道德建设工作评估体系。各省级团委要做好本省的统筹规划和协调指导工作,地市、县两级团委负责本区域内的领导、统筹、协调、考核等工作,做好内容设计和项目供给。县级团委要充分发挥区域统筹协调作用,挖掘辖区资源,组织机关企事业单位、社会组织等与学校做好对接。学校团组织依据《中国注册志愿者管理办法》,负责注册、组织、实施、记录、考核、保障、评估等工作,建立健全结对、共建服务机制,保持与服务对象的长期联系。班级团支部负责组织班级团员成为注册志愿者和开展志愿活动等工作。

各地各校团组织、教育部门要结合自身实际制定具体工作办法,确保将实施意见落到实处。

后 记

这本面向在校大学生、基层团支部书记和其他基层团干部培训的专用教材——《共青团支部工作理论与实践教程》，是由青岛市团校和内蒙古自治区团校合力完成，为在校大学生、基层团支部书记以及其他基层团干部的业务工作提供必需的基础知识和基本工作方法。本书既注重团支部工作的基础性和科学性，又增强了实用性和可操作性。

本书各章节执笔人员及章节字数如下：

第一章为王汩宝，约 23 千字；第二章为呼和，约 24 千字；第三章为曲成伟，约 24 千字；第四章为刘富珍，约 40 千字；第五章为刘富珍，约 23 千字；第六章为王延芳，约 16 千字；第七章为袁国丽，约 17 千字；第八章为田戈燕，约 15 千字；第九章为郑健，约 11 千字。

本书由刘富珍负责设计写作大纲和主编定稿工作，由袁国丽、田戈燕负责统稿修改。由于时间仓促，书中难免有疏漏之处，诚请广大读者批评指正。

编写组

2017 年 9 月